Kurt-J. Heering
Jo Müller

APOKALYPSE 2012

Die Endzeitprophezeiungen der Maya

UEBERREUTER

Das säurefreie und alterungsbeständige Papier EOS liefert Salzer, St. Pölten
(hergestellt aus chlorfrei gebleichtem Zellstoff aus nachhaltiger Forstwirtschaft).

ISBN 978-3-8000-7429-7

Covergestaltung: Thomas Esterer, www.bueroesterer.com
Coverfoto: Shutterstock/Hannamariah, Olly

Gedruckt in Österreich
7 6 5 4 3 2 1

Ueberreuter im Internet: www.ueberreuter.at

Prolog

Die Nacht der Wintersonnenwende 2012 7
Last Exit Schwarzwald: Apokalypse-Visionen in Vergangenheit und Gegenwart 10

KAPITEL 1: DIE LUST AM UNTERGANG
Endzeitvisionen als Gegenentwürfe zum rationalistischen Weltbild des Abendlandes 21
Das Ende des Fortschritts? 22
Die Natur schlägt zurück. 27
Das Maß aller Dinge!? 32
Zwischen Untergang und Aufstieg: Die »Lehren« der Maya . . 37

KAPITEL 2: DIE »GRIECHEN DER NEUEN WELT«
Zur Geschichte der Maya-Kultur und ihrer Erforschung . . 39
Diego de Landa und das Autodafé von Maní 40
Geographie und Geschichte der Maya-Regionen 48
Epochen des Aufstiegs und Niedergangs der Maya 53
Das Nützliche und das Zweckfreie: eine Zwischenbetrachtung 60
Schamanenkönige und Kalenderpriester: Die Maya-Gesellschaft zur Zeit der Klassik 64
Haab, Tzolkin, Lange Zählung – das Kalendersystem der Maya 70

KAPITEL 3: WELTENDE ODER DIMENSIONSSPRÜNGE
Was geschieht am Tag der Wintersonnenwende 2012? . . 77
»Der Tag, an dem die Götter kamen« 78
Visionen vom Beginn des »Goldenen Zeitalters«? 93
Evolution des Bewusstseins und Harmonische Konvergenz . . 104
Rückkehr der Götter oder das Ende der Welt? 112

KAPITEL 4: DIE VISIONEN DER SONNENANBETER

Zur Astronomie und Kosmologie der Maya 119
Die »Dienerin der Astrologie« 120
Besucher aus dem All 124
Götter, Außerirdische, Atlanter – woher kamen die Maya?.... 128
Solarastrologie und die Zeitrechnungen der Maya 135
Das Ende unserer Welt? 141

KAPITEL 5: DIE GROSSE FLUT

Die Theorie der Erdkrustenverschiebung und
das Ende der Welt.. 145
Erdbeben und Monstertsunamis 146
Die Landkarten des Piri Rei: Die Reise beginnt 150
Die große Flut – die älteste Geschichte der Menschheit 153
Feuersbrünste, Weltenbeben, Todesstürme: Die Gesichter
des Untergangs 159
Eine klimatische Revolution vor 11.000 Jahren............. 164
Evolutions- und Katastrophentheoretiker: Die Suche
nach Platons Atlantis?.. 168
Die Theorie der Erdkrustenverschiebung 182
Die Sonne – das Verhängnis des Blauen Planeten? 186
Roland Emmerichs »2012«: »Nur« eine spannende Geschichte 191
Nach dem Ende ist vor dem Ende 192

EPILOG

Roland Emmerichs »2012« und das Kino der Katastrophen... 195
»Der jüngste Tag« und die Geschichte der Doomsday-Filme.. 196
Die Prophezeiungen der Maya und das Ende der Welt
Interview mit Roland Emmerich zu seinem Film »2012«..... 214

Anmerkungen 227
Literatur 235
Filmgraphie.. 238
Bildnachweis 240

Die Nacht der Wintersonnenwende 2012

In den frühen Morgenstunden des 22. Dezember 2012 erschüttern heftige Beben Mitteleuropa. Betroffen sind zahlreiche Regionen, die als tektonisch nicht gefährdet gelten. Kaum ist die erste Welle abgeebbt, beginnt die Erde von Neuem heftig zu zittern. Überall stürzen die Menschen entsetzt auf die Straßen und stellen fest, dass einige Gebäude, insbesondere Hochhäuser, bereits ins Wanken geraten sind. Spätestens der nächsten Welle werden sie kaum noch standhalten können.

Wer bislang noch nicht aus seiner Wohnung geflüchtet ist und den Fernseher einschaltet, stellt mit Entsetzen fest, dass sämtliche Sender dieselben Bilder zeigen. Und dazu unglaubliche Nachrichten melden. Die Inselwelt Japans – dort ist bereits der Nachmittag angebrochen – ist von der Erdoberfläche verschwunden, gigantische Tsunamiwellen haben das Land im Meer versinken lassen. Ebenso sind die Inseln am Indischen Ozean überflutet worden. Die letzten Bilder, die ständig wiederholt werden, zeigen Satellitenaufnahmen von einem gewaltigen Ausbruch des Vulkans Krakatau. Die Staub- und Lavawolken sind noch zu sehen, der Vulkan selber nicht.

Aus Europa jagt eine Horrormeldung die nächste. Die Niederlande, Belgien und weite Teile Frankreichs und Spaniens sind ebenfalls im Meer verschwunden. Die nächste Welle kündigt sich bereits an.

Aus Italien wird gemeldet, dass auch das Mittelmeer brodelt. Heftige Beben haben große Teile Apuliens in Schutt und Asche gehüllt. In Rom droht jeden Moment der Petersdom zusammenzubrechen.

Auf dem amerikanischen Kontinent herrscht zu dieser Zeit noch tiefe Nacht. Doch schlafen dürfte niemand. Die Nachrichten aus der Neuen Welt sind widersprüchlich. New Orleans und große Teile Louisianas sind offensichtlich schon vom Erdboden verschluckt. Auch an der Westküste ist allem Anschein nach das Chaos ausgebrochen. Die beängstigendsten Meldungen jedoch kommen tief aus dem Landesinneren der USA: Entweder ist der Yellowstone-Vulkan schon ausgebrochen oder die mörderische Eruption steht unmittelbar bevor.

Da die Flutwellen weltweit auf immer weiter von den Meeren entfernte Gebiete übergreifen, setzen Fluchtbewegungen von unvorstellbaren Ausmaßen ein. Alle scheinen nur mehr ein Ziel zu haben – so tief wie möglich ins Festland, so weit wie irgendwie möglich hinauf in die Gebirge. Dort jedoch lauern die Gefahren immer heftigerer Beben. Und ob die Berge Rettung verheißen, wird von Minute zu Minute unwahrscheinlicher. Denn mittlerweile sind auch schon die Hochgebirge des Himalaya überflutet.

Diese Information erreicht viele Bewohner Europas, die sich auf der Flucht befinden, jedoch nicht mehr: Kurz zuvor sind sämtliche Kommunikationssysteme, die noch Bilder von einem Ende der Welt zum anderen übertragen konnten, endgültig zusammengebrochen.

Das Ende ist gekommen. Das Ende der Welt. So, wie es das mittelamerikanische Volk der Maya für diesen Tag geweissagt hat. Vor mehr als 1500 Jahren …

Einige dieser Schreckensvisionen kommen dem Leser sicher bekannt vor – aus den Trailern zu Roland Emmerichs neuem Endzeitfilm »2012«, die seit einiger Zeit im Internet verbreitet werden: Im Yellowstone-Park fliegen Felsbrocken durch die Luft, in einer wilden Jagd versucht der Fahrer eines Autos, sich und sein Kind vor den Gefahren in Sicherheit zu bringen; die kolossale Christusfigur auf dem Corcovado über Rio de Janeiro fällt in sich zusammen; in der Decke der Sixtinischen Kapelle in Rom zeigen sich erste Risse; und dann sieht man einen tibetanischen Mönch, der auf einem hohen Berg einen Gong läuten will – doch zu spät, die monströse Flutwelle hat bereits den gegenüberliegenden Gipfel hinter sich gelassen und wird in wenigen Sekunden auch den Mönch mit sich reißen …

Ein Insert fragt, was die Regierungen der Welt tun würden, wenn sie um das nahe bevorstehende Ende wüssten. Die Antwort lautet: »Nichts!«

Natürlich, das alles ist Kino. Großes Kino. Vielleicht der spektakulärste Film in der gesamten Geschichte des Katastrophenkinos, das fast so alt ist wie das Medium selbst. Nach zwei, maximal zweieinhalb Stunden perfekter Unterhaltung werden die Zuschauer sich aus ihren Sitzen erheben und heimgehen. Morgen ist ein neuer Tag. Das Leben geht weiter.

Jedoch gibt es weltweit Millionen von Menschen, die das vermutlich anders sehen. Sie sind felsenfest davon überzeugt, das Volk der Maya habe für den Tag der Wintersonnenwende 2012 den Untergang der Welt, wie wir sie kennen, prophezeit. Die einen befürchten das

Ende – die Apokalypse. Die anderen schwelgen in mystisch-esoterischen Visionen von einer großen Läuterung, die unsere Welt von Kopf bis Fuß verändern wird – aber zum Guten! Wer nicht an diese Katharsis glaubt, wird spätestens Anfang 2013 eines Besseren belehrt werden. Oder er ist hoffnungslos verloren.

Und das alles sollen die Maya schon vor ewig langer Zeit vorausgesehen haben. Ein Volk, das eine ebenso faszinierende wie geheimnisvolle Kultur geschaffen hat – mitten im Urwald Südamerikas. Ein Volk, das die Phantasie von Besuchern aus der westlichen Welt seit jeher stärker angeregt hat als die meisten Hochzivilisationen der Vergangenheit. Ein Volk, das möglicherweise über ein geheimes Wissen um die Gesetze verfügte, die den Kosmos organisieren. Woher dieses Wissen stammt, gehört für viele zu den größten Mysterien der Menschheitsgeschichte.

Von diesem Mysterium ist im Folgenden die Rede. Oder, genauer gesagt, von den zahlreichen Phantasien und Theorien, die von diesem Mysterium handeln. Was die Maya wirklich geweissagt haben und was Interpreten in den Hinterlassenschaften dieses Volkes an Prophezeiungen zu erkennen glauben, sind sehr unterschiedliche Dinge. Aber um spannende Geschichten handelt es sich allemal.

Last Exit Schwarzwald: Apokalypse-Visionen in Vergangenheit und Gegenwart

Der dritte Weltkrieg begann am 9. August 1998. Die Russen marschierten in Westeuropa ein. In Asien tobten Kämpfe zwischen den USA, Taiwan und China. Nach drei Monaten war alles vorbei. Doch dann stürzte ein gigantischer Komet in die Nordsee, mit verheerenden Folgen. Die über 200 Meter hohen Flutwellen sorgten für katastrophale Überschwemmungen. Europa versank im Meer. Begleitet wurde das Desaster durch Vorboten der Endzeit – Krankheiten wie Pest, Cholera oder Lepra. Und als ob das alles nicht schon schlimm genug wäre, geriet unser schöner blauer Planet 1998 sowohl durch einen Polsprung als auch durch einen Asteroiden, der in Mittelamerika einschlug und den Kontinent zerbrechen ließ, komplett aus den Fugen. Höchstens ein Drittel der Menschheit überlebte. Dann jedoch folgte der endgültige K.-o.-Schlag für die Spezies Mensch: Die Erde wurde aus ihrer Umlaufbahn geworfen. Glücklich schätzen durften sich indes all jene Auserwählten, die sich kurz vor der Apokalypse im Südschwarzwald eingefunden hatten. Denn dort befand sich ein einzigartiger »geistiger Kraftort«, der Schutz bot: die Zentrale von »Fiat Lux«.

Die Sektenführerin Uriella (ihr bürgerlicher Name lautet Erika Bertschinger-Eicke), die jene beschriebene Untergangsvision verbreitete, war überzeugt davon, dass runde, unbemannte Ufos die Rettung bringen würden. Zutritt wurde selbstverständlich nur jenen erlaubt, die Uriellas Weissagungen geglaubt hatten. Diese kleine, feine Gemeinschaft von Gerechten kehrte laut Uriellas Vision nach einer gewissen Zeit als Lichtgestalten wieder zur Erde zurück, die inzwischen »Amora« hieß. Millionen von Engeln hatten via Gedankenkraft den Planeten zuvor gesäubert und neu gestaltet.

Uriella, die nicht nur als Weltuntergangsprophetin für Schlagzeilen sorgte, sondern auch als Wunderheilerin, behauptet seit 1973, durch einen schweren Reitunfall zur Hellseherin geworden zu sein. Zwei Jahre nach diesem Ereignis hatte sie ihre erste Offenbarung. Seitdem sieht sie sich als Sprachrohr von Jesus Christus und behauptet, in ihrem Wohnzimmer regelmäßig von dem Erzengel Uriel Besuch zu bekommen.

Dass ihre Weltuntergangsvorhersage sich nicht erfüllte – oder haben wir vor gut zehn Jahren irgendetwas verpasst? –, ließ sie keineswegs an den eigenen visionären Fähigkeiten zweifeln. Verständlicherweise dürfte ihre Anhängerschaft durchaus irritiert gewesen sein, als die Apokalypse nicht stattfand, hatten doch etliche von ihnen Wohnungen und Häuser im Schwarzwald gekauft, um nahe bei Uriella zu sein. Aber vielleicht hat sich die Apokalypse ja nur um ein paar Jährchen verschoben – es schadet sicher nicht, die Immobilien im Schwarzwald als eine Art von »Last Exit« zu halten.

Obwohl sich Uriella seit mehreren Jahren nicht mehr in der Öffentlichkeit gezeigt hat und Gerüchte von einer schweren Krankheit der Seherin die Runde machen, verkündet ihr vierter Ehemann – Eberhard Bertschinger-Eicke, Sektenname: »Icordo« –, dass sie weiterhin einen heißen Draht zum Heiland habe, via Handy.

Solche apokalyptischen Absurditäten sind leider kein Einzellfall. Im Gegenteil: Seit Menschen sich zu einer mehr oder minder gelungenen Form der Zivilisation zusammengefunden haben, gibt es immer wieder selbsternannte Propheten, die das Ende aller Zeiten herbeireden. Nicht selten dürften deren Motive gespeist sein von Geltungssucht, Machtdrang, monetärem Verlangen oder schlicht Wahnsinn. Leicht manipulierbare Menschen fanden und finden sie in schöner Regelmäßigkeit, vor allem unter denjenigen, die unzufrieden sind mit ihrer eigenen Situation im Hier und Jetzt. Bei ihnen fallen die Worte vom nahenden Untergang auf fruchtbaren Boden, schließlich ergibt sich für sie, gerade durch die Mitgliedschaft in einer Heil versprechenden, auserwählten Gemeinschaft oder Sekte, die Möglichkeit, eben denen im Angesicht des Weltuntergangs die lange Nase zu zeigen, denen das Schicksal im Diesseits besser gewogen zu sein schien: Aliens, Engel oder andere Himmelserscheinungen verheißen ihnen, den Auserwählten, die Rettung, während alle anderen, die Ungläubigen, in Sturmfluten ertrinken, von Meteoren erschlagen oder vom Feuer in qualmende Asche verwandelt werden.

Betrachtet man die lange Historie der Weltuntergangsprophezeiungen, scheint es manchmal, als ob der Mensch unterbewusst regelrecht nach solchen Zerstörungsszenarien gieren würde. Nicht umsonst stellte Sigmund Freud fest, dass es neben dem Lustprinzip noch eine weitere treibende Kraft in der menschlichen Psyche geben müsse, den Todestrieb. Diese so makaber wirkende Sehnsucht nach dem eigenen Ende erfüllte für ihn eine Art psychischer Schutzfunktion vor dem Wahnsinnigwerden im Angesicht der unbezweifelbaren Endlichkeit des Seins.

Andererseits appellieren die falschen Doomsday-Propheten aller Epochen nicht nur an diesen Trieb, sie bedienen sich durchaus komplexerer Mechanismen, weil nicht wenige von ihnen ja denjenigen, die an ihren Vernichtungs-Mumpitz glauben, das Überleben versprechen. Heißt: Sie garantieren ihnen so etwas wie Unsterblichkeit oder zumindest ein verzögertes Ende. Die Zahl der apokalyptischen Schwarzseher ist unüberschaubar, ihre düsteren Reden schwingen sie seit Anbeginn der menschlichen Zeitrechnung. Als Schamanen, Privatpropheten oder Pseudo-Heilige entwerfen sie düstere Szenarien der Zukunft und scharen willfährige Jünger um sich.

Selbstverständlich geht das oft – ganz nebenbei und natürlich ohne jede Absicht – einher mit der Erhöhung des eigenen Lebensstandards durch großzügige Spenden der weltuntergangsgläubigen Gemeinschaft.

Für den römischen Kirchenschriftsteller und Gegenpapst Hippolytus stand fest, dass der Weltuntergang 500 n. Chr. stattfinden würde. Er ging davon aus, dass die Erde 5500 v. Chr. erschaffen wurde und maximal 6000 Jahre existieren würde.

Der Mönch Abbo von Fleury stellte andere Berechnungen an. Seine Quelle war die berühmte biblische Offenbarung des Johannes. Er kam zum Schluss, dass die Apokalypse im Jahre 999 zu erwarten sei. Was am Ende des ersten Millenniums, dem 31.12.999, wirklich geschah, lässt sich heute nur schwer sagen. Einige Quellen behaupten, der Jahrtausendwechsel hätte sich eher unspektakulär gestaltet, weil die breite Masse der Weltbevölkerung noch nicht mit einem Kalender oder einer Zeitrechnung vertraut war. Andere meinen, dass durch den damals amtierenden Papst Sylvester II. und dessen Ankündigung des nahenden Endes in der christlich geprägten Welt Panik ausbrach. Als das Ende dann doch nicht kam und die Menschen des Jahres 1000 ganz normal weiterleben konnten, ohne dass apokalyptische Reiter sie ausgelöscht hätten, erklärte Sylvester II., nur seine inbrünstigen Gebete hätten den Weltuntergang verhindert.

Um 1186 den vorhergesagten Untergang zu verhindern, verkündete der Erzbischof von Canterbury in Britannien ein dreitägiges Fasten. Es scheint geholfen zu haben – denn auch in diesem Jahr geschah nichts Furchtbares. Aber an »runden« Daten sollten ja noch einige folgen, und die waren seit jeher willkommene Anlässe für die Propheten der Apokalypse. Dass diese Daten nur für Christen »rund« waren, nicht aber für den nicht unerheblichen Rest der Menschheit, störte dabei kaum. Im Gegenteil, die Ungläubigen hatten es ja in gewisser Weise sogar »verdient«, mit in den Abgrund gezogen zu werden.

Während der berühmt-berüchtigte katholische Priester Girolamo Savonarola überzeugt davon war, das himmlische Strafgericht würde 1500 ein vernichtendes Urteil über die Menschen sprechen, waren zahlreiche Astronomen sicher, das Ende stünde am 1. Februar 1524 bevor. An diesem Tag würden nämlich die Planeten Jupiter, Saturn und Mars im Sternbild der Fische stehen – für sie das untrügliche Zeichen einer drohenden Sintflut. In Panik sollen sich Tausende Londoner Bewohner auf umliegende Hügel geflüchtet haben.

Selbst Kirchenvater Martin Luther übte sich in der Kunst der Weltuntergangs-Prophetie. Allerdings musste er sich dabei mehrfach korrigieren. Erst setzte er das Datum auf 1532 fest, dann auf 1538 und schließlich auf 1541. Nachdem es gleich dreimal mit der Apokalypse nicht klappen wollte, hielt er sich fortan mit Weissagungen merklich zurück.

Selbstverständlich fühlten sich auch nicht wenige Zahlenmystiker berufen, ihre Weissagungen vom bevorstehenden Ende mit Hilfe manchmal akrobatischer, auf jeden Fall aber meist abstruser Rechnungen zu belegen. Im Jahr 1666 bemühten sie die Ziffernfolge »666«, die Zahl des Biests. Diese wurde einfach mit der Zahl 1000 addiert und ergab – eben 1666.

Komplizierter wurde die Rechnung, um ein weiteres Apokalypse-Datum festzulegen: Auf den 21. März 1843 um Mitternacht kamen diverse Theologen durch die Lektüre des 8. und 9. Kapitels des biblischen Buches Daniel. Dort wird erklärt, die Erde werde »2300 Abende und Morgen« existieren, wobei ein Abend und ein Morgen als ein Jahr gelten. Indes müssen siebzig Wochen davon subtrahiert werden, die mit dem Tod des Erlösers im Jahre 34 bereits vergangen waren. Folgende Rechnung wurde somit aufgestellt: 2300 – 490 + 34 = 1844. Und weil die Erde im Frühling angefangen hatte, ergab sich für die apokalyptischen Mathematiker der 21. März als Termin für das Ende der Welt.

Baptistenprediger William Miller, der Gründer der »Adventisten«-Sekte, übte sich ebenfalls in der Kunst der mystischen Zahlenakrobatik, indem er Bibelangaben in Mathematik übersetzte. Erst war auch er überzeugt, das Ende würde 1843 nahen. Aber dann korrigierte er seine komplizierten Berechnungen und stellte unerschütterlich fest, der Weltuntergang würde genau ein Jahr später stattfinden, am 22. März 1844. Als dies – wohl zu seinem großen Entsetzen – abermals nicht zutreffen wollte, erklärte er, sich geirrt, oder besser, sich nicht richtig geäußert zu haben. In Wirklichkeit hätte er mit diesem Datum die »Reinigung durch Christus« gemeint.

Charles Taze Russell wollte die Welt zum ersten Mal 1874 untergehen lassen. Der Gründer der Zeugen Jehovas wurde freilich enttäuscht, deshalb musste durch seine Sekte die Ankunft der himmlischen Gerechtigkeit mehrfach korrigiert werden. Erst auf 1914, dann auf 1925, schließlich auf 1975. Noch immer warten sie auf ihr »Harmagedon« und das von ihnen errechnete 6000. Schöpfungsjahr, in dem Gott alles Böse in der Welt – sprich: alle Nicht-Zeugen Jehovas – vernichten wird. Ebenso hoffen sie, einen der rund 144.000 möglichen »Gesalbten«-Sitze im himmlischen Parlament zu bekommen.

Auch der Halleysche Komet, der im Abstand von 76 Jahren immer wieder am Firmament erscheint, ruft mit schöner Regelmäßigkeit passionierte Panikmacher und Schwarzseher auf den Plan. So war das nicht nur bei seinem bislang letzten Erscheinen 1986, sondern auch schon 1910. Damals hat sein Auftauchen für eine regelrechte Massenhysterie gesorgt, wenn man den Berichten glauben darf. Tausende Menschen sollen sich in Kirchen versammelt, andere wiederum ihr gesamtes Hab und Gut verkauft haben. Es soll sogar zu Selbstmorden gekommen sein.

In Oklahoma, so eine legendäre Geschichte, soll die Polizei im letzten Augenblick einen Teenager, Jane Warfield, vom Altar der »Select Followers« gerettet haben. Die Sekte beabsichtigte, mit diesem Menschenopfer die göttlichen Kräfte des Halleyschen Kometen zu besänftigen. Obwohl diese Story in verschiedenen Zeitungen abgedruckt wurde, konnte ihr Wahrheitsgehalt nie vollständig geklärt werden. Inzwischen wird angenommen, es handle sich hierbei um eine »Urban Legend«, eine moderne Legende.

Überhaupt sind genaue Nachweise solcher Geschehnisse im Umfeld von Weltuntergangsphilosophen oder -sekten oft nicht zu erbringen, da sie häufig ausschließlich auf mündlichen Schilderungen basieren. So bietet sich immer eine Möglichkeit für die Sensationspresse, Geschichten zu übertreiben oder zu erfinden.

Kaum ein Zweifel besteht hinsichtlich der Vorkommnisse Anfang Juli 1960. Ein gewisser Bruder Emman verbreitete eine weltweite Hysterie, weil er behauptete, die Welt würde exakt am 14. Juli um 13:45 Uhr untergehen. Er war von einer »atomischen Katastrophe« überzeugt, die Brände, Überschwemmungen und schwere Gewitter zur Folge hätte. Um der Apokalypse zu entkommen, scharte er Hunderte von Anhängern um sich und pilgerte zum höchsten Gipfel Europas, dem Mont Blanc. Nur diejenigen, die dort oben wären, würden von sogenannten ultraphonischen Wesen in Fliegenden Untertassen gerettet werden. Der Weltuntergang blieb wie nicht anders zu erwarten aus und die Staatsanwaltschaft Mailand erhob Anklage gegen den ehemaligen Kinderarzt Elio Bianca, der sich jetzt Emman nannte, wegen Verbreitung von Falschmeldungen und Störung der öffentlichen Ordnung. Der meinte jedoch dazu, seine Aussage zur bevorstehenden Apokalypse sei nicht verbindlich gewesen.

Keine Frage, viele Endzeit-Prophezeiungen muten in ihrer bewundernswert phantasievollen Absurdität genauso unfreiwillig komisch an wie das Verhalten ihrer Anhänger oder das Aufplustern ihrer Anführer. Kopfschüttelnd lässt sich da nur die Frage stellen, wer solche irren, wirren Phantasmagorien erfinden und, fast noch beängstigender, wer an solchen Mumpitz tatsächlich glauben kann.

Indes, so manche der selbst ernannten Sektenführer und Apokalypse-Spezialisten, so verrückt sie und ihre Visionen auf den ersten Blick auch erscheinen mögen, bieten wenig Anlass für ironische Gedankenspiele. Sie lehren uns im Gegenteil blankes Entsetzen. Angefangen mit Charles Manson und seiner »Family«, deren bestialische Morde auch heute noch Gänsehaut erzeugen. Manson wollte in den Beatles-Songs »Helter Skelter« oder »Revolution Number 9« satanische Botschaften über die Zukunft gehört haben. Er soll die Apokalypse für 1969 vorhergesehen haben in Form heftiger Unruhen, bei denen die schwarzen Amerikaner die weißen durch einen brutalen Aufstand besiegen würden. Immerhin schöpfte er Hoffnung; er war davon überzeugt, sie seien nicht fähig, selbst zu herrschen. Deshalb würden sie ihn, Charles Manson, zum Führer der Welt küren.

Eines der bis zum heutigen Tag schrecklichsten Massaker im Zusammenhang mit einem Endzeitpropheten dürften die Massenselbstmorde 1978 im Dschungel von Guyana gewesen sein. Der Sektenführer und Gründer des »People's Temple«, Jim Jones, schickte über 900 Menschen in den Tod. Eine seiner Prophezeiungen sagte den nuklearen Holocaust voraus, der den Mittleren Westen der USA zerstören werde. Nur er, Jim Jones, könne das verhindern. In Wirklichkeit führte Jones ein unvorstellbares Schreckensregime und wurde nicht müde, in Jonestown die Opferbereitschaft seiner Anhänger auszutesten. Sein beliebtestes Druckmittel waren die »Weißen Nächte«. Regelmäßig ließ er mitten in der Nacht Alarm schlagen und erklärte, die Kolonie würde von Ungläubigen in Gestalt mörderischer Söldner attackiert. Damit sei das Ende für Jonestown gekommen und jeder solle einen Becher Gift trinken, um dem danach Drohenden zu entkommen. Erst im letzten Augenblick ließ er Entwarnung geben.

Nicht so am 18. November 1978. Nach dem Besuch amerikanischer Politiker und Journalisten in der Kolonie ließ Jones zunächst auf diese schießen und forderte dann seine Getreuen auf, mit ihm in den Tod zu gehen. Überall wurden Wachen postiert, sodass sich niemand davor drücken konnte, das tödliche Gift einzunehmen. Die Kinder sollten zuerst sterben, weshalb Bottiche mit einem Mix aus Limonade und Zyankali aufgestellt wurden. 909 Menschen starben. Wie viele von ihnen den Entschluss, aus dem Leben zu scheiden, tatsächlich freiwillig fassten, blieb bis heute ungeklärt.

Unbegreiflich sind auch die Vorgänge 1993 im texanischen Waco. Um Berichte über sexuellen Missbrauch und illegalen Waffenbesitz nachzuprüfen, versuchten Polizeibeamte, das Anwesen einer Sekte, die sich »Davidianer« nannte und von dem selbst ernannten Guru David Koresh angeführt wurde, zu durchsuchen. Die Davidianer eröffneten sofort das Feuer, vier Beamte starben. Nun begann das FBI, die Ranch zu belagern, was mehrere Wochen dauerte. Als sich die Gesetzeshüter schließlich zur Erstürmung entschlossen, kam es zur Katastrophe – in dem Gebäude brach ein Feuer aus, 70 Menschen verloren ihr Leben. Bis heute ist nicht geklärt, ob der Brand von den Davidianern gelegt wurde oder ausbrach, weil das FBI pyrotechnische Granaten einsetzte. Mehrere Mitglieder der Sekte, darunter auch Koresh, erschossen sich.

Der unfassbare Sektenwahnsinn scheint kein Ende zu nehmen. Im März 1997 töteten sich 39 Anhänger der kalifornischen »Heavens's Gate«-Bewegung, die in den 1970er-Jahren gegründet wurde, weil ihre Gurus das Auftauchen des Kometen Hale Bopp als ein kosmisches Zeichen interpretierten. Die Gründer der Sekte, Marshall Applewhite und Bonnie Nettles, gingen von der wirren Vorstellung aus, die Welt, so wie wir sie kennen, würde gereinigt und die Anhänger von »Heaven's Gate« seien die Auserwählten, die den Planeten vor dem endgültigen Aus verlassen dürften. Natürlich nicht ohne die Unterstützung außerirdischer Mächte. Deren Raumschiffe sollten sich hinter dem Kometen befinden. Einsteigen und eine neue Ebene des Seins erleben durfte nur der, der sein irdisches Leben zurückließ.

Auch die Mitglieder der japanischen Aum-Sekte waren davon überzeugt, dass 1997 das Ende bevorstand. Von Japan aus sollte sich die Zerstörung über die ganze Welt ausbreiten. Überleben würden die Apokalpyse natürlich nur die Anhänger des Sektengurus Shoko Asahara. Die Aum-Sekte war im Übrigen schon zwei Jahre zuvor durch einen Giftgasanschlag in der Tokyoter U-Bahn, bei dem 12 Menschen starben und Tausende verletzt wurden, zu zweifelhaftem Ruhm gelangt.

Einen der größten Booms an Weltuntergangsvorhersagen gab es 1999: Zum einen stand das neue Jahrtausend vor der Tür, zum anderen die totale Sonnenfinsternis am 11. August. Glücklicherweise sollten dabei weltweit keine Menschen zu Schaden kommen. Für den Millenniumswechsel wurden unter anderem ein globaler Computercrash, Ufo-Besuche oder wahlweise Klimakatastrophen vorhergesagt.

Der Satan sollte wiederkehren, eine Sintflut alles überfluten, der dritte Weltkrieg ausbrechen und vieles mehr. Und natürlich war 1999 das Jahr, für das auch der Vater der Weltuntergangspropheten, Nostradamus, einmal mehr das endgültige Aus angekündigt hatte: »Im Jahre 1999 und sieben Monate wird vom Himmel der große König des Terrors kommen. Er wird den König von Angoulême wieder zum Leben erwecken. Davor und danach wird Krieg sein auf der Erde.«

Obwohl Nostradamus, der seine Prophezeiungen 1555 veröffentlichte, insgesamt 942 solcher Vierzeiler zu Papier brachte, enthielt nur dieser eine genaue Datumsangaben, alle anderen waren eher vage gehalten. Deshalb lassen seine Weissagungen großen Raum für Interpretation und verleiten seit Jahrhunderten Apologeten dazu, die Orakelsprüche des Meisters auf aktuelle Geschehnisse anzuwenden und entsprechend zu entschlüsseln.

Für den Geologen und Nostradamus-Forscher Alexander Tollmann gab es indes keinen Zweifel, dass das Weltuntergangsdatum 1999 korrekt sei. Für ihn stand fest, dass ein Komet auf der Erde einschlagen würde und gigantische Erdbeben und Hitzestürme die Folge wären. Dieser »Weltenbrand« sei allerdings noch nicht alles, zusätzlich sollte noch ein Krieg ausbrechen, der die umfassende Zerstörung vervollkommnen würde.

Auch für die amerikanische Sekte »Concerned Christians« war klar, dass am 31. Dezember 1999 die Erde untergehen musste. Deshalb begaben sich die Sektenmitglieder im Herbst des Vorjahres auf den Weg nach Israel, wo sie gemeinsam auf die Apokalypse warten wollten. Vorher jedoch versuchten sie die Rückkehr des Messias zu beschleunigen, indem sie Anschläge auf heilige Städte verübten. Danach wollten sie gemeinsam Selbstmord begehen, um drei Tage später wieder aufzuerstehen. Glücklicherweise wurden sie verhaftet und aus Israel ausgewiesen, bevor sie zur Tat schreiten konnten.

Den Endzeitphantastereien vor dem Jahrtausendwechsel schienen keine Grenzen gesetzt zu sein. Amüsant in diesem Zusammenhang muten die Weissagungen des Pariser Stardesigners und Hobbypropheten Paco Rabanne an. Rabanne war fest davon überzeugt, dass am Tag der Sonnenfinsternis die russische Raumstation »Mir« auf die Erde stürzen und Paris in ein Flammenmeer verwandeln würde – eine

Vorhersage, die angesichts der Popularität des Propheten für multimedialen Rummel sorgte. Hinzu kam, dass Rabanne Schlagzeilen heischend verkündete, nie mehr eine Voraussage zu treffen, wenn seine Visionen nicht wirklich würden. Obwohl Paris am 11. August 1999 nicht zerstört wurde und sich der gescheiterte Hobbyprophet dafür auch entschuldigte, ließ er es sich nicht nehmen, auch künftig Prophezeiungen von sich zu geben.

Selbstverständlich verstummten die Schwarzseher auch nach dem friedvoll verlaufenen Millenniumswechsel nicht. Schon Anfang 2000 wurde in Boulevardmagazinen wegen einer besonderen Konstellation der Planeten wieder heftig darüber diskutiert, ob sich nicht doch das Ende ankündigte. Manche vertraten die Meinung, durch die ganz spezielle Stellung der Planeten könnte es zu Erdkrustenverschiebungen kommen, wodurch Vulkane ausbrechen und Flutwellen ausgelöst würden. Ein anderer Seher des Untergangs wähnte das Ende gekommen, weil er überzeugt war, ein schwarzes Loch würde in unserem Sonnensystem auftauchen und den Merkur zerstören. Trümmerstücke würden die Erde treffen und hätten eine gigantische Flutwelle zur Folge, durch die mehrere Länder schließlich im Meer versinken würden.

Häuptling Black Eagle Malachi York, der Führer von 80 afroamerikanischen Sektenanhängern, prophezeite für 2003 die Ankunft von Alien-Raumschiffen, die Zerstörung für die einen und Rettung für die anderen bringen würden. Seiner Ansicht nach wären die Aliens bereit, 144.000 handverlesene Menschen mit auf ihre Reise durch den Kosmos zu nehmen. Von sich selbst behauptete der apokalyptische Häuptling, in der Galaxis »Illyuwn« geboren worden zu sein, wo immer die auch liegen mag. Auf unserem Planeten allerdings wurde der Guru 2004 zu einer langjährigen Gefängnisstrafe verurteilt, unter anderem wegen sexueller Belästigung von Kindern.

Im Frühjahr 2008 musste die texanische Polizei eingreifen, als bekannt wurde, dass auf der Ranch der »Fundamentalistischen Kirche Jesu Christi, der Heiligen letzten Tage« Kinder missbraucht und zwangsverheiratet wurden.

Problematisch bei alledem ist, dass die falschen Propheten es erschweren, die eine oder andere seriöse, wissenschaftlich fundierte Diskussion über die Zerstörung unseres Lebensraums zur Kenntnis zu nehmen und sich ernsthaft mit ihr auseinanderzusetzen. Wenn man den wirren Weltuntergangswahnsinn betrachtet, der im World Wide Web fröhliche Urstände feiert: Wer nimmt es da noch ernst, wenn seriöse Wissenschaftler vor einer Klima- oder Umweltkatastrophe warnen, zumal im Laufe der Zeit nicht allein religiöse Fanatiker oder durchgedrehte Okkultisten vor dem nahenden Ende zu warnen gedachten, sondern auch viele Vertreter der Wissenschaften selbst? So mutet es durchaus befremdlich an, wenn schlagzeilenträchtig ein Prozess gegen den von der Kernforschungsorganisation Cern in Genf betriebenen Protonenbeschleuniger geführt wird. Eine in Zürich lebende Deutsche wollte das Projekt verhindern, bei dem Teilchen mit einer hohen Geschwindigkeit aufeinander geschossen werden, um so den Urknall zu simulieren, womit Erkenntnisse über die Entstehung des Universums gewonnen werden sollten. Die Klägerin sah darin eine Gefahr für den Planeten Erde, weil sie glaubte, dass bei dem Experiment schwarze Löcher entstehen würden, die alles irdische Leben vernichten könnten. Ihre Klage gegen den Weltuntergang wurde abgelehnt. Es erscheint ja auch nachvollziehbar, dass die Wahrscheinlichkeit, ein schwarzes Loch würde für die Apokalypse sorgen, geringer sein dürfte als ein durch die weltweite Wirtschaftskrise hervorgerufenes Ende.

Die unendliche Geschichte der Endzeitszenarien wird spätestens wegen der Vorhersagen des Maya-Kalenders 2012 einen neuen Boom erleben. Vermutlich schon früher, weil die Unterhaltungsindustrie das Thema längst für sich entdeckt hat. Aber auch danach wird es weitergehen. Manche meinen zu wissen, dass Sir Isaac Newton für 2060 das Ende errechnet hat, andere rechnen im Jahr 3797 damit, weil sie es so aus den Schriften des Nostradamus gelesen haben wollen.

Aber lassen wir uns trösten: Solange es Schwarzseher und Endzeitpropheten gibt, so lange gibt es auch noch unseren schönen blauen Planeten.

Kapitel 1

DIE LUST AM UNTERGANG

Endzeitvisionen als Gegenentwürfe zum rationalistischen Weltbild des Abendlandes

1. Die Idee einer einfachen linearen Entwicklung der Menschheit von der Kultur des Paläolithikums über die nachfolgenden Stadien des Neolithikums, der Bronze- und der Eisenzeit muss aufgegeben werden. (...)
2. Jede Kultur enthält in sich den Keim zu ihrem Untergang. Kräfte des Fortschritts und solche des Zerfalls sind stets gleichzeitig am Werk; sie bauen auf und reißen ein. Wie wir nur allzu gut wissen, gewinnen die destruktiven Kräfte oft die Oberhand. (...)
3. Jede Zivilisation scheint am Ende eine Technologie zu entwickeln, mit der sie sich selbst zerstören kann, und bisher haben alle Zivilisationen diese Technologie am Ende auch eingesetzt. (...) Je größer die Leistungen einer Zivilisation und je weiter ihre Verbreitung, desto größer die Maschinen, die zu ihrer Zerstörung erforderlich sind. So verfügen wir angesichts der weltweiten Ausbreitung der Zivilisation heute über Atomwaffen, die alles Leben auf der Erde auslöschen können. Das ist simpel und logisch.
4. Je fortgeschrittener eine Kultur, desto leichter ihre Zerstörung und desto geringer die Reste, die davon übrig bleiben (...)

Charles H. Hapgood, Die Weltkarten
der alten Seefahrer[1]

Das Ende des Fortschritts?

Tsunamis, Erdbeben, Klimawandel, Eisschmelze an den Polen – die Erde befindet sich im Aufruhr, die Natur schlägt zurück.

Seit einem Vierteljahrhundert mehren sich die Stimmen, die einem ungebremsten Fortschrittsglauben, der lange Zeit zu den Grundüberzeugungen der abendländisch-westlich geprägten Gesellschaften zählte, kritisch gegenüberstehen. Die Eingriffe des Menschen in die Natur, so der Tenor, werfen diese aus der Bahn, untergraben ein Gleichgewicht, auf dem letztlich alles Leben basiert. Die hemmungslose Ausbeutung von Naturschätzen, ein immer unkontrollierbarerer Ausstoß von Treibhausgasen, besonders in den Schwellenländern, die Abholzung von Regenwäldern oder das Errichten von Mega-Stauseen in China – das sind nur einige Beispiele, auf die Kritiker hinweisen, wenn sie von der in letzter Konsequenz selbstzerstörerischen Wirkung der Vorstellung warnen, die uns vertraute Form des Wirtschaftens sei die allein selig machende und würde der gesamten Menschheit letztlich zu stetigem Wachstum und immer größerem Wohlstand verhelfen. Gerade der Export dieser Philosophie in Zivilisationen, die vor kurzem noch als rückständig galten, beschleunigt die Entwicklung ihres Zusammenbruchs. »Studien haben gezeigt«, resümiert Daniel Pinchbeck in seinem Buch *Die Rückkehr der gefiederten Schlange*, »dass im Jahr 2030 alleine China wegen der rapiden Industrialisierung und des fortdauernden Bevölkerungswachstums zusätzliche 200 Millionen Tonnen Getreide im Jahr benötigen wird, eine Menge, die der Exportkapazität der ganzen Welt von 1997 entspricht – und dabei nehmen die Ernten ab.«[2]

Das erinnert ein wenig an Goethes *Zauberlehrling*, der sich plötzlich nicht mehr der von ihm selbst gerufenen Geister zu erwehren vermag. Wenngleich Pinchbeck zu den Mahnern gehört, die fragwürdige Rezepte zur Heilung ausstellen, liegt er mit seinen Hinweisen nicht daneben und kann sich zudem auf »unverdächtige« Quellen berufen: »Innerhalb der nächsten vierzig Jahre wird bei dem gegenwärtigen Grad der Entwicklung kein tropischer Regenwald mehr auf der Erde existieren. Beinahe alle fein abgestimmten Ökosysteme der Erde, seien es die Polareisdecke oder die Korallenriffe, sind von einem ähnlich schnellen Verfall bedroht. Unsere Rohstoffe nehmen im gleichen Maße ab. Die Ökobilanz der Vereinten Nationen von 2005 konstatiert: ›Beinahe zwei Drittel der Dienste, welche die Natur der Menschheit leistet, sind weltweit im Niedergang. In der Tat wurden die Wohltaten durch unsere technologischen Leistungen nur durch die Vergeudung des natürlichen Kapitals erreicht. In vielen Fällen ist es sprichwörtlich nur ein Leben mit geliehener Zeit.‹ Der UN-Bericht macht deutlich, dass 90% unserer Ozeane – die bis vor kurzem noch jenseits der menschlichen Einflüsse lagen – überfischt sind, wodurch ganze Nahrungsketten innerhalb des Meereslebens verschwinden.«[3]

Nun ist Pinchbeck eine Art zum Paulus bekehrter Saulus, jemand, der laut eigener Einschätzung über viele Jahre hin behaglich als »säkularer Atheist« in Manhattan lebte und erst spät eine »mythische Dimension der Existenz«[4] entdeckte, um danach die Denkweisen und Werte der Welt, in der er aufwuchs, radikal in Frage zu stellen: »Wenn wir nach sorgfältigen Erwägungen zum Schluss kommen, dass unsere moderne Welt grundlegend auf fehlerhaften Konzepten von Zeit und Geist aufgebaut ist, und dass wir auf diesen Fehlern eine mangelhafte Zivilisation errichtet haben – wie der Bau eines Turms auf einem weichen Untergrund, der immer mehr nachgibt, je höher der Bau vorangeht –, dann sagt uns die Logik, dass es notwendig ist, sogar unvermeidlich, etwas zu verändern. Durch das Schließen der Kluft zwischen Wissenschaft und Mythos, Rationalität und Intuition, Technologie und Methode, können wir vielleicht die Form verstehen, welche die Veränderung annehmen wird. Solch eine Umwälzung bedeutet nicht das ›Ende der Welt‹, sondern das Ende einer Welt und den Anfang einer nächsten Welt.«[5]

Die Mahnungen, die Pinchbeck ausspricht, sind ernst zu nehmen, auch wenn man seine Schlussfolgerungen nicht akzeptieren mag. Seine Einschätzung der aktuellen Situation wird von Menschen geteilt, die keinem naiven Mystizismus oder Naturverständnis anhängen. Es dürfte genügen, an dieser Stelle auf die Dokumentation *Eine unbequeme Wahrheit* von Davis Guggenheim zu verweisen, bei der Al Gore, der ehemalige Vizepräsident der USA, mitgewirkt hat[6]. Dieser Film über die Eisschmelze an den Polen und die Gefahren der »globalen Erwärmung« dürfte belegen, dass heute nicht nur bei Greenpeace-

Aktivisten oder den europäischen Grünen, sondern auch in den Zentren der Macht ein Bewusstsein für bestehende Gefahren durch den Raubbau an der Natur geweckt worden ist. Was leider nicht heißt, dass entsprechende Gegenmaßnahmen ergriffen würden.

In Verbindung mit einer beängstigenden Häufung von Naturkatastrophen in jüngster Zeit gewinnen Mahnungen dieser Art zusehends an Gewicht. Zugleich aber stärken sie auch die Bereitschaft der verunsicherten Menschen, den selbst ernannten Propheten des Endes zuzuhören, die das Ende der Welt in absehbarer Zeit verkünden. Anders als die Skeptiker, die einen verantwortungsbewussteren Umgang mit der Natur und ihren Schätzen einklagen wollen, um das Ende unseres blauen Planeten abzuwenden oder wenigstens aufzuschieben, knüpfen die Apostel der Apokalypse an real existierende Ängste der Menschen an und schüren sie. Auf den ersten Blick gibt es wenig Anlass, den vermeintlichen Prophezeiungen der Maya größere Bedeutung beizumessen als jeder anderen Ankündigung des Weltuntergangs, gäbe es da nicht zu bedenken, dass dieses Volk über astronomische Kenntnisse verfügte, die es ihm anscheinend ermöglichten, für den 21./22. Dezember 2012 äußerst seltene Konstellationen am Himmel vorherzusagen, die tatsächlich eintreten werden. Was allerdings an diesem Tag geschehen wird, ist eine offene Frage, von der später zu reden sein wird. Zunächst geht es um die Beschreibung einer Situation, die den Nährboden hergibt sowohl für begründete als auch völlig absurde Ängste. Diese Situation hängt maßgeblich mit unserer gegenwärtigen Lebensweise zusammen.

Ende des 18. Jahrhunderts begann die »Industrielle Revolution«, mit der sich die Lebensbedingungen der Menschheit änderten wie selten zuvor in der Geschichte. Erfindungen von Maschinen sorgten für eine tief greifende Veränderung der Produktions- und Arbeitsbedingungen, neue Verkehrsmittel wie zunächst die Eisenbahn, später das Auto und schließlich das Flugzeug trugen maßgeblich dazu bei, diese Prozesse zu beschleunigen. Die Erschließung des US-amerikanischen Westens zum Beispiel wäre ohne das »Dampfross« kaum so nachhaltig, vor allem aber nicht so schnell möglich gewesen, wie sie sich in der zweiten Hälfte des 19. Jahrhunderts vollzog. Über den Einfluss von Auto und Flugzeug nicht nur auf die Arbeitsweise, sondern vor allem auch auf das Freizeitverhalten der heutigen Menschen muss man keine großen Worte verlieren. Eine Reise nach Rom, die sich für Goethe noch über Wochen hinzog, dauert heute z. B. von Deutschland aus kaum mehr als zwei Stunden. New York erreicht man von Berlin aus mit dem Flugzeug fast in derselben Zeit wie Paris mit dem Auto und selbst Distanzen zwischen Europa, Asien oder Australien sind in einem Tag überwindbar.

Mit der »digitalen Revolution« der letzten Jahrzehnte erfolgte der nächste Schritt auf dem Weg, die Welt zum viel beschworenen »globalen Dorf« zusammenwachsen zu lassen: Für jemanden, der nach 1980 geboren ist, stellt es eine Selbstverständlichkeit dar, dass er durch Fernsehen und Internet innerhalb von wenigen Sekunden erfährt, was am anderen Ende der Welt geschieht. Dass man via Skype kostenlos telefonieren und den Tausende Kilometer entfernten Gesprächspartner dabei sogar sehen kann, hätte man noch vor wenigen Jahren als Science-Fiction abgetan. Und diese Entwicklung ist nicht abgeschlossen, es scheint so, als sei die Wirklichkeit schneller als die kühnste Zukunftsprognose.

Von Beginn an brachte der technisch-industrielle Fortschritt Entwicklungen mit sich, die problematisch bis bedrohlich waren. Die Geschichte des 19. und 20. Jahrhunderts war geprägt von sozialen Konflikten, die durch die »Industrielle Revolution« entstanden waren oder verschärft wurden – Konflikte, die mitverantwortlich waren für die großen und »kleinen« Kriege der jüngeren Vergangenheit. Gleichzeitig sorgte die rasante Entwicklung von Wissenschaft und Forschung dafür, dass diese Auseinandersetzungen immer schrecklichere Ausmaße annahmen. Schon der Einsatz von Giftgasen im Ersten Weltkrieg markierte eine neue Dimension des Tötens, die die Grausamkeiten früherer Jahrhunderte in den Schatten stellte. Aber was bedeutete das im Vergleich mit dem Holocaust im Zweiten Weltkrieg, dem Abwurf der Atombomben über Hiroshima und Nagasaki? Und der atomaren Gefahr, von der die Menschheit seitdem in ihrer Gesamtheit bedroht ist? Spätestens die Kuba-Krise Anfang der 1960er-Jahre brachte der Weltöffentlichkeit zu Bewusstsein, dass es kaum noch regional begrenzte Konflikte gibt; der »große Knall« würde Zerstörungen von globalen Ausmaßen nach sich ziehen. Diese Bedrohung ist allgegenwärtig und durch das Ende des Ost-West-Konflikts beileibe nicht abgewendet. Im Gegenteil, die Gefahren, die von unberechenbaren Staaten wie Nordkorea oder dem Iran ausgehen, sind vermutlich weit größer als der Kampf zwischen Washington und Moskau um die Vormachtstellung in der Welt, der die Zeit zwischen 1945 und 1990 prägte. Ganz zu schweigen von der Vorstellung, dass eine Terrororganisation wie die Al Kaida in den Besitz der Atombombe gelangen könnte. Zu den Atommächten zählt auch Pakistan, ein Land, das bei freien Wahlen leicht in die Hände islamistischer Fundamentalisten fallen könnte.

Die atomare Bedrohung ist eine der evidentesten Kehrseiten des technologischen Fortschritts der letzten 200 Jahre. Die Entwicklungen in jüngster Zeit haben kaum weniger ernste Risiken geschaffen: Große Bereiche des Lebens in den modernen Gesellschaften, besonders den fortgeschrittenen, sind abhängig von der Steuerung durch digitale Medien. Computer regulieren nahezu alles, was unser Leben komfortabel macht, von der Flugsicherheit über Verkehrsleitsysteme bis hin zur alltäglichen Energieversorgung. Kritiker weisen aus gutem Grund darauf hin, mit welchen Konsequenzen zu rechnen wäre, wenn es Terroristen gelänge, Zugriff auf diese Steuerungssysteme zu erlangen. Im schlimmsten Fall könnten sie mit wenigen Mausklicks das öffentliche Leben von Metropolen, ja ganzen Staaten lahmlegen. Die Menschheit von heute lebt auf einem Pulverfass, das sehr viel schneller explodieren könnte, als dies je zuvor in der Geschichte der Fall war. Latent ist das jedem von uns bewusst, aber wir haben uns daran gewöhnt, dieses Wissen zu verdrängen. Aus gutem Grund – wie sonst sollte das Leben in der Gegenwart funktionieren? Niemand kann das Rad der Geschichte zurückdrehen, und niemand will das ernsthaft. In erster Linie geht es darum, Risiken zu begrenzen. Die Beschreibung dessen, welche Konsequenzen ein Super-GAU nach sich ziehen würde, überlässt man besser dem Katastrophenkino.

Die Natur schlägt zurück

Schlagwörter wie »Ozonloch«, »CO_2-Ausstoß«, »Klimawandel« oder »globale Erwärmung« gehen regelmäßig durch die Nachrichten. Meist werden die Berichte über neue, besorgniserregende Studien verbunden mit dramatischen Appellen, nur durch gemeinsame Anstrengungen sämtlicher Industriestaaten könne zumindest eine Verlangsamung der Prozesse bewirkt werden. Wenn sich mal die USA, mal – und immer wieder – China diesen gemeinsamen Aktivitäten der Weltgemeinschaft widersetzen, hat man wenigstens einen Sündenbock gefunden. Das wirkt scheinbar beruhigend und führt zu einer Selbstzufriedenheit von Nationen wie etwa der deutschen, die immerhin Vorreiter in Sachen Mülltrennung war. Die Eisschmelze an den Polen ereignet sich für die meisten Menschen weit entfernt, sodass sich die Bedrohung gut verdrängen lässt. Und was ist eigentlich so schlimm am Klimawandel und an globaler Erwärmung? Ein »Saharasommer« in Deutschland mag ja auf den Treibhauseffekt zurückgeführt werden, aber hat er nicht auch seine positiven Seiten? Zumindest die Boulevardpresse sieht das so, wenn sie in solchen Jahren stolz die Tatsache verkündet, dass in Kiel höhere Temperaturen als in Rimini herrschen und Italiener und Spanier wahrscheinlich in wenigen Jahren schon ihre Jahresurlaube an der Ostsee buchen werden.

Weniger leicht verdrängen lassen sich verheerende Naturereignisse, die von den Medien direkt in unsere Wohnzimmer übertragen werden, selbst wenn sie sich Tausende von Kilometern entfernt zutragen. Seit einiger Zeit wird die Weltöffentlichkeit im Abstand von nur wenigen Monaten immer häufiger mit immer neuen Bildern des Grauens konfrontiert. Selbst in Regionen Mitteleuropas, die vergleichsweise selten von Naturgewalten heimgesucht werden, spielen Klima und Wetter verrückt – der Sommer 2009 scheint die Beschleunigung der dramatischen Veränderungen eindrucksvoll zu bestätigen.

Den erwähnten Saharasommern 2005 und 2006 ging wenige Jahre zuvor die große Flutkatastrophe voraus, die besonders im Osten Landschaften und Städte unter Wasser setzte und Schäden in Millionenhöhe verursachte. Nun sind Überschwemmungen dieser Art in

Deutschland zwar eher selten, andererseits aber auch nicht so außergewöhnlich, dass sie als Folge einer nachhaltigen Störung des Gleichgewichts der Natur gedeutet werden müssten. Entsprechendes gilt für das Erdbeben in Italien im April 2009, da Apulien nachweislich zu den tektonisch von Beben gefährdeten Regionen gehört. Die entsetzlichen Folgen für die Betroffenen werden dadurch ebenso wenig gemildert wie durch den Vorwurf, Städteplaner und Bauherren hätten die allgemein bekannten Gefahren bei der Errichtung von Häusern und öffentlichen Gebäuden wissentlich ignoriert.

Eine der spektakulärsten Naturkatastrophen des 21. Jahrhunderts ereignete sich im August 2005 im Südosten der USA: Der Hurrikan Katrina erreichte von den Bahamas kommend über dem Golf von Mexiko die nordamerikanische Golfküste und setzte große Teile von New Orleans, der Hauptstadt des Bundesstaates Louisiana, unter Wasser. Da sich schon wenige Tage zuvor abgezeichnet hatte, dass die Stadt, deren Fläche zu 80 % unterhalb des Meeresspiegels liegt, ins Zentrum Katrinas rücken würde, wurde New Orleans evakuiert. Eine regelrechte Völkerwanderung setzte ein, mehr als eine Million Menschen trat die Flucht an, zum Teil bis weit ins Innere des benachbarten Bundesstaates Texas hinein. Mehrere 10.000 Menschen, vor allem aus weniger wohlhabenden Bevölkerungsschichten, die entweder die Warnungen ignoriert hatten oder ihre Habseligkeiten vor dem Zugriff von Plünderern schützen wollten, wurden im Louisiana Superdome, dem Football-Stadion von New Orleans, untergebracht. Als die Dämme brachen und eine riesige Flutwelle die Stadt überschwemmte, musste schließlich auch dieser Fluchtpunkt geräumt werden.

Die Bilder aus Louisiana, ebenso wie aus den benachbarten Staaten Florida, Georgia, Mississippi und Alabama, die ebenfalls von Katrina heimgesucht wurden, gingen in Windeseile um die Welt. Wie sich später zeigte, handelte es sich um eine der schwersten Naturkatastrophen in der Geschichte der USA, die Schäden in Höhe von über 80 Milliarden Dollar anrichtete. Die Zahl der Toten lag bei knapp unter 2000; das ist wenig im Vergleich zu Erd- oder Seebeben in anderen, weniger hoch technisierten Regionen der Welt, aber im Fernsehen live mitzuerleben, wie die derzeit mächtigste und von den Möglichkeiten zur Abwehr solcher Gefahren am besten ausgerüstete Nation der Welt den Naturgewalten nahezu hilflos ausgeliefert war, hatte schon etwas Beängstigendes. Mit Blick auf das Leid der Menschen, die von solchen Geschehnissen heimgesucht werden, ist es natürlich gleichgültig, wo sich ein Unglück ereignet. Aber ein Erdbeben in Birma, im Iran oder selbst in Apulien hat hinsichtlich seiner Wahrnehmung und Bewertung durch die Öffentlichkeit trotzdem eine andere Qualität als die apokalyptischen Bilder vom Wüten Katrinas in New Orleans: Ob zu Recht oder nicht, es wird schnell unterstellt, dass in vielen dieser Länder keine Vorwarnsysteme bestehen, die modernen technischen und wissenschaftlichen Standards entsprechen. Ebenso geht man, sicher nicht ohne Grund, davon aus, dass bei der Errichtung von Gebäuden keinerlei Rücksicht auf eine bekannte Gefährdung genommen wurde. Und schließlich weiß man, dass die Regierungen von wenig weltoffenen Staaten später alles Erdenkliche tun werden, um die tatsächlichen Ausmaße der Zerstörungen zu verschleiern. Wenn sich die USA einer Katastrophe von derartigen Ausmaßen ausgesetzt sehen, muss selbst der größte Optimist unter den Fortschrittsgläubigen zugeben, dass entfesselte Naturgewalten im schlimmsten Fall die gesamte moderne Zivilisation auszulöschen vermögen.

Zehn Monate, bevor Katrina im Südosten der USA tobte, am zweiten Weihnachtstag des Jahres 2004, ereignete sich im Indischen Ozean das Sumatra-Adamanen-Seebeben, mit einer Stärke von 9,1 auf der Richterskala eines der stärksten, das in den letzten Jahrzehnten gemessen wurde. Wieder gingen Schreckensszenarien in Windeseile um die Welt. Doch im Gegensatz zu zahlreichen Tsunamis und Beben, die sich in dieser Region bereits zugetragen hatten, war die Betroffenheit in Europa oder den USA diesmal ungewöhnlich groß. Denn zu den Ländern, die von monsterhaften Flutwellen erfasst wurden, gehörte auch Thailand, insbesondere die Küste der Insel Phuket, die in dieser Jahreszeit zu den bevorzugten Reisezielen westlicher Touristen zählt. Unter den offiziell gemeldeten knapp 5400 Toten befanden sich über 2400 Ausländer. Tatsächlich dürfte die Zahl der Opfer auch in Thailand um einiges höher gelegen haben; dennoch war sie verschwindend gering im Vergleich zu

Indonesien, der am stärksten betroffenen Nation: Hier wurden offiziell um die 130.000 Tote gemeldet, Schätzungen gehen von ca. 170.000 Opfern aus. Stärker betroffen als Thailand waren außerdem noch Sri Lanka mit zwischen 30.000 und 40.000 sowie Indien mit ca. 15.000 Toten. In beiden Ländern wurden, wie auch in Indonesien, jeweils deutlich über eine halbe Million Menschen obdachlos.

Thailand kam demnach noch vergleichsweise »glimpflich« davon, aber die Anwesenheit der europäischen Touristen vor Ort führte dazu, dass der Tsunami besonders gut durch Kameras und spätere Augenzeugenberichte von Überlebenden dokumentiert wurde. Wiederum gilt: Am Ausmaß des realen Grauens ändert es überhaupt nichts, wer von ihm betroffen wird, wohl aber an seiner Wahrnehmung. In einer Zeit, in der riesige Entfernungen derart schnell überwunden werden können wie heute, findet ein Seebeben im Indischen Ozean gewissermaßen vor der eigenen Haustür statt.

Die Auswirkungen des Bebens im Indischen Ozean waren weit über Südasien und den Golf von Bengalen hinaus zu registrieren; sogar an der ostafrikanischen Küste waren Opfer zu beklagen. Einmalig war das Geschehen jedoch nicht – es erinnerte in vielerlei Hinsicht an einen Ausbruch des indonesischen Vulkans Krakatau, der sich rund 120 Jahre zuvor ereignete. In seinem Buch *Die Spur der Götter* beschreibt der schottische Wissenschaftsjournalist Graham Hancock, was im Jahr 1883 geschah: Der Vulkan brach »mit solcher Heftigkeit aus (...), dass über 36.000 Menschen getötet wurden und dass man die Explosion noch in einer Entfernung von 4800 Kilometern hören konnte. Vom Epizentrum in der Sunda-Straße rasten 28 Meter hohe Tsunamis über das Java-Meer und den Indischen Ozean. Sie schleuderten Dampfschiffe kilometerweit ins Inland und verursachten noch in Ostafrika und an den Westküsten der beiden Teile Amerikas Überflutungen. 18 Kubikkilometer Gestein und riesige Mengen Asche und Staub wurden in die obere Atmosphäre geschleudert, so dass der Himmel noch zwei Jahre später weltweit merklich dunkler und die Sonnenaufgänge sichtbar röter waren. Die Durchschnittstemperaturen sanken in dieser Zeit ebenfalls überall, denn die Partikel des Vulkanstaubs reflektierten bei Sonnenstrahlen zurück ins Weltall.«[7]

Neueren Untersuchungen zufolge ließen sich Auswirkungen des Krakatau-Ausbruchs sogar in Europa registrieren, im Golf von Biskaya und im Ärmelkanal. Die global spürbaren Folgen dieses Ereignisses – das Wissen darüber ist ein Indikator dafür, dass die Welt bereits im ausgehenden 19. Jahrhundert zusammenzuwachsen begann – haben Wissenschaftler des Westens nachhaltig beschäftigt und auch in Kunst und Literatur Nachklänge gefunden[8]. Eine Ursache hierfür war fraglos, dass es sich beim Ausbruch des Krakatau um den zweitgrößten Vulkanausbruch in der Neuzeit überhaupt handelte. Gewaltiger war in den letzten 10.000 Jahren nur die Explosion des ebenfalls im heutigen Indonesien gelegenen Tambora. Die erfolgte 1815, wenige Jahre vor der Krakatau-Katastrophe. Aber in den knapp 70 Jahren, die zwischen beiden Ereignissen liegen, hatten sich in der westlichen Welt nicht nur die Produktionsbedingungen durch ein Voranschreiten der Industriellen Revolution unglaublich beschleunigt, sondern waren auch die Möglichkeiten der Kommunikation erheblich verbessert worden. Was in anderen Weltgegenden geschah, drang 1883 sicherer und vor allem erheblich schneller nach Europa oder in die USA vor – und weckte vielleicht zum ersten Mal in der neueren Geschichte das Bewusstsein dafür, dass die Natur Kräfte freizusetzen vermag, deren zerstörerische Kraft noch in unendlich weit entfernten Gegenden Wirkungen zeigt.

Das Maß aller Dinge!?

Auf den ersten Blick muten die Auswirkungen des Krakatau-Ausbruchs auf weit entfernte Regionen nicht sonderlich beängstigend an. Streng genommen sind sie es vielleicht auch nicht, jedenfalls weit weniger als die Eisschmelze an den Polen. Die betrifft Mitteleuropäer ebenso wenig direkt wie die Bewohner von New York – wäre da nicht das Wissen, dass diese Schmelze einen gewaltigen Einfluss auf den Golfstrom und damit indirekt auf das Weltklima nimmt.

Analog ließe sich die Frage stellen, welche Konsequenzen der Ausbruch eines mit dem Krakatau vergleichbaren Vulkans haben könnte, der uns geographisch sehr viel näher ist, z. B. der Ätna oder der Vesuv. Natürlich könnte man jedem Gedankenspiel dieser Art entgegenhalten, dass es sich abermals um Katastrophen von lokal begrenzten Ausmaßen handeln würde, mit zwar verheerenden Wirkungen für das nähere geographische Umfeld, zu dem dann auch große Teile von Mitteleuropa gehören würden; aber sollten sich die Auswirkungen in Gegenden des Indischen Ozeans mit denen vergleichen lassen, die man in unseren Sphären von heftigen vulkanischen Aktivitäten dort zu spüren bekommt, hätte das auf das Gesamtgefüge unseres Planeten keine substantiell andere, geschweige denn größere Bedeutung.

In eine qualitativ andere Dimension gelangen die Überlegungen, wenn man die geographisch-kulturellen Aspekte zurückstellt hinter die Frage, was geschehen würde, wenn ein Vulkan ausbräche, dessen Gefährlichkeit weit über die des Krakatau hinausreicht. Ein Beispiel hierfür ist der Yellowstone im gleichnamigen Nationalpark der USA – ein so genannter Supervulkan, der vielen als der wahrscheinlichste Auslöser einer globalen Katastrophe gilt. Würde ein Beben, das von hier seinen Ausgang nimmt, zum Weltuntergang führen? Würden riesige Fluten des Wassers, dem unser blauer Planet sein Leben verdankt, nun auch dessen Ende bewirken?

Im Jahr des Sumatra-Adamanen-Seebebens erschien Frank Schätzings Roman *Der Schwarm*, der auf fast prophetische Weise einen Tsunami thematisierte – ein Phänomen, das in unseren Breitengraden als wirkliche Bedrohung eher unwahrscheinlich ist. Ebenfalls 2004 wurde der Film »Supervulkan« produziert, »die wahre Geschichte eines globalen Desasters. Es ist nur noch nicht passiert.«[9]. Trotz des reißerischen Untertitels »Tief unter der Erde lauert ein Monster« handelt es sich nicht um einen typischen Katastrophenfilm à la Hollywood, sondern um eine Art Doku-Drama. Produziert wurde »Supervulkan« von der BBC, die mit den Mitteln modernster Computertechnik in den letzten Jahren eine erfolgreiche Serie von spektakulären Dokumentationen zu Naturthemen realisiert hat. In dieser Produktion wird ein furchterregendes Szenario entworfen:

»Ein schweres Erdbeben erschüttert den Yellowstone Nationalpark. Die Lokalmedien befürchten, es könnte das untrügliche Vorzeichen einer Eruption der gewaltigen Magma-Kammer unter dem Park sein. Die zuständigen Wissenschaftler bestreiten das allerdings. Zu wenig wissen sie über die Vorgänge, die sich tief unter der Erde abspielen. Als wenig später die Erde regelmäßig zittert, gibt es jedoch keinen Zweifel mehr. Ein Ausbruch des Vulkans steht kurz bevor. Unter der Bevölkerung kommt es zu ersten Unruhen, da bricht Yellowstone mit voller Wucht aus. Die erste Explosion eines Supervulkans seit 74.000 Jahren wird das Angesicht der Erde für lange Zeit verändern ...«[10]

Der letzte Ausbruch des Yellowstone liegt um die 650.000 Jahre zurück – und die Wissenschaftler gehen in der Tat davon aus, dass eine Eruption in absehbarer Zeit zu erwarten ist; wobei mit »absehbarer Zeit« einige 1000 Jahre gemeint sind. Endgültige Gewissheit gibt es jedoch hinsichtlich einer Datierung nicht und genauso können die möglichen Auswirkungen eines Ausbruchs nur bedingt vorhergesagt werden. Sicher scheinen Konsequenzen für das Klima auf der ganzen Erde zu sein und im unmittelbaren Umfeld des Vulkans würde jegliches Leben ausgelöscht.

Die Aktivitäten des Yellowstone stehen nicht zuletzt seiner Gefährlichkeit wegen unter ständiger Beobachtung – kontrollierbar sind sie allerdings nicht: »Im Park sind 22 seismografische Stationen verteilt, die jede noch so kleine Erschütterung registrieren. Die Aufzeichnungen der Messungen enthüllen, dass sich jedes Jahr Hunderte von Erdstößen unter dem Yellowstone Park ereignen. Dabei ist es jedoch schwer, die örtlichen von den großtektonischen Bewegungen zu trennen. So steht das Gebiet im großtektonischen Zusammenhang, der in

Teilen der westlichen USA schon seit 17 Millionen Jahren anhält. Dabei wurde das große Becken von Nevada und Utah um einen halben Kilometer angehoben. Der Yellowstone liegt im nordöstlichen Teil dieses tektonisch aktiven Gebietes. An einer der Hauptstörungen, die die Caldera durchschlägt, beträgt der vertikale Versatz der letzten 10 Millionen Jahre mehr als 4 km.«[11]

Die Furcht vor dem Ausbruch eines Supervulkans ist durchaus begründet und hat zunächst nichts mit Schwarzseherei und apokalyptischen Visionen zu tun. Graham Hancock behandelt in *Spur der Götter* den Ausbruch des Krakatau im Zusammenhang mit einem Referat über das aktuelle Wissen hinsichtlich des Entstehens und Endens von Eiszeiten; fast erwartungsgemäß sieht auch er im Yellowstone-Vulkan den größten Gefahrenherd für eine globale Klimaveränderung, die zumindest für Teile der Menschheit tödliche Ausmaße haben würde.

Mit den mehrfach angesprochenen und zugegebenermaßen fatalen Auswirkungen unserer modernen Lebensweise auf das Naturgefüge hätte ein derartiges Ereignis allerdings ziemlich wenig zu tun. Offensichtlich lauern im Inneren der Erde tatsächlich so etwas wie »Monster«, die sich kaum durch ein umweltbewussteres Verhalten der Menschheit bändigen lassen. Der Mensch ist nicht das Maß aller Dinge, er ist eingebunden in Naturzusammenhänge, die er womöglich nur zu einem verschwindend kleinen Teil beeinflussen kann. Zu diesem Ergebnis gelangt auch Adrian Gilbert in einem Buch über die Prophezeiungen der Maya:

»Zwar wird heute niemand bestreiten, dass die Erde sich erwärmt – mit möglicherweise verheerenden Auswirkungen auf das Gleichgewicht in der Natur –, aber es ist keineswegs klar, ob die Ausflüsse der Zivilisation der Hauptgrund dafür sind. An Fossilien ist nachweisbar, dass die Erde zu manchen Zeiten weit kälter war als heute, und zu anderen weit wärmer. Wenn wir davon ausgehen, dass die Kohle und das Öl, das wir aus dem Boden gewinnen, Überreste uralter Wälder sind, muss es eine Zeit gegeben haben, in der es diese Wälder noch nicht gab. Zu dieser Zeit könnte der gesamte Kohlenstoff auf der Erde in Form von ›Treibhausgasen‹ vorhanden gewesen sein, entweder Methan oder Kohlendioxid. Das scheint die Entwicklung des Lebens nicht behindert oder Zyklen der Erderwärmung oder -abkühlung verhindert zu haben. Daraus kann man schließen, dass die Nutzung fossiler Brennstoffe durch den Menschen nur einer der Gründe für den Klimawandel ist. Es gibt weitere, vielleicht stärkere, auf die wir keinen Einfluss haben.«[12]

Gilbert greift hier Fragen auf, die in der Klimaforschung der letzten Jahrzehnte immer wieder gestellt wurden und zu erbitterten Diskussionen geführt haben. So führt etwa der dänische Physiker Henrik Svensmark die »globale Erwärmung« in erster Linie auf »kosmische Strahlen« und Sonnenaktivitäten zurück, ein durch die moderne Lebens- und Wirtschaftsform forcierter CO_2-Ausstoß, dessen Reduzierung eines der Hauptziele von Umweltschützern ist, wird im Vergleich zu diesen rein natürlichen Ursachen als allenfalls zweitrangig betrachtet; einem breiten Publikum wurden Svensmarks Thesen durch das Buch *Sterne steuern unser Klima: Eine neue Theorie zur Erderwärmung*[13] bekannt, das der Wissenschaftler gemeinsam mit dem britischen Journalisten Nigel Calder verfasste. Dass die Überlegungen von Svensmark und Calder auf heftigen Widerspruch gestoßen sind, sei hier nur am Rande erwähnt.

Noch erheblich drastischer in seinen Aussagen zum Klimawandel ist der britische Chemiker, Mediziner und Biophysiker James Lovelock, der Schöpfer der sogenannten »Gaia«-Theorie: Sie besagt, die Erde sei »ein sich selbst regulierender Superorganismus«, auf dessen Entwicklung menschliches Handeln keinen nennenswerten Einfluss habe. In einem Interview zu seinem 90. Geburtstag im Juli 2009 bekräftigte er mit düsteren Worten seine Kritik an allen Modellen, denen zufolge eine bedrohliche Erhitzung der Erde noch aufzuhalten sei: »Die Modelle liefern schon für die Gegenwart keine richtigen Ergebnisse. Bei der Meeresspiegelentwicklung und beim Schmelzen des arktischen Eises liegen sie erschreckend falsch. Der Rückgang des Polareises erreichte 2007 und 2008 ein Ausmaß, wie es frühestens für 2040 prognostiziert wurde – also viele Jahre früher. Die Tatsache, dass die Modelle noch nicht mal das korrekt vorhersagen, was bis heute geschehen ist, alarmiert mich. Wir kommen in große Schwierigkeiten, wenn wir diesen Leuten ihre Prognosen für das Jahr 2050 abnehmen. Die glauben an einen sanften Anstieg der Temperatur. Aber die Erde sucht sich normalerweise stabile Zustände, die Übergänge zwischen diesen Zuständen sind daher eher sprunghaft. Ich glaube, dass wir kurz vor einem solchen Sprung in eine heiße Ära sind.«[14]

Diese gleichermaßen provokanten wie besorgniserregenden Aussagen, die Lovelock in Büchern wie *Das Gaia-Prinzip: Die Biographie unseres Planeten* oder *Gaias Rache: Warum die Erde sich wehrt* ausführlich begründet, münden in apokalyptische Vorhersagen für die nächste Zukunft: Die Bevölkerung der Erde drohe sich bis zum Ende des Jahrhunderts auf eine Milliarde Menschen zu reduzieren, Hungersnöte und Kriege würden ausbrechen und es kündigten sich Völkerwanderungen in die wenigen Regionen an, die bei Anbruch der »heißen Ära« noch bewohnbar seien.[15]

Zwischen Untergang und Aufstieg: Die »Lehren« der Maya

Die Zahl der jährlichen Neuerscheinungen, die sich mit dem Klimawandel und seinen Konsequenzen beschäftigen, ist unüberschaubar – und die Entwicklung wird sich eher noch verstärken, wenn die Natur weiterhin verrückt spielen sollte. Ob sich die Prognosen von Lovelock bewahrheiten werden und wie schnell das geschieht, ist umstritten – die Berechtigung seiner Warnungen hingegen wird zunehmend anerkannt.

Auch Svensmarks Überlegungen zu den Einflüssen der Sonne und kosmischer Strahlen auf irdisches Leben sind keine Science-Fiction-Visionen. So gilt als erwiesen, dass extreme Sonnenstürme chaotische Auswirkungen auf die digitalen Steuerungsmedien haben können, von denen zentrale Bereiche des Alltagslebens der modernen Gesellschaften abhängen, von der Flugsicherheit bis zur Energieversorgung[16]. Abermals ist offen, ob und wann solche Stürme ausbrechen und ob es möglich ist, wirksame Gegenmaßnahmen zu ergreifen.

Die Warnung vor einer Selbstüberschätzung des Menschen und seiner wissenschaftlich-technischen Möglichkeiten der Naturbeherrschung ist legitim – das Schüren von Ängsten dagegen fragwürdig, besonders wenn es mit der Anpreisung falscher Heilsversprechen verknüpft wird. Genau das geschieht aber in vielen Theorien über die vermeintlichen oder wirklichen Prophezeiungen, die das Volk der Maya im ersten nachchristlichen Jahrtausend der Nachwelt mit ihrem faszinierenden Kalendersystem vererbt haben soll.

Nicht nur in Krisenzeiten scheint seit einigen Jahrzehnten ein vermehrtes Bedürfnis nach »geistigen« Orientierungshilfen jenseits des herrschenden, rational-materialistischen Weltbildes zu bestehen. Gegen Ende der 1960er-Jahre fand die Entdeckung fernöstlicher Religionen und mystischer Lehren statt. Nahezu gleichzeitig wurden die Weisheiten so genannter Natur- und Urvölker als Gegenentwürfe zum vertrauten abendländischen Weltbild beschworen – gefördert durch Denkschulen, die völlig zu Recht eine Abkehr vom Ethnozentrismus der zurückliegenden Jahrhunderte forderten, keineswegs aber für die abenteuerlichen Entwicklungen der Folgezeit verantwortlich gemacht werden können. Denn viele der mystischen Erlösungsbewegungen, die sich nun formierten, würfelten ohne jegliches Verständnis für die kulturellen Hintergründe der Lehren, auf die sie sich beriefen, alles wild durcheinander. In mehreren Büchern über die Maya werden Querverbindungen zu Yoga-Lehren hergestellt, ohne dass auch nur der Versuch einer Erklärung erfolgt, was das eine mit dem anderen zu tun haben soll.

Auch dem Anspruch nach »wissenschaftliche« Theorien zum Maya-Kalender verfallen in dieselbe fragwürdige Mischung dessen, was nicht wirklich zusammengehört. Später wird auch von Vorstellungen die Rede sein, denen zufolge die Maya für 2012 einen allgemeinen Bewusstseinswandel sowie den Aufstieg in eine vierte oder fünfte Dimension geweissagt hätten. Zum Teil sind die fraglichen Konstruktionen allem Anschein nach von James Lovelock und seiner Vorstellung inspiriert, die Erde sei ein sich selbst strukturierender Organismus. Die Behauptung, auch das »Bewusstsein der Menschheit« folge ähnlichen Steuerungsmechanismen, wird durch das »Gaia«-Prinzip jedoch nicht gedeckt. Wo die Maya den Aufstieg in eine höhere Dimension angekündigt haben sollen, ist nicht weniger rätselhaft.

Die Alternative zum Aufstieg ist der Untergang. Ihre Vorhersage für den Tag der Wintersonnenwende des Jahres 2012 versuchen mehrere Interpreten ebenfalls aus dem Kalender der Maya abzuleiten. Im Gegensatz zu den »Aufstiegs«-Phantasten muss man den Vertretern dieser Richtung zugute halten, dass sie sich ernsthaft mit der Kultur und Geschichte des mittelamerikanischen Volkes beschäftigen und seiner Mythologie und Kosmologie nicht einfach aus anderen Lehren entlehnte Denkmuster überstülpen. Eine zentrale Rolle spielt in diesem Zusammenhang die Kosmologie der Maya, die an astronomische Kenntnisse von ebenso beeindruckender wie irritierender Genauigkeit gekoppelt ist. Ob sich jedoch aus präzisen Berechnungen von Himmelskonstellationen in ferner Zukunft, die von den Maya offensichtlich erstellt wurden, Prophezeiungen eines mit diesen Konstellationen verknüpften apokalyptischen Geschehens verbinden lassen, ist eine andere Frage. Darauf wird in den beiden letzten Kapiteln dieses Buches eingegangen werden. Zuvor soll ein kurzer Überblick zur Geschichte und Kultur der Maya erfolgen, der sich an den Erkenntnissen einer Gruppe von Maya-Forschern orientiert, in deren Mittelpunkt die 1998 verstorbene Texanerin Linda Schele stand.

Kapitel 2

DIE »GRIECHEN DER NEUEN WELT«

Zur Geschichte der Maya-Kultur und ihrer Erforschung

»Die Chronik des amerikanischen Kontinents beginnt nicht erst mit der Entdeckung durch Kolumbus oder der Landung der Pilgerväter, sondern mit Lebensbeschreibungen von Maya-Königen des zweiten vorchristlichen Jahrhunderts. (…) Von Kindesbeinen an wurde uns gelehrt, die ›Wiege der Kultur‹ sei der Mittelmeerraum – und nur dieser. In Wahrheit jedoch hat die Menschheit ihre Kultur in zwar anderer, aber mindestens gleichrangiger Form auch in China, Mesoamerika und Peru entwickelt. Die Maya zählen mit zu jenen Gesellschaften, die den Übergang von der dörflichen Agrargemeinschaft zur hochentwickelten Stadtkultur vollzogen. Voraussetzungen dafür waren die Schaffung einer Hochreligion sowie einer außerordentlichen Staatskunst, die das Fundament für eine über tausend Jahre währende stabile Gesellschaftsordnung legte.«

Linda Schele/David Freidel
Die unbekannte Welt der Maya[17]

Diego de Landa und das Autodafé von Maní

Die Maya und ihre gleichermaßen hoch entwickelte wie rätselhafte Kultur haben das Interesse und die Phantasie der abendländischen Wissenschaft und Geschichtsschreibung beschäftigt wie kein zweites Volk der Neuen Welt. Erst gegen Ende des 18. Jahrhunderts wurde damit begonnen, in den Siedlungsgebieten auf der Halbinsel Yucatán, die überwiegend zu Mexiko gehört, sowie in südlicher gelegenen Regionen, die sich auf die Staaten Honduras, Guatemala, El Salvador und Belize verteilen, systematisch nach Zeugnissen der Maya-Kultur zu suchen. Nach und nach wurden zahlreiche Ruinenstätten ausgegraben, die aus bis heute nicht völlig geklärten Gründen von ihren Bewohnern aufgegeben und dem Wildwuchs der Urwälder überlassen worden waren.

Im 19. Jahrhundert weckten Forschungsreisende wie der US-Amerikaner John Lloyd Stephens (1805–1852) und der Engländer Frederick Catherwood (1799–1854) mit ihren Reiseberichten die Neugier der Europäer und Nordamerikaner auf die Maya[18]. Stephens lebhafte Schilderungen und Catherwoods präzise und zugleich romantisierende Zeichnungen machten die Bücher über ihre Erkundungsreisen in den Jahren 1839 bis 1841 zu Bestsellern. Stephens gilt bis heute als der »eigentliche Wiederentdecker der Maya-Kultur«[19].

Mit der Erfindung fotografischer Techniken wie der Daguerreotypie wurden die Möglichkeiten, archäologische Funde zu dokumentieren, deutlich erweitert. Bei späteren Reisen machte sich schon Stephens diese Fortschritte zunutze. Um 1880 erstellten der Engländer Alfred Percival Maudslay (1850–1931) und der Badenser Teobert Maler (1842–1917) eine Sammlung von Dokumenten, die noch heute von unerschöpflichem Wert sind: »Ihre Architekturaufnahmen, Karten und Grundrisse«, bemerkte der deutsche Forscher Berthold Riese, »gaben dem Leser zu Hause ein gutes Bild von der Baukunst der Maya und der Anlage der Städte.«[20]

Bis zu diesem Zeitpunkt verdankte die Erkundung der Maya-Kultur ihre Fortschritte fast ausschließlich dem persönlichen wie finanziellen Engagement von Privatgelehrten. Was sie an Kenntnissen zusammentrugen, war beachtlich, doch von einer zielgerichteten Forschung konnte nicht die Rede sein. Zudem blieben die Erkenntnisse gewissermaßen an der Oberfläche, ins Blickfeld der Öffentlichkeit traten vorerst nur monumentale Bauwerke, die umso beeindruckender und faszinierender auf die Besucher und die Leser der Berichte wirkten, als schwer nachvollziehbar war, wie die Maya ihre Paläste und Tempel mit ihren bescheidenen Mitteln schaffen konnten. Denn in vielerlei Hinsichten erschien diese Kultur rückständig, wenn nicht primitiv. Das Rad z. B., ein wichtiges Mittel zum Transport von Materialien für den Bau ihrer Monumente, war ihnen unbekannt[21]. Auch wusste man wenig über ihr Alltagsleben, was romantisierenden und idealisierenden Deutungen Tür und Tor öffnete. So kam es, dass die Kultur der Maya bis in die jüngste Vergangenheit hinein missverstanden oder fehlinterpretiert wurde. Die Missverständnisse basierten auf mangelnden Kenntnissen, die Fehlinterpretationen zu einem großen Teil ebenfalls; allerdings ließen sich die Lebenseinstellungen einer Kultur, über die man wenig wusste, auch gut instrumentalisieren, um vermeintliche Missstände anzuprangern, die Interpreten in ihrer eigenen Gegenwart vorfanden. Die Grenzlinien zwischen Fehldeutungen und bewussten Geschichtsfälschungen verschwimmen bisweilen.

Über lange Zeit wurden die Maya zu den Gegenspielern der Azteken aufgebaut, zu den vermeintlich friedfertigen »Griechen« der Neuen Welt, die anders als die machthungrigen und blutrünstigen »Römer« Mesoamerikas[22] nahezu ausschließlich der Religion, Philosophie und Astronomie huldigten. Von entscheidender Bedeutung für das Entstehen und die Langlebigkeit dieses Bildes war die Erkenntnis, dass die Maya über ein ausgeprägtes astronomisches Wissen verfügten und Kalendersysteme entwickelten, die es ihnen ermöglichten, in Zeiträumen zu denken, die eigentlich jenseits ihrer – und auch unserer – Vorstellungskraft lagen. Bereits im 19. Jahrhundert wiesen Forscher ein in der Maya-Schrift verschlüsseltes Zahlensystem nach, auf Grundlage dessen der Dresdner Bibliothekar Ernst Wilhelm Förstemann (1822–1906) »bald auch die astronomischen Rechentabellen für Sonnenfinsternisse und die Sichtbarkeitsphasen des Wandelsterns Venus entschlüsseln« konnte[23]. Weiterhin waren die Maya offenbar in der Lage, nahezu exakt die Umlaufzeit des Mondes um die Erde zu berechnen und sie bestimmten die genaue Länge eines Sonnenjahres

1000 Jahre vor dem Gregorianischen Kalender, der in Europa erst im 16. Jahrhundert eingeführt wurde Die Frage, wie sie diese unvorstellbar präzisen Kenntnisse erwerben konnten, hat viele Betrachter kaum weniger beschäftigt als jene, wozu sie dieses spezielle Wissen überhaupt benötigten.

Lange wurde die Auffassung vertreten, die Maya hätten sich den Sternen und der Zeit gewissermaßen als Selbstzweck gewidmet; angeblich unterhielten sie eine Priesterkaste, die sich diesen Tätigkeiten widmete, ohne eine konkrete Absicht damit zu verfolgen. Selbst das Schriftsystem war nach Auffassung von J. Eric Thompson, dem bis etwa 1970 einflussreichsten Maya-Gelehrten, nur diesem »unpraktischen« Ziel verpflichtet: »Die Hieroglyphenschrift der Maya wurde in erster Linie vervollkommnet, um den Ablauf der Zeit aufzuzeichnen, die Namen und Einflüsse der in jedem ihrer Abschnitte regierenden Götter sowie das angesammelte Wissen der Priester-Astronomen, das mit diesen Themen in Zusammenhang stand. Ihre Verwendung für andere Zwecke war eine sekundäre Entwicklung. Auch hier wurde das Denken der Maya von einer Zielsetzung geleitet, die wir als unpraktisch betrachten würden.«[24]

Bisweilen trifft man auf diese Auffassung noch heute, so in einem Buch mit dem sprechenden Titel *Die Maya. Weber der Zeit, Spieler des Universums*: »Die Maya kannten die Zusammenhänge zwischen dem Planeten Erde und den anderen Gestirnen genauso gut wie die tiefsten Verbindungen zwischen Menschen und Universum. Und was lange Zeit ihr Geheimnis war, das geben sie heute als heiliges Wissen an die Menschheit weiter … Nicht umsonst wurden die Maya als die Ägypter oder die Griechen der neuen Zeit bezeichnet, und sie gelten auch als die Meister von Zeit und Wirklichkeit. Und das sind sie wahrlich, denn sie haben Millionen von Jahren genauso präzise gemessen wie kleinere Zeiträume.«[25]

Die Vorstellung, die Maya hätten sich der Erforschung der Sterne und der Zeit gewidmet, ohne dass ein konkreter Bezug zu ihrer Lebenswirklichkeit bestand, ist schwer nachvollziehbar. Aber damit nicht genug, sie wurde zusätzlich mit einer kaum weniger unwahrscheinlichen Hypothese verknüpft: Die Bildnisse, die auf Stelen und anderen Zeugnissen gefunden wurden, sollten in keinerlei Bezug zu realen historischen Ereignissen stehen. Während in nahezu allen anderen Kulturen die Darstellungen auf Bauwerken oder in Schriften der Verherrlichung von Herrschern und ihren Dynastien standen und stehen, wären die Hinterlassenschaften der Maya ausschließlich Huldigungen an das Universum, die Zeit und allenfalls noch ihre Götter gewesen, so Thompson noch 1950:

»Man begegnet zuweilen der Ansicht, die Zeitangaben auf den Stelen der Maya könnten sich auf historische Ereignisse, ja womöglich gar auf die Taten bestimmter einzelner beziehen. Ich für meinen Teil halte es nahezu für undenkbar, dass dies zutreffen könnte. Die Daten auf den Stelen sprechen unzweifelhaft (…) von den Stationen auf dem Wanderweg der Zeit. Der Gedanke der endlos fortschreitenden Zeit bezeichnete nach meiner Auffassung für die Maya-Religion das höchste Mysterium – eine Idee, der sich das Denken der Maya in welthistorisch beispielloser Hörigkeit unterworfen hatte. In diesem Rahmen war einfach kein Platz vorhanden für die Aufzeichnung einzelmenschlicher Leistungen, denn im Vergleich mit den Unendlichkeitsdimensionen der Zeit schrumpft der Mensch mit seinem ganzen Treiben zur Bedeutungslosigkeit zusammen. In das Protokoll der feierlichen Prozession der Epochen irgendwelche Belanglosigkeiten über Kriegsausbrüche und Friedensschlüsse, über Ehe und Ehepolitik hineinschreiben zu wollen, das wäre so, als wollte ein Tourist versuchen, in Florenz seine Initialen auf Donatellos David einzukratzen.«[26]

Mittlerweile ist die Einschätzung der Maya als »Griechen der Neuen Welt«, die sich mit religiöser Inbrunst der Erforschung von Universum, Natur und Zeit widmeten, als Mythos widerlegt worden. Der deutsche Maya-Spezialist Nikolai Grube spricht zu Recht von einem »Paradigmenwechsel«, der sich in den letzten vier Jahrzehnten vollzogen habe: »Glaubte man vor einigen Jahrzehnten noch, die Maya seien friedliche Maisbauern gewesen, die von Priestern zur Beobachtung der Sterne und Verehrung der Zeit angehalten wurden, so hat sich herausgestellt, dass die Maya von Königen und Fürsten regiert wurden, die genauso machtversessen und eitel waren wie überall sonst auf der Welt.«[27]

Dennoch trifft man in esoterisch ausgerichteten Schriften zum Thema regelmäßig auf Relikte obiger Auffassung. Fast immer, wenn kosmologische Überzeugungen der Maya vereinnahmt werden, um die westliche Zivilisation zu einem grundlegenden Wandel des Bewusstseins aufzurufen[28], geschieht das um den Preis der Ignoranz gegenüber den realen Lebensbedingungen, ohne deren Berücksichtigung ein Verständnis der religiösen und kosmologischen Vorstellungen nur schwer zu erzielen ist. Wiederum handelt es sich um eine Fehlinterpretation: War das Trugbild der »friedfertigen Anbeter der Zeit« in der Vergangenheit eine verklausulierte Antwort auf die eigene historische Situation – z. B. die Erfahrung von zwei Weltkriegen, die dem Sieg des aztekischen über das Maya-Prinzip zugeschrieben wurden[29] –, so ist das heute nicht anders. Dabei verkennt die modische Berufung auf die nachahmenswerte Einstellung dieses Volkes gegenüber der Natur den Sachverhalt, dass sich eine Naturphilosophie nicht so einfach aus dem Bezugsrahmen lösen lässt, mit dem sie verwoben ist. Zudem argumentieren die modernen »Prediger des neuen Bewusstseins« nachweislich wider besseres Wissen, wenn sie sich auf die Maya berufen.

Bis ins letzte Drittel des 20. Jahrhunderts konnte man viele Fehleinschätzungen der Maya-Zeugnisse, so unwahrscheinlich sie auch anmuteten, auf unzureichende Forschungsergebnisse zurückführen. Erst zu Beginn der 1970er-Jahre gelangte man zu bahnbrechenden neuen Erkenntnissen. Der entscheidende Schritt auf dem Weg zur Entmystifizierung des bis dahin vorherrschenden Bildes war die vollständige Dechiffrierung der Maya-Schrift durch den russischen Sprachwissenschaftler Yuri Knozorov[30]. Dessen Ansichten gehen zwar schon auf die 1950er Jahre zurück, wurden im Westen jedoch erst hoffähig, als der US-amerikanische Ethnologe und Sprachwissenschaftler Floyd Lounsbury sie 1973 aufgriff und weiterführte[31]. Infolge dieser Entdeckung kam es zu einer regelrechten wissenschaftlichen Revolution – in den zurückliegenden Jahrzehnten wurde die Maya-Forschung auf ein neues Fundament gestellt. Es ist, wie so oft, eine Ironie der Geschichte, dass ein und dieselbe Person für beides verantwortlich war – für die Ermöglichung einer Deutung der Maya-Glyphen nicht weniger als für eine Jahrhunderte währende Verzögerung des Erkenntnisprozesses: Diego de Landa, ein spanischer Franziskanermönch, der 1549, 30 Jahre nach Ankunft der ersten Konquistadoren im Gebiet des heutigen Mexiko, als Missionar nach Yucatán kam.

Die Inbesitznahme der Halbinsel und damit des zu dieser Zeit wichtigsten Siedlungsgebietes der Maya durch die Spanier war inzwischen weitgehend abgeschlossen. Während es die weltlichen Eroberer auf die Bodenschätze des Landes abgesehen hatten und die Eingeborenen ihren vertrauten Lebensgewohnheiten nachgehen ließen, betrieben die Mönche, besonders die Franziskaner, mit aller Macht die Christianisierung der Indios. Diego de Landa tat sich hier besonders hervor und erlangte traurige Berühmtheit durch ein Autodafé, das er 1561[32] in der Stadt Maní im Nordosten Yucatáns veranlasste. In seinem Buch *Bericht aus Yucatán* (*Relación de las cosas de Yucatán*) hat er wenige Jahre später ausführlich Zeugnis über diese Ereignisse abgelegt: »Als diese Leute in der Religion unterrichtet und die jungen Männer mit Nutzen belehrt waren, (...) wurden sie von den Priestern verführt, die sie in ihrem Götzendienst hatten, und auch von den Häuptlingen, so dass sie abermals Götzen anbeteten und Opfer brachten, die nicht nur aus Räucherwerk bestanden; hierüber stellten die Mönche eine kirchliche Untersuchung an und baten den Oberrichter um Hilfe, sie setzten viele gefangen und führten Prozesse gegen sie durch; und es wurde ein Autodafé abgehalten, bei dem sie viele auf Schaugerüste stellten, ihnen die Büßermütze aufsetzten, sie auspeitschten, sie kahlschoren und einigen für eine gewisse Zeit das Büßerhemd anzogen; andere, die vom Teufel getäuscht wurden, erhängten sich aus Trübsinn, und gemeinsam zeigten sie alle große Reue und den Willen, gute Christen zu werden.«[33] Im Zuge dieses Autodafés ordnete de Landa auch eine rigorose Bücherverbrennung an. Dies ist vermutlich der Grund dafür, dass heute nur vier schriftliche Zeugnisse dieser Hochkultur erhalten sind, darunter die berühmten Kodizes aus Dresden und Madrid.

»Diese Leute«, berichtet der Franziskaner, »gebrauchten auch bestimmte Schriftzeichen oder Buchstaben, mit denen sie in ihren Büchern ihre alten Geschichten und ihre Wissenschaften aufschrieben, und durch sie, die Bilder und einige Zeichen an den Bildern verstanden sie ihre Angelegenheiten, machten sie anderen begreiflich und lehrten sie. Wir fanden bei ihnen eine große Zahl von Büchern mit diesen Buchstaben, und weil sie nichts enthielten, was von Aberglauben und den Täuschungen des Teufels frei wäre, verbrannten wir sie alle, was die Indios zutiefst bedauerten.«[34]

De Landas Vorgehen stieß bei den Kolonialherren auf wenig Begeisterung. Es wurde befürchtet, der Franziskanerorden »wolle sich die Schätze Yucatáns aneignen und das Land beherrschen«[35]. Ein Jahr nach den geschilderten Ereignissen wurde der Mönch angeklagt, »sich bischöfliche Macht bei einem Ketzerprozess und Autodafé angemaßt zu haben« und musste 1563 nach Spanien zurückkehren[36]. Der Prozess zog sich über annähernd sechs Jahre hin und endete mit einem uneingeschränkten Freispruch. Da es zum Zeitpunkt des Autodafés keinen Bischof in Yucatán gab, stand dem Orden gemäß einer Bulle Papst Hadrians VI. eine quasi bischöfliche Macht in der Provinz zu[37].

Vollständig rehabilitiert kehrte Diego de Landa nach Mexiko zurück. Von 1573 bis zu seinem Tod im April 1579 amtierte er als Bischof von Yucatán. Damit war er direkter Nachfolger von Fray Francisco de Toral, der seit 1562 als erster Bischof der Provinz überhaupt in Mérida residiert und die kirchenrechtlichen Maßnahmen gegen de Landa eingeleitet hatte.

Während des Prozesses verfasste der Mönch 1566 seinen Reisebericht, der lange Zeit verschollen war und erst 1863 von dem französischen Gelehrten Charles Etienne Brasseur de Bourbourg (1814–1874) wiederentdeckt und übersetzt wurde[38]. Für die Forschung erwies sich de Landas Buch als eines der wichtigsten Dokumente über das Leben der Maya im 16. Jahrhundert und die Zeit davor: »Die bedeutendste dieser Quellen«, bemerkte J. Eric Thompson, »war die Geschichte Yucatáns des Bischofs Diego de Landa, geschrieben um 1560, eine Fundgrube der Information über Bräuche, religiöse Vorstellungen und die Geschichte der Maya, ergänzt durch eine ziemlich detaillierte, mit Zeichnungen der Glyphen illustrierte Darstellung des Maya-Kalenders. Dieses Werk war das unerlässliche Fundament zur Rekonstruktion der Maya-Hieroglyphenschrift und ist ein glückliches Gegenstück zu dem Stein von Rosetta, aufgrund dessen Champollion die ägyptischen Hieroglyphen entzifferte. Es ist in der Tat zweifelhaft, ob wir ohne dieses Buch die Glyphen der Maya je entziffert hätten, und mit Sicherheit wüssten wir heute sehr viel weniger über sie.«[39]

Bedeutsam waren die Aufzeichnungen auch für den Nachweis, dass die Maya, wie Knozorov herausfand, eine Silbenschrift kultivierten, dass sie nicht mit einem Alphabet arbeiteten, sondern mit einem »Syllabar aus Kombinationen von Konsonanten und Vokalen«[40]. Thompson hatte dies noch entschieden bestritten, obwohl er Knozorovs Ansichten kannte[41]. Wie Linda Schele und Mary Ellen Miller mit leicht ironischem Unterton beschreiben, war jedoch diese Erkenntnis schon aus de Landas Buch ablesbar. Der Mönch hatte »einen schriftkundigen Maya-Informanten über dessen ›Buchstaben‹« ausgefragt. »Landa schrieb das spanische Alphabet nieder, und, jeden spanischen Buchstaben vorsprechend, fragte er seinen Informanten nach Entsprechungen in Glyphenform; ein ungeeignetes, doch verständliches Unterfangen von Seiten eines Mannes, dessen Begriffsvermögen die Existenz eines andersartig funktionierenden Schriftsystems nicht zu fassen vermochte. Der verwirrte Maya tat genau, wie ihm geheißen – er gab die Lautform der spanischen Buchstaben, im silbischen System der Maya festgehalten, wieder. Erzürnt darüber, dass er nicht einzelne Zeichen für einzelne Buchstaben zu sehen bekam, befahl Landa dem Maya, irgendetwas seiner Wahl zu schreiben. Der Maya schrieb, als gequälten Kommentar seiner Frustration: ma in kati oder, in deutscher Umgangssprache ›Ich will nich‹. Fast ein Jahrhundert lang ließ Landas Aufzeichnung die Gelehrten ratlos, bis sich 1952 schließlich herausstellte, dass sie den vollständigen Schlüssel zur Maya-Schrift, sowohl der postklassischen als auch der klassischen Ära, lieferte.«[42]

Geographie und Geschichte der Maya-Regionen

Die Entschlüsselung des Schriftsystems durch Yuri Knozorov führte in Verbindung mit Neuerungen auf zahlreichen anderen Gebieten[43] zu den bereits erwähnten bahnbrechenden Fortschritten in der Maya-Forschung. Seit etwa 1970 wurden erheblich mehr Kenntnisse über die Maya zusammengetragen als in den knapp 200 Jahren zuvor, die seit dem Beginn der Beschäftigung mit der Geschichte, Architektur und Soziologie dieses Volkes verstrichen waren. Entsprechendes gilt im Hinblick auf die Religion und Kulte der Maya sowie ihre astronomischen Kenntnisse und das Kalendersystem. Ehe auf diese Aspekte eingegangen wird, soll ein kurzer Überblick geographischer, historischer und sozialer Fakten gegeben werden, die für das Verständnis hilfreich sind.

Das Siedlungsgebiet der Maya lag zum einen auf der Halbinsel Yucatán, die in den Golf von Mexiko und das Karibische Meer ragt; diese Region verteilt sich heute auf die Staaten Mexiko und Belize, das ehemalige Britisch Honduras. Weiter südlich lebten die Maya in den Hoch- und Tiefländern des heutigen Guatemala sowie in Teilen von Honduras und El Salvador. Das gesamte Gebiet liegt in den gemäßigten Tropen, in großen Teilen des Hochlandes finden sich zudem zahlreiche bis heute aktive Vulkane[44]. Naturkatastrophen, vor allem Vulkanausbrüche und Erdbeben, aber auch Hurrikans, sorgten regelmäßig für Verwüstungen und zwangen die Maya im Verlauf der Geschichte mehrfach, ihre Siedlungsgebiete von einem Tag auf den anderen zu verlassen. Dabei wurden ehemals mächtige Zentren ohne ersichtlichen Grund dem Verfall ausgeliefert. Möglicherweise waren hierfür Naturereignisse verantwortlich, die man bis heute nicht nachweisen konnte; ebenso gut kann es jedoch auch sein, dass die Aufgabe von Städten religiös-kultische Ursachen hatte. Denn, wie Schele und Freidel anmerken, »eine Maya-Gemeinde, die zu der Überzeugung gekommen war, dass die Kraft ihre Stadt und die Herrscher verlassen hatte, (ließ) einfach alles stehen und zog davon«[45].

Auch unabhängig von Katastrophen wurde das Leben hier, wie Linda Schele und David Freidel in *Die unbekannte Welt der Maya* darlegen, maßgeblich durch die Natur geprägt[46]. Kennzeichnend war und ist in der Region ein stetiger Wechsel von Trockenperioden und Regenzeiten. Die Trockenzeit währt von Januar bis Mai, dann setzen über Nacht heftige Regenfälle ein, die von Gewittern und Stürmen begleitet werden. Im südlichen Tiefland beträgt die Niederschlagsmenge durchschnittlich 3000 Millimeter im Jahr. Die Flüsse, für die Maya die wichtigsten und oft einzigen Verkehrsadern, verwandeln sich während der sommerlichen Stürme und Regenfälle in reißende Ströme und dörren umgekehrt während der Trockenzeit fast vollständig aus. Dem während der Wintermonate drohenden Wassermangel versuchten die Eingeborenen mit ausgetüftelten Methoden zu entgehen, um das Leben spendende Element für den Notfall zu speichern. Die Maya von Tikal – im Norden des heutigen Guatemala – legten Wasserreservoire in Steinbrüchen an, die sie nutzten, um Material für die kolossalen Bauten zu gewinnen. Für den Norden Yucatáns wiederum waren die »Cenotes« charakteristisch, in der Karstlandschaft natürlich entstandene unterirdische Brunnen von bisweilen gewaltigen Ausmaßen, die in manchen Gegenden so tief lagen, das man nur unter Einsatz des Lebens an die Wasservorräte gelangte.

Zu den natürlichen Gegebenheiten, die das Leben der Maya bestimmten, zählte weiters der üppige Regenwald mit Harthölzern wie dem Mahagoni oder dem »Kapokbaum«, der als Heiliger Baum verehrt wurde. Es wurden neben Mais auch Kürbisse, Tomaten, Bohnen und Tabak, »in feuchteren und heißeren Zonen auch Yucca, Kakao, Chili und Baumwolle« angebaut[47]. An Früchten wie Papaya und Avocado sowie an Nüssen herrschte kein Mangel, die Wälder waren von Tieren bevölkert, die Nahrung und Felle lieferten.

Der Einfluss der natürlichen Gegebenheiten auf die Lebensweise dieses Volkes war derart groß, dass sich sogar Kriegszüge nach ihnen richteten: Sie fanden überwiegend in der Trockenperiode statt, wenn man sich problem- und gefahrlos auch auf dem Landwege vorwärts bewegen konnte[48]. Zudem waren die Aussaat und weitere landwirtschaftliche Aktivitäten in diesen Monaten ausgeschlossen. Welchen Einfluss der zuletzt genannte Aspekt auf die Kriegsführung bei den Maya hatte, verdeutlicht ein Hinweis von David Freidel auf Ereignisse, die einen bis dahin erfolgreichen Aufstand der Maya gegen die Mexikaner im 19. Jahrhundert beendeten: Die Generäle der Maya konnten die Belagerung der Provinzhauptstadt Mérida »nicht durchhalten, weil die Truppen zu ihren Feldern zurückkehren mussten, um ihre Feldfrüchte anzupflanzen. Aller Wahrscheinlichkeit nach sahen sich militärische Führer der alten Maya in ihren Strategien ähnlichen Zwängen unterworfen.«[49]

Die genannten Rahmenbedingungen des Alltagslebens flossen zwangsläufig in Religion und Kosmologie der Maya ein und begründeten eine Lebensvorstellung, die fundamental unterschieden ist von derjenigen in gemäßigten Zonen: »In den Tropen herrscht ein Rhythmus, der in die Erfahrung ausnahmslos aller hier beheimateten Lebewesen einfließt. In der reichen Urwaldfauna und -flora, den plötzlich hereinbrechenden Regenfällen und den Dürreperioden mit ihren bedrückenden Begleiterscheinungen zeigt sich die Gegensätzlichkeit von Leben und Tod, von Fülle und Entbehrung in eindringlicher Sinnbildhaftigkeit. Aber nicht die auf den Zeitpunkt der Tagundnachtgleiche fallende Wiedergeburt des Frühlings ist für die Maya sinnbildlich, sondern vielmehr das Eintreffen des lebenspendenden Regens um die Zeit der Sommersonnenwende. Doch diese Metaphorik ist weder mehr noch weniger aussagekräftig und tiefsinnig als die der westlichen Welt, welche die abendländischen Mythologien begründete.«[50]

Die Besiedlung des späteren Maya-Gebietes begann zwischen 2500 und 2000 v. Chr.[51]. Über die Herkunft der ersten Bewohner Mesoamerikas gibt es zahlreiche Theorien, wobei die klassische Schulwissenschaft bis heute von einer Einwanderung asiatischer Stämme während der letzten Eiszeit über die Beringstraße ausgeht[52]; allerdings wurden bereits im 19. Jahrhundert transatlantische Kontakte lange vor den Wikingern in Erwägung gezogen.

Überlegungen, zivilisatorische Techniken wie Töpfern oder Maisanbau, die für die Zeit um 1500 v. Chr. belegt sind, seien möglicherweise von Südamerika aus über die Karibik in Yucatán eingeführt worden, erscheinen bedenkenswert, gesichert sind Erkenntnisse hierüber jedoch nicht: »Der Prozess der Neolithisierung, also die sesshafte Siedlungsweise, die Einführung von Töpferei und der Beginn des Feldbaus, auch im Binnenland, scheint sich im Maya-Gebiet über insgesamt ein Jahrtausend zu erstrecken und ist in Einzelheiten noch keineswegs befriedigend erklärt.«[53]

Auch hinsichtlich der Frage, welcher Sprachgruppe die ersten Siedler des Territoriums angehörten, sind etliche Punkte ungeklärt. Bis ungefähr 1500 v. Chr., resümiert Bertold Riese, »bildeten die Ur-Maya im Hochland der Cuchumatanes in Guatemala eine homogene kleine Gruppe«, ehe sich dann ein Teil von ihnen abspaltete und in die nördlich gelegene Halbinsel Yucatán einwanderte; »mit ihnen beginnt die Geschichte der Maya im engeren Sinne.« Andere Angehörige der Ur-Maya, die Huaxteken, zogen die Golfküste entlang nach Norden, »in die Grenzzone der heutigen mexikanischen Bundesstaaten Tamaulipas und Veracruz«. Die Urwaldgebiete am Hang der Kordillere wurden erst um 500 v. Chr. besiedelt, aber von diesem Zeitpunkt an hatten die Maya das gesamte Gebiet besiedelt, in dem sie bis zur Ankunft der Spanier 2000 Jahre später leben sollten. Das zentrale Kriterium, das sie von anderen Stämmen abzugrenzen erlaubt, war die gemeinsame Sprache, auch wenn diese sich in zahlreiche Untersprachen differenzierte: »(...) wenn wir der Sprachforschung folgen, waren« die Siedler in Yucatán und den angrenzenden Gebieten »seit etwa 1500 v. Chr. mehrheitlich direkte Vorfahren der späteren Maya-Indianer, also Menschen, die sich in Proto-Cholisch, Proto-Tzeltalisch und Proto-Yukatekisch sowie in anderen Vorformen heutiger Maya-Sprachen ausdrückten«. Insgesamt gibt es rund 30 Maya-Sprachen.

Entscheidende Sprünge in der zivilisatorischen Entwicklung der Maya werden gemeinhin auf ihre Begegnung mit den Olmeken zurückgeführt, die als die erste Hochkultur Mexikos gelten. Allerdings wurden in jüngster Zeit im nördlichen Guatemala Siedlungen entdeckt, die fast zeitgleich mit Städten der Olmeken an der mexikanischen Golfküste entstanden, was die Theorie einer Vorrangstellung der noch immer als »Mutterkultur Mesoamerikas« angesehenen Olmeken zumindest relativiert[54].

Die Olmeken hatten sich um 1200 v. Chr. zur dominierenden Kultur in Mittelamerika aufgeschwungen; bis heute ist jedoch umstritten, ob sie sich andere Völker und Stämme in größerem Maßstab unterworfen hätten oder ob man eher von einem kulturellen und wirtschaftlichen Einfluss der Olmeken auf Nachbarvölker auszugehen hat. Schele und Miller gehen davon aus, dass die »weitreichenden Handelswege (...) nicht nur der Verbreitung von Handelsgütern, sondern auch von

Ideen« dienten[55]. Unbestritten lassen sich in der Architektur, aber auch den Sitten und Gebräuchen der Maya seit etwa 900 v. Chr. olmekische Einflüsse nachweisen. Um 900 v. Chr. wurde die bis dahin wichtigste Olmekenstadt San Lorenzo aufgegeben und durch La Venta an der Golfküste als kulturelles wie wirtschaftliches Zentrum abgelöst. Die »La Venta-Phase« gilt als »zweites Aufblühen« der Olmeken-Kultur, in dem Zeitraum zwischen 900 und 400 v. Chr. kamen unter anderem auch erstmals Obsidian-Klingen in Gebrauch[56], die in den Blutriten der Maya eine wichtige Rolle spielten. Ebenso offenkundig wurden die Maya künstlerisch von den Olmeken beeinflusst und verdankten ihnen vermutlich auch erste Ansätze ihrer Glyphenschrift; in beiden Techniken übertrafen sie ihre Vorbilder in den folgenden jedoch Jahrhunderten bei Weitem.

Epochen des Aufstiegs und Niedergangs der Maya

Die Hochzeit der Maya-Kultur im engeren Sinne war das erste nachchristliche Jahrtausend, wobei in der Vergangenheit ein besonderes Augenmerk auf den Zeitraum von 300 bis 900 n. Chr. gelegt wurde[57]. Einmal mehr spielte die Natur eine gewichtige Rolle: »Eine Serie gewaltiger explosionsartiger Ausbrüche des Vulkans Ilopango im Osten Salvadors zerstörte mit Aschen- und Bimssteinregen um 250 n. Chr. weite Landstriche im heutigen Salvador und dem östlichen Guatemala. Auf 20 bis 40 Kubikkilometer wird der Ausstoß geschätzt, der das Land im Umkreis von 75 Kilometern tief unter der Asche begrub.«[58] Wie viele Menschen bei dieser Naturkatastrophe ums Leben kamen, ist nicht bekannt. Laut Schätzungen wanderten bis zu 30.000 Maya aus dem bis dahin kulturell am weitesten entwickelten Hochland in die Tiefebenen von Yucatán aus; ihre Felder waren durch den Vulkanausbruch und die Asche auf Jahre hin unfruchtbar geworden und konnten den Bewohnern der Region nicht mehr den Lebensunterhalt sichern. Die bis dahin wichtigsten Zentren der Hochland-Maya zerfielen zu Ruinen.

In der Folge entwickelte sich in Yucatán die »klassische Phase« mit wechselnden Zentren in Tikal, Yaxchilán, Copán und Palenque, der westlichst gelegenen Maya-Stadt.

Im 9. Jahrhundert begann eine bis heute nicht restlos aufgeklärte Entwicklung: Aus unbekannten Gründen verließen die Maya ihre Zentren, die zu Ruinen verfielen und vom Dschungel überwuchert wurden.

In den letzten Jahrzehnten wurden auch hinsichtlich einer Periodisierung der Maya-Kultur neue Einteilungen vorgenommen. Schele und Miller zufolge erbrachten Ausgrabungen während der 1980er-Jahre »offenkundige Beweise dafür, dass, mit Ausnahme von Stelen, alle für die Maya-Zivilisation charakteristischen Elemente dem ersten Jahrhundert vor Christus entstammen (…) Folglich hatte sich die im wahrsten Sinne des Wortes ›klassische‹ Maya-Zivilisation bereits 100 Jahre vor Christus formiert«[59], also gut 400 Jahre vor dem bis dahin als Beginn der Klassik angesehenen Zeitpunkt. Da die Archäologen längst nicht alle Zeugnisse der Vergangenheit ausgegraben und ausgewertet haben[60], ist nicht auszuschließen, dass sich auch die im Folgenden referierte Chronologie schon in wenigen Jahren als Zeitaufnahme erweisen könnte.

Nach Schele und Miller wäre der Zeitraum von 2000 bis 900 v. Chr. die »frühe vorklassische Periode«, maßgeblich geprägt durch die wirtschaftlich-kulturelle Dominanz der Olmeken ab etwa 1200 v. Chr. Es folgt die »mittlere vorklassische Periode (900 bis 300 v. Chr.)«, die weiterhin olmekisch dominiert ist, die sogenannte »La-Venta-Phase«. »Um 600 v. Chr. wurden in den von den Maya besiedelten Tiefebenen und im Hochland Dörfer errichtet, von denen viele auf einen Handels- oder Produktionszweig spezialisiert waren« – ein Sachverhalt, der auf einen wirtschaftlichen Austausch mit den Olmeken hinweist. Die Phase zwischen 300 v. Chr. und 300 n. Chr. gilt als die »späte vorklassische Periode«, in der »sich die Maya-Gesellschaft zu dem (formte), was wir heute als Zivilisation bezeichnen«. In dieser Phase bildeten sich erste größere Zentren, in denen, wie etwa in Tikal, bis zu 50.000 Menschen lebten; von diesen Städten soll es im Maya-Gebiet bis zu 20 gegeben haben. Weiter entstanden die ersten jener Kolossalbauten, die eineinhalb Jahrtausende später das Erstaunen westlicher Besucher über die Leistungen dieser steinzeitlichen Kultur wecken sollten. »Während dieser späten vorklassischen Periode«, so Schele und Miller, »formten sich das Weltbild der Maya und ihre Lehre vom Herrschertum, die für die nächsten 1000 Jahre der Zivilisation Geltung hatten.«[61]

Die folgenden Jahrhunderte von 200 bzw. 300 bis 900 n. Chr. gliedert die jüngere Forschung wie vertraut in Frühklassik (200 bis 600 n. Chr.) und Spätklassik (600 bis 900 n. Chr.), die Phase danach bis zur Ankunft der europäischen Eroberer gilt als Postklassik[62].

Zu Beginn des Frühklassikums oder Protoklassikums wurden im Tiefland die ersten Dynastien gegründet: Tikal um 200 n. Chr., Yaxchilán 280, Naranjo 320, Copán 360 und Palenque 390[63]; bei diesen Zahlen handelt es sich um Annäherungen, präzise Gründungsdaten sind nirgendwo belegt. Um das Jahr 400 herum war dieser Prozess abgeschlossen und »das ganze Tiefland von einem Netz kleiner Fürstentümer durchzogen«. Im Osten der Halbinsel, an den Küsten zur Karibik, setzte sich gleichzeitig »eine handelsorientierte und damit weltoffene Lebensform durch«.

Der Zeitraum von 400 bis 610 n. Chr. war entscheidend geprägt durch den »übermächtigen kulturellen, politischen und wirtschaftlichen Einfluss (…) der Großmacht Teotihuacan im nördlichen Hochtal von Mexiko. In Teotihuacan, ungefähr 50 Kilometer von Mexico City entfernt, sollen um 550 n. Chr. annähernd 250.000 Menschen gelebt haben – die Stadt ist damit die größte Metropole des vorkolumbianischen Zeitalters[64]. Berühmt ist Teotihuacan vor allem durch seine imposanten Bauwerke, die an der »Straße der Toten« gelegenen Sonnen- und Mondpyramiden, die Besucher häufig zu Vergleichen mit den ägyptischen Bauwerken hingerissen und Spekulationen über frühe transatlantische Kontakte Nahrung geliefert haben.

Die Abhängigkeit der Maya von Teotihuacan war anscheinend so groß, dass viele Maya-Städte in eine Krise gerieten, als sich die Teotihuacanos während des 6. Jahrhunderts aus ihren Posten an den Grenzen zurückzogen. Die Ursache hierfür waren vermutlich Probleme in ihrem Kernland, die allerdings erst 200 Jahre später, um 750 zur Aufgabe der Metropole durch ihre Bewohner führten. Im Maya-Gebiet ist diese Phase durch das »fast gänzliche Fehlen von Inschriften während der etwa 75 Jahre von 535 bis 610« gekennzeichnet[65]. Sylvanus Griswold Morley (1883–1948), ein Pionier der Maya-Forschung und langjähriger Partner von J. Eric Thompson, prägte für diesen Zeitraum den Begriff »Hiatus«. Schele und Miller markieren diese Phase etwas kürzer, nämlich auf die Jahre 530 bis 580, bestätigen jedoch deren Bedeutung für den Übergang zur Hochklassik: »Keramik, Stil und Komposition der Skulpturen, architektonische Elemente und die Palette der importierten Güter – all das änderte sich an dieser Grenze, obgleich die Unterschiede weder so bedeutsam noch so dramatisch sind wie einst vermutet.«[66]

Kennzeichnend für das Spätklassikum, währenddessen die Maya-Kultur ihre größte Blütezeit erlebte, war ein politisches Geflecht mehrerer Klein- oder Stadtstaaten, in denen sich eine Art »Königtum« herausbildete, das durch die Erstgeborenen-Erbfolge stabilisiert wurde[67]. Kriegerische Auseinandersetzungen zwischen diesen Stadtstaaten standen auf der Tagesordnung – und sie wurden teilweise mit äußerster Grausamkeit geführt: »Viele Wandgemälde und bemalte Gefäße zeigen Schlachtszenen und blutige Abrechnungen in Form von Folterung oder Hinrichtung der unterlegenen Feinde.«[68] Das Geflecht an sich, das häufig mit der Polis im klassischen Griechenland verglichen wurde[69], blieb davon jedoch unberührt – Versuche, die Macht zu zentralisieren, wurden zumindest zwischen Nachbarstaaten unternommen, aber sie scheiterten zumeist. Dies änderte sich erst in der nach- oder postklassischen Periode, was vermutlich einer der Gründe für den überraschenden Zusammenbruch der Maya-Kultur im 9. Jahrhundert war. Schon seit dem 8. Jahrhundert zeichneten sich bemerkenswerte Veränderungen in der Maya-Kunst ab:

»Während die Kriegskunst in der gesamten klassischen Epoche einen vorrangigen Platz einnahm, veränderte sich gegen Ende des 8. Jahrhunderts die Dokumentation in Ziel und Aussage. Krieg wurde zu einem Ereignis, das mehr dem einzelnen als dem System nutzte und kleinen Städten und deren Führern einen Status zu erreichen gestattete, der ihrer eigentlichen historischen Position nicht angemessen war. (…) es wird (…) deutlich, dass einige Maya-Könige davon überzeugt waren, ihre Herrschaft über größere Territorien, als sie bisher besaßen, festigen zu müssen. Diese Entwicklung in Richtung zentralisierter Regionalstaat, so erfolgreich sie auch gewesen sein mag, lebte nicht länger als ihre Urheber.«[70]

Dies ist der Erklärungsversuch für einen Sachverhalt, der die Fachwelt seit etwa 1880 beschäftigte: Schon Alfred Percival Maudslay hatte herausgefunden, dass die ältesten Datierungen, die in Dokumenten der Maya gefunden wurden, aus einem Zeitraum mehr als 500 Jahre vor der Eroberung des Landes durch die Spanier stammten. Im Verlauf des späten 8. und vor allem des 9. Jahrhunderts verließen die Maya ihre Siedlungszentren. Maudslay und Morley sahen die Gründe für das Ende des »Alten Reiches« in der rücksichtslosen Ausbeutung der Regenwälder durch die Maya sowie deren rückständigen landwirtschaftlichen Methoden[71]. Diese Ansicht gilt heute als widerlegt, Raubbau an den Naturschätzen kann zumindest nicht als alleinige Ursache für die Entwicklungen im 8. und 9. Jahrhundert herangezogen werden, spielte aber dennoch eine Rolle. Schwerwiegender scheint allerdings eine über 100 Jahre andauernde Trockenheit gewesen zu sein, die Geologen für den fraglichen Zeitraum auf der Halbinsel Yucatán nachgewiesen haben[72].

Wie Nikolai Grube und Simon Martin anmerken, haben vermutlich mehrere Faktoren zusammengewirkt: »In der gesamten Klassik zeigen die Bevölkerungszahlen eine permanente Aufwärtskurve, in der Spätzeit sogar eine wahrhafte Bevölkerungsexplosion. Über eine gewisse Zeit konnte der Unterhalt einer aufs Doppelte gewachsenen Population gesichert werden. Doch irgendwann wurden die Eingriffe in die Umwelt so drastisch, dass trockene Jahre unweigerlich zu Hungerkatastrophen führen mussten. (...) Die neuen ökologischen und logistischen Probleme konnten die Gottkönige nicht bewältigen. Anhand von Skelettfunden kann man zeigen, dass Mangelerkrankungen in der Endphase der klassischen Zeit zunahmen, ebenso die Kindersterblichkeit.«[73]

Neben diesen ökologischen Ursachen sowie der bereits erwähnten Zunahme interner Auseinandersetzungen zwischen den Stadtstaaten drangen im 9. Jahrhundert immer häufiger fremde Völker und Stämme ins Maya-Gebiet ein. Diese Invasionen vollzogen sich in Etappen – »die letzten klassischen Inschriften markieren vermutlich das erste Auftauchen der neuen Machthaber. In Palenque hört die einheimische Königsherrschaft um 780 auf. Piedras Negras errichtet noch bis 795 Denkmäler. Der letzte Herrscher von Yaxchilán, der im Übrigen, ebenso wie der letzte verbürgte König von Piedras Negras, in seinen Inschriften von besonders vielen Kriegstaten berichtet, starb am 7. April 808, also wiederum nur 13 Jahre später.«[74] Danach verlangsamte sich das Verstummen der klassischen Inschriften, ohne indes zu enden: Im südlichen Tiefland hielt sich Petén noch bis 890, und Chichén Itzá bewahrte die klassischen Traditionen bis 950, ehe auch hier Mexikaner die Oberhand gewannen. Die Stadt wurde zunächst von den Itza und später von den Tolteken erobert, die ihrerseits aus ihrer Heimat in Zentralmexiko vertrieben wurden[75]. Angeführt wurden die Eindringlinge von dem Priesterkönig Quetzalcoatl oder, wie die Maya ihn nannten, Kukulkan[76] – jener legendären »Gefiederten Schlange«, die in den Mythen der mesoamerikanischen Völker eine wichtige Rolle spielt und die Phantasie westlicher Untergangspropheten und Esoteriker beschäftigt hat. Da sich in Chichén Itzá die Kulturen vermischten, sind diese Theorien mit Vorsicht zu genießen, denn bei aller Nähe zwischen Maya und Azteken bestehen im Detail oft große Unterschiede, sowohl was die Mythologien betrifft als auch die Vorstellungen von der Zeit und ihre Beeinflussung durch die Sterne.

Die nachklassische Periode ist nicht ausschließlich dadurch gekennzeichnet, dass die Maya von mächtigeren Völkern aus Zentralmexiko unterworfen wurden und sich ihre Kultur mit denen der Eroberer vermischte. In einigen Regionen blieben sie weiter eigenständig, aber das politische und soziale Gefüge änderte sich, ebenso wie auch die kulturellen Zeugnisse auf einen nachhaltigen Wandel schließen lassen. Die Itza wurden Ende des 12. Jahrhunderts von den Kokom unterworfen, einer Maya-Ethnie, die ihren Hauptsitz in Mayapan hatte und dort ein stark »zentralisiertes Regime« führte: »Mit dem politischen Umbau eng verknüpft war ein Wechsel im Siedlungsgefüge, der zumindest einige bedeutende Städte betraf. Mayapan war eine dicht bebaute und nach sozialen Schichten gegliederte Stadt von 425 Hektar Grundfläche. Innerhalb dieses von einer Stadtmauer umfriedeten Areals beherbergte sie schätzungsweise 12.000 Menschen.«[77] Die Bedeutung religiöser Kulte ging zurück, begleitet von einem »raschen Niedergang in Künsten wie Architektur und Bildhauerei«.

Die Herrschaft der Kokom wurde 1461 durch einen Aufstand beendet, mit der Folge, dass der nördliche Teil von Yucatán in eine Reihe von Kleinstaaten zerfiel. Die Zahl der Kriege zwischen diesen Staaten muss beträchtlich gewesen sein – zunehmend wurden sie mit dem Ziel geführt, Gefangene zu machen, die entweder versklavt oder geopfert wurden. Die Opferung war Adligen und Kindern vorbehalten, was, wie heute bekannt ist, schon in der klassischen Zeit einer der Hauptgründe für Kriegszüge war. Die lange Zeit vorherrschende Meinung, diese »barbarischen Sitten«, die so gar nicht zum Bild der »friedliebenden Zeitanbeter« passen wollten, jedoch durch Zeugnisse der spanischen Eroberer belegt waren, hätten erst in der nachklassischen Phase unter mexikanischem Kultureinfluss bei den Maya Einzug gehalten, wurde als Mythos enttarnt. Wie dieser Mythos aussah, referieren Schele und Miller in *Die moderne Erfindung der Maya*: »Morleys und Thompsons Standpunkt zufolge begannen die verzweifelten Maya im 9. Jahrhundert nach Yucatán überzusiedeln und gründeten hier in der frühen postklassischen Periode das ›Neue Reich‹. Hier in Chichén Itzá entwickelte sich ihre Zivilisation teilweise im 10. und 11. Jahrhundert unter zentral-mexikanischem kulturellem Einfluss. Während dieser ›Mexikanischen‹ Blüte verging das als ›Altes Reich‹ bekannte friedliche Paradies. Die von Natur aus gutherzigen, freundlichen und ehrlichen Maya nahmen hässliche mexikanische Sitten an. Menschenopfer sowohl aus den eigenen Reihen wie auch von Gefangenen, wurden den Göttern dargebracht, und aggressiveres Verhalten wurde zur Norm.«[78]

Wenige Jahre nach dem Fall von Mayapan landete Kolumbus an der Ostküste Südamerikas – und damit begann die Geschichte der Entdeckung, vor allem aber Unterwerfung und Ausbeutung des gesamten amerikanischen Kontinents. In Yucatán landeten die ersten Spanier bereits 1511, die eigentliche Eroberung begann jedoch erst 1519, als Hernan Cortés von Yucatán aus nach Zentralmexiko weiterzog und das Reich der Azteken unter Montezuma II. eroberte. Francisco de Monteja, ein Mitglied der Invasionstruppen von Cortés, nahm 1527 das Unterfangen in Angriff, die Halbinsel und damit den Lebensraum der Maya einzunehmen, ein Prozess, der sich bis 1542 hinzog und von Montejos gleichnamigem Sohn abgeschlossen wurde. Von wenigen Ausnahmen abgesehen – die letzte noch freie Maya-Ethnie, die Itza, wurde erst 1697 unterworfen[79] – befand sich Yucatán seitdem unter spanischer Herrschaft, die Kultur der eingeborenen Ethnien wurde unter Führung der katholischen Kirche und speziell des Franziskanerordens unterdrückt, die Bevölkerung christianisiert. Die selbstbestimmte Geschichte des Volkes war damit beendet.

Das Nützliche und das Zweckfreie: eine Zwischenbetrachtung

Wie erwähnt, wurden die Maya, die »Griechen der Neuen Welt«, bis ins letzte Drittel des 20. Jahrhunderts zu Gegenspielern der Azteken aufgebaut, die man ihrerseits mit den Römern verglich. Das Bild, das man entwarf, um diesen Gegensatz zu untermauern, hat sich mittlerweile als völlig haltlos erwiesen – die Maya waren keineswegs jene friedliebenden Philosophen der Zeit, die man gerne in ihnen sah und bisweilen heute noch sieht. Sie haben so wenig mit den Griechen zu tun wie die Azteken mit den Römern – einmal ganz abgesehen davon, dass die Vorstellungen über Griechen und Römer, die dem Vergleich zugrunde liegen, der geschichtlichen und kulturellen Realität beider Kulturen nicht gerecht werden. Die Absicht, die sich hinter der Bildung derartiger Oppositionspaare verbirgt, ist leicht zu erkennen: Vergangene wie fremde Kulturen werden funktionalisiert, um der gegenwärtigen Gesellschaft eine Botschaft zu übermitteln. Das Charakteristische, das Eigene des Fremden wie auch des Vergangenen, wird ignoriert, man misst es mit den Maßstäben des kulturell Vertrauten, Gegenwärtigen. Wie Carlos Rincón im Nachwort zu de Landas »Bericht aus Yucatán« anmerkt, ist diese Haltung typisch für die Reaktion der Europäer auf die Entdeckung Amerikas: »Die konfliktreiche Begegnung zwischen der Kultur der Konquistadoren, der europäischen Kultur, und den Kulturen der unterworfenen Indios wurde nicht zum ›Ausgangspunkt einer radikalen Infragestellung‹, sondern brachte lediglich eine interne Kritik des Abendlandes in Gang«.[80] Die grundlegende »Andersartigkeit«[81] der fremden Kulturen wurde übersehen.

Der Griechen-Römer-Vergleich in Bezug auf die Maya und Azteken erinnert an ein typisch deutsches Gegensatzpaar. Nirgendwo sonst wird zwischen den Begriffen »Zivilisation« und »Kultur« auf vergleichbare Weise unterschieden: Zivilisation ist zwar ein prinzipiell positiv besetzter Begriff, er umschließt all das, was den Menschen vom Tier und den »Zivilisierten« vom Neandertaler unterscheidet[82] – vereinfacht ausgedrückt: von der täglichen Hygiene bis zur Triebunterdrückung. All das wird als notwendig und wichtig erachtet, aber es ist zweckgerichtet und somit weniger wertvoll als die »Kultur«, ein Begriff, der die vermeintlich »zweckfreien« geistig-künstlerischen Leistungen und Werke umschließt. Wiederum polemisierend vereinfacht ausgedrückt: Die Erfindung der Glühbirne oder des Otto-Motors gilt in Deutschland als zivilisatorische Errungenschaft, die Sonette Shakespeares oder Goethes »Faust« sind »kulturelle Leistungen«, die höher zu bewerten sind, weil sie nicht aus der Notwendigkeit heraus geboren sind. Weder im angelsächsischen noch im romanischen Sprachraum gibt es eine vergleichbare Unterscheidung – der Begriff »Culture« hat hier wie dort eher mit Landwirtschaft oder täglicher Hygiene zu tun, während das, was Kultur in Deutschland anscheinend so besonders macht, ein Teil dessen ist, was man übergreifend als »Civilisation« bezeichnet.

Auch wenn die Begrifflichkeit eine andere ist, scheint der von Thompson und anderen aufgebaute Gegensatz zwischen Maya und Azteken auf einer ähnlichen Unterscheidung zwischen dem Zweckgerichtet-Notwendigen und dem Zweckfreien zu basieren. Schele und Miller weisen zu Recht auf die Unwahrscheinlichkeit und Absurdität derartiger Deutungen der Maya-Kultur hin:

»Die erwähnte Auffassung von den klassischen Maya zeigte ein kulturelles Verhalten, wie es von keiner anderen Zivilisation auf der Erde bekannt ist. Und in der Tat, wenn wir heutzutage lernen sollten, dass eine hochentwickelte Kultur entdeckt worden wäre, in der es keine Kriege gäbe, in der alle intellektuellen Aktivitäten auf die Bewegung der Himmelskörper und der Zeit gerichtet wären und in der die Bauern die Oberschicht lediglich deshalb ernähren, um im Austausch dafür Kenntnisse über die richtige zeitliche Einteilung der Feldarbeiten zu erhalten, die jeder erfahrene Landwirt bereits besitzt – wir würden starke Zweifel äußern. Genau das war jedoch die weithin verbreitete Ansicht über die Maya, die als attraktive Science-Fiction akzeptiert wurde.«[83]

»Fantasy« wäre möglicherweise ein passenderer Begriff als »Science-Fiction«, ebenso gut könnte man auch von einer Sozialutopie sprechen. Bei Thompson liest sich das wie folgt: »Es ist bemerkenswert, dass, von unserem Standpunkt gesehen, die intellektuellen Erfolge der Maya keinen praktischen Nutzen hatten; sie dienten der Befriedigung geistiger Bedürfnisse«. Die Verwendung von Begriffen wie »Suche nach Wahrheit« oder »Befriedigung geistiger Bedürfnisse« ist verräterisch: Sie zeigt deutlich, dass abendländische Denkmuster ohne Relativierung auf eine vollkommen andere Kultur übertragen werden. So verwundert es kaum, dass Thompson seinen eigenen Ausführungen schon im folgenden Satz zu widersprechen scheint, ohne das zu bemerken: »Der Maya-Astronom strebte nach Wissen, doch nicht als Selbstzweck, sondern als Mittel zur Kontrolle des Schicksals, als eine Art Astrologie. Er glaubte an eine Ordnung im Himmel, der die Götter gehorchten; sobald er diese Ordnung erkannt und genau ermittelt hätte, welche Götter zu einer gegebenen Zeit regierten, könnte er die Zukunft voraussagen und sie sogar beeinflussen, sobald er wusste, welchen Gott er jeweils besänftigen musste.«[84]

Eben noch dienten die intellektuellen Anstrengungen der Maya ausschließlich der »Befriedigung geistiger Bedürfnisse«, um nun absolut zweckgerichtet ein »Mittel zur Kontrolle des Schicksals« zu sein. Könnte es sein, dass Thompson den Widerspruch, in den er sich verstrickte, überhaupt nicht sah, weil die Beschäftigung mit Dingen wie Astrologie oder Schicksal für einen vom rational-abendländischen Denken geprägten Wissenschaftler schlicht und einfach den zweckfreien Künsten oder der Philosophie zugerechnet wird? Entscheiden lässt sich dies nicht, doch zu klären ist die grundsätzliche Frage: Inwieweit sind die Vorstellungen von Naturvölkern wie den Maya mit den unseren vergleichbar? Bis zu welcher Grenze kann man die eine Kultur von der Warte der anderen aus betrachten oder bewerten, wenn man nicht die grundsätzliche Andersartigkeit der Denksysteme berücksichtigt? Erfährt man bei einer solchen Vorgehensweise nicht zwangsläufig nur das, was man erfahren will bzw. was man selber kennt? So wie Diego de Landa, der, wie Rincón anmerkt, in den Riten und Kulten der Indios eine seinen Vorstellungen entsprechende Religiosität wiederzufinden glaubte: »In seinem Bestreben, bei den Mayas eine dem Christentum ähnliche Religion zu entdecken, meint er, die Initiationszeremonien seien nichts anderes als die christliche Taufe.«[85]

Wie sehr solche Missverständnisse auf Gegenseitigkeit beruhten, verdeutlicht unbeabsichtigt Thompson, wenn er die rabiate Vorgehensweise de Landas gegen die Eingeborenen zu erklären versucht:

»Außerdem hatte er schauerliche Beweise dafür entdeckt, dass die Maya, obwohl nominell Christen, noch immer heimlich Kinder opferten, selbst in den Kirchen, und als Resultat ihrer Kontakte mit dem Christentum begonnen hatten, sie zu kreuzigen.«[86]

Es verwundert nicht, dass die Spanier über diese Praktiken schockiert waren und dagegen vorgingen. Allerdings ist es ebenso leicht nachvollziehbar, dass die Maya, sollten die Kreuzigungen stattgefunden haben, die christliche Symbolik naiv in ihre eigenen Riten und Kulte integrierten: Woher sollten sie so kurze Zeit nach ihrer ersten Begegnung mit den Europäern ein Verständnis für deren Religion entwickelt haben? Wie Diego de Landa in vielen kulturellen Äußerungen der Eingeborenen nur den Einfluss des Teufels erkennen konnte, so könnten die Maya im Kreuz eine Variante der ihnen vertrauten Opferungsmöglichkeiten gesehen haben. Von Spaniern des 16. Jahrhunderts war eine Einsicht in die Unterschiedlichkeit und Andersartigkeit von Kulturen auch nicht zu erwarten – und von den Eingeborenen des entdeckten Kontinents noch weniger.

Die Ignoranz gegenüber der grundlegenden Differenz zwischen den Zivilisationen der Maya und der gegenwärtigen abendländisch geprägten Gesellschaften hat sich längst nicht erübrigt. Sie äußert sich in zahlreichen Publikationen, die auf die Mayaprophezeiungen Bezug nehmen. Allerdings hat sich der Blickwinkel gewissermaßen umgekehrt: Wo Diego de Landa den Teufel am Werke sah, glauben heutige Mystiker und Esoteriker Ausdrucksformen einer positiven übersinnlichen Macht zu erkennen. Die Berufung auf Schamanen der Maya, Hopi oder anderer Naturvölker, die dazu aufrufen, einen »göttlichen Einklang« wiederherzustellen, um die drohende globale Katastrophe abzuwenden, ist kennzeichnend für etliche Propheten der Bewusstseinsänderung. Den Mythen und religiösen Vorstellungen dieser Naturvölker gegenüber verhalten sich Vertreter solcher Lehren nicht weniger naiv und ignorant als die Eroberer Amerikas im 16. Jahrhundert. So wenig wie Riten und Kulte der Maya und ihre religiösen Vorstellungen von einer Teufelsbesessenheit zeugen, so wenig eignet sich eine Rückbesinnung auf ihr Naturverständnis und ihre Kosmologie zum Allheilmittel für die Zivilisation der Industriestaaten im 21. Jahrhundert, wie »krank« diese auch immer sein mag.

Schamanenkönige und Kalenderpriester: Die Maya-Gesellschaft zur Zeit der Klassik

Die romantisierenden Charakterisierungen der Maya, die Anklänge an frühere zivilisationskritische Fiktionen vom »edlen Wilden«[87] aufweisen sind mittlerweile nahezu vollständig widerlegt worden. Das gilt auch für die Hypothesen, die nicht unmittelbar der Verklärung dienten. So wurde z. B. lange Zeit behauptet, die Landwirtschaft dieser in anderen Bereichen hoch entwickelten Kultur habe auf rücksichtsloser Brandrodung beruht, mit der Folge, dass die Maya immer nur vergleichsweise kleine Gruppen ernähren konnten und zudem häufig ihre Siedlungsplätze wechseln mussten. Schele und Miller weisen zu Recht darauf hin, dass die Maya mit dieser Einschätzung zu einem Anachronismus gemacht wurden[88].

Kaum weniger abenteuerlich mutet die Auffassung an, die ausgegrabenen Siedlungen mit ihren imposanten Bauwerken seien Kultzentren gewesen, die außerhalb der Zeiten, in denen die Riten und Kulte zelebriert wurden, unbelebt waren. Morley, Thompson und die von ihnen dominierte Schule waren dieser Überzeugung: »Was war eine Maya-Stadt, und welche Funktion hatte sie? Zunächst war sie, wie ich bereits erläutert habe, keineswegs eine Stadt in unserem Sinne des Wortes, denn sie war keine Wohnstadt, sondern ein Zeremonialzentrum, in das die Menschen sich begaben, um religiöse Zeremonien zu vollziehen, staatliche Funktionen auszuüben und Märkte zu besuchen. Die Steinbauten waren vollkommen ungeeignet für eine ständige Bewohnung (…)«[89] Demnach hätte ein steinzeitliches Volk unmenschliche Kraftanstrengungen aufgebracht, um Städte mit Tempeln und Observatorien von atemberaubender Schönheit und Größe zu errichten, die nur phasenweise für den Vollzug religiös-kultischer Handlungen genutzt wurden und in denen die Kalenderpriester sich einer Erforschung des »Mysteriums der Ewigkeit« widmeten: »Der Rhythmus der Zeit verzauberte die Maya; der nicht enden wollende Strom der Tage aus der Ewigkeit der Zukunft in die Ewigkeit der Vergangenheit erfüllte sie mit Staunen.«[90]

Diesen Fiktionen steht heute das Bild einer äußerst komplexen Zivilisation gegenüber. Einige Aspekte des »realen« Lebens in den

Maya-Siedlungen sollen hier kurz dargelegt werden, weil sie für das Verständnis der vermeintlichen oder wirklichen Maya-Prophezeiungen von Bedeutung sind.

Die Landwirtschaft der Maya war erheblich fortgeschrittener als unterstellt, sie beschränkte sich nicht auf primitive Brandrodungen. Bauern bildeten »das wirtschaftliche Fundament der Gesellschaft« und es wurde nicht nur Mais angebaut, sondern viele verschiedene Gemüsesorten und Früchte. Vielfältige Formen künstlicher Be- und Entwässerung sind ebenso belegt wie »Fischteiche, durch Kanäle bewässerte Felder, erhabene Feldfluren in Überschwemmungsgebieten, Terrassen und Staudämme in Hanglagen« oder »tropische Gartenwirtschaft«[91]. Die Bauern stellten sich sehr flexibel auf die unterschiedlichen geographischen und klimatischen Bedingungen ihres Lebensraumes ein. Die Frage, in welchem Zusammenhang diese landwirtschaftlichen Produktionsmethoden mit Faktoren wie Bevölkerungswachstum oder Verstädterung stehen, ist noch nicht überzeugend beantwortet[92]. Unbestritten ist hingegen, dass die Zentren während der klassischen Phase eine große Zahl von Menschen beherbergten – Schätzungen belaufen sich auf bis zu 50.000 Personen in den größten Maya-Städten[93] –, die nur mit Hilfe intensiv betriebener Landwirtschaft dauerhaft ernährt werden konnten.

Neben Bauern wirkten in den Städten auch »qualifizierte Kunsthandwerker, also Maler, Stukkateure, Steinmetze, Schmuck- und Kleidermacher (...). Die Existenz dieser Berufsgruppen und die Frage, ob sie Teilzeit- oder Vollzeitspezialisten waren, ist allerdings noch weitgehend ungeklärt (...).« Im Gegensatz dazu belegen bildliche Darstellungen die Tätigkeiten von Palast- und Tempeldienern, Lehrern, Chronisten – »also im weitesten Sinne Gelehrten«[94]. Zu dieser Gruppe zählten auch die Kalenderpriester, die sich durch Beherrschung der Hieroglyphenschrift und der Arithmetik auszeichneten und die Spezialisten in der Handhabung des hoch differenzierten Kalendersystems waren.

Die dominierende Schicht in den Städten und Siedlungen war der Hochadel, die Zugehörigkeit zu ihm wurde durch Geburt oder Einheirat erlangt. Gleiches galt auch für den höheren Klerus, wobei nicht einwandfrei geklärt ist, ob religiöse und weltliche Ämter deutlich voneinander getrennt waren[95]. Laut Riese ist deshalb auch die lange Zeit vorherrschende, zuletzt aber verworfene Auffassung von der Maya-Gesellschaft als einer Theokratie unter Umständen wieder aufzugreifen.

Schele und Grube sprechen hinsichtlich der Gesellschaftsstruktur der Maya von einem »Gottkönigtum«[96]. Auch hier wird ein enger Zusammenhang zwischen weltlichen und religiösen Herrschaftsfunktionen gesehen, anders als bei einer Theokratie aber keine Vorrangstellung des Religiösen unterstellt, jedoch auch keine Unterordnung der Religion unter die weltliche Herrschaft. Vielmehr scheinen bei den Maya-Königen beide Funktionen ineinandergeflossen zu sein – die Herrscher der klassischen Periode leiteten ihre Legitimation von einer »göttlichen Abkunft« her[97]; entsprechend ist auf schriftlichen Zeugnissen regelmäßig von einem »Göttlichen Ahau«, einem »Göttlichen Herrscher von …« die Rede.

In sämtlichen Sozialverbänden der Maya, von der einfachen Familie bis hin zur aristokratischen Herrschaft, herrschte das Prinzip der »Primogenitur-Ordnung«, es gab eine »erbrechtlich verordnete Nachfolge des Erstgeborenen in Autoritätsstellung und Besitztitel«[98]. Da die Erbfolge vom Vater auf den erstgeborenen Sohn überging, handelte es sich um eine »patrilineale Abstammungsrechnung«. Die Herrschaftsansprüche der Könige gründeten auf deren Herkunft von »göttlichen« Dynastiegründern, wobei hier »in der Regel reale Personen, zuweilen aber auch übernatürliche Wesen in Anspruch genommen wurden«. Der Rang der Adelsfamilien richtete sich wiederum nach deren Nähe zur Herrscherfamilie, die politische Macht gründete auf Verwandtschaftsbeziehungen, das »Prinzip der Erblichkeit des Standes« durchzog die gesamte Gesellschaft.

Zeugnisse aus der klassischen Zeit stellen »am Herrscher ebenso sehr seine Rolle als Familienoberhaupt wie seine Schamanenfunktion heraus«. Als Familienoberhaupt waren der König und die Adelsfamilien für das Wohlergehen des Volkes verantwortlich, mit weitreichenden Konsequenzen: »In Not- und Krisenzeiten darbten hohe Herren und niedriges Volk gemeinsam. Die Weltanschauung der alten Maya band König und Adel mit unabdingbaren Fürsorgepflichten an das Volk. Ein Herrscher, der sich den Aufgaben seines Amtes nicht gewachsen zeigte oder die Landbevölkerung ausbeutete, stellte damit unter Umständen die ihm entgegengebrachte Loyalität in Frage. Seine Untertanen konnten sich der Autorität eines Nachbarkönigs unterstellen oder aber einfach auswandern.«

In seiner Funktion als Schamane war der »göttliche Ahau« für die »Ausführung von magischen Handlungen« zuständig, er galt als »Beschwörer des Geisterreichs«. Von zentraler Bedeutung war der rituelle Aderlass: »Blut aus dem eigenen Körper als Opfer darzubringen war eine Andachtshandlung, die von den feierlichen Gebräuchen bei der Geburt von Kindern bis hin zur Bestattung der Toten in jedem Ritual stattfand. Das Vollziehen des Ritus reichte vom Ablassen einiger Tröpfchen des kostbaren Saftes bis zu schwerer Selbstverletzung an verschiedenen Körperstellen, um das Blut in Strömen zum Fließen zu bringen.« Bei Frauen galt die Zunge, bei Männern der Penis als »besonders geheiligte Quelle«. »Der Sinn und Zweck dieses kathartischen Rituals bestand nach Schele und Freidel darin, Visionen zu erzeugen, das Tor ins Jenseits aufzustoßen und dadurch mit den Göttern und Ahnen in Verbindung treten zu können.« Rituale der Blutentnahme fanden in allen gesellschaftlichen Bereichen statt, innerhalb der Familien wurden sie von deren Oberhäuptern vollzogen, mit Blick auf die Gemeinschaft fiel diese Aufgabe dem Ahau zu. Aufgrund seiner Abstammung verfügte er über die engsten Verbindungen zur jenseitigen Welt: »Seinen Teil des Bundes mit der Götterwelt erfüllte der König mit den zahlreichen rituellen Beschwörungen der Kraft des Übernatürlichen, die er zugunsten seines Volkes ausführte. Ja, er selbst war diese Kraft, war die heilig-mächtige und manifestierte Kraft des Übernatürlichen und deren wichtigstes Instrument.«

Durch sein Blut stellte der König die Verbindung zwischen der diesseitigen und der Welt des Übernatürlichen her – aber nicht für sich allein, sondern für sein Volk, dem er als »Lebensquell« diente. Im Gegenzug verlangte er aber auch viel: »Die prächtigen Zeremonieveranstaltungen in den großen Zentren, denen man in den kleineren Zentren kräftig nacheiferte, verschlangen einen beträchtlichen Teil der menschlichen und materiellen Ressourcen der Maya.«

Wie gesagt handelte es sich um Leistungen, die auf Gegenseitigkeit beruhten – die harten, entbehrungsreichen Arbeiten des Volkes wurden dadurch entgolten, dass der König seiner Fürsorgepflicht nachkam. Die Darreichung seines göttlichen Blutes stimmte die Ahnen und Götter gnädig und nahm so direkten Einfluss auf die Gegenwart. Der Aderlass war hierfür ebenso ein Mittel wie das Blutopfer. Im Gegensatz zu den spanischen Eroberern verstanden die Maya Menschenopfer nicht als barbarische, vermutlich nicht einmal als grausame Handlungen, sondern als heilige Akte. Kriege wurden geführt, um Macht und Ruhm des Königs zu vermehren und Sklaven zu erbeuten, aber auch um Opfer zu gewinnen. Die Opferung war Kindern sowie Adligen vorbehalten, gewissermaßen als Vorrecht und Ehre.

Die Frage, welche Ziele die Maya in der klassischen Periode mit Kriegen verfolgten, ist bis heute umstritten. Zeitweilig galt es als wahrscheinlich, dass sie überwiegend deshalb geführt wurden, um die Gefangenen ihren Göttern und Ahnen opfern zu können. Eroberungen neuer Herrschaftsgebiete oder materieller Zugewinn durch Plünderungen waren – anders als etwa in unserem Kulturkreis – nicht das eigentliche Ziel. Diese Ansicht wird heute kaum noch vertreten. Simon Martin merkt in *Maya – Gottkönige im Regenwald* an, »dass in den Schlachten erbitterte Rivalitätskämpfe zwischen den Königtümern um den Erwerb und Erhalt der Macht ausgetragen wurden. (…) Mächtige Herrscher strebten einen Status als ›Oberkönig‹ an, um ihren Machtbereich zu erweitern und die Könige mitunter weit entfernter Reiche zu ihren Vasallen zu machen.«[99] Besonders hervorgetan haben sich in dieser Hinsicht die Staaten von Tikal und Calakmul, wobei im Falle Tikals ein Einfluss Teotihuacans vermutet wird[100].

Zur Bildung eines Zentralstaates führten die Auseinandersetzungen in der klassischen Phase jedoch nicht, es gelang keinem Stadtstaat, die Herrschaft über das gesamte Maya-Territorium zu erlangen[101]. Neben dem Machtstreben war die Gefangennahme gegnerischer Adliger und besonders des Königs dennoch ein wichtiges Ziel – und am Ende jedes Krieges stand die Opferung der Unterlegenen auf dem Ballspielplatz. »Dieser Schauplatz versinnbildlichte den Ballspielplatz der Unterwelt, auf dem in der Mythologie der Maya der entscheidende Kampf zwischen Leben und Tod ausgetragen wurde.«[102]

Diese Zusammenhänge nachzuvollziehen, war den spanischen Eroberern verständlicherweise nicht möglich, Diego de Landa, der Blutopferrituale persönlich miterlebte, konnte darin einmal mehr nur ein Wirken des Teufels erkennen[103]. Auch die frühere Maya-Forschung stand diesen Phänomenen fassungslos gegenüber, besonders für die Verfechter des Mythos der »friedfertigen« Maya wollten sich Opferungen und Blutrituale nicht recht ins Bild fügen. Zeugnisse aus klassischer Zeit, die zweifelsfrei Selbstverstümmelungen von Frauen und Männern im Kontext ritueller Blutentnahmen zeigten, wurden dabei ignoriert oder sogar verfälscht wiedergegeben[104].

Ähnlich verständnislos zeigten sich Gelehrte wie J. Eric Thompson letztlich gegenüber dem Zeitverständnis der Maya. Dieselbe Schule, die in den Maya »Anbeter der Zeit« sah, vermochte nur schwer zu begreifen, dass diese Zeit nicht als voranschreitend begriffen wurde, schon gar nicht als eine, die sich in Richtung des Fortschritts entwickelt. Offenkundig irritiert stellte z. B. Thompson fest: »Die Vorstellung, dass die Geschichte sich bei gleichen Einflüssen wiederholen würde, hatte zwei interessante Konsequenzen: sie verführte dazu, die Zukunft mit der Vergangenheit zu verwechseln, und sie schuf einen Begriff von Zeitzyklen, der teilweise mit dem Bild der Zeit als einer endlosen Wanderung ihrer Träger in die Zukunft im Widerspruch stand.«[105]

Der Gedanke, dass Vergangenheit, Gegenwart und Zukunft grundsätzlich anders betrachtet werden könnten als auf die uns vertraute Weise, wird gar nicht in Betracht gezogen. Wiederum ist die Irritation in gewisser Weise nachvollziehbar: Welche Gründe bewegten die Maya dazu, ein hochdifferenziertes Kalendersystem auszuarbeiten, wenn sie doch in der Geschichte die Wiederkehr des Immergleichen sahen? Nicht zuletzt an diesen Punkt knüpfen zahlreiche Theorien an, die sich mit den Maya-Prophezeiungen zum Tag der Wintersonnenwende 2012 befassen.

Haab, Tzolkin, Lange Zählung – das Kalendersystem der Maya

J. Eric Thompson zufolge vertieften sich die Maya in das »Mysterium der Zeit«, ausschließlich in der Absicht ihren Priestern und Schamanen Handhabungen für deren Prophezeiungen an die Hand zu geben, was für ihn letztlich nichts anderes als ein Ausdruck des Aberglaubens war[106]. Tage, Monate und auch Zahlen standen für die Maya in Bezug zu Göttern und deren Einwirken auf menschliches Leben; dementsprechend waren bestimmte Kombinationen günstig, andere schwierig, die überwiegende Zahl gefährlich, auf jeden Fall aber negativ besetzt. Die Maya-Propheten galten Thompson als Pessimisten, dem biblischen Propheten Jeremias vergleichbar.

Der unmittelbare Zusammenhang zwischen der Beschäftigung mit der Zeit und religiös-kosmologischen Vorstellungen sowie wahrsagerischen Funktionen wird von der jüngeren Forschung bestätigt. »Für die Maya war Zeit aber nicht nur eine Summe verflossener Tage«, stellt Nikolai Grube fest. »Jeder Tag, jede Zahl, jeder Monat stand unter der Regentschaft eines anderen Gottes. Die Konstellation verschiedenster Götter hatte einen unmittelbaren Einfluss auf das Tagesgeschehen. Kriege wurden geplant und Kinder getauft, nachdem man einen Priester nach den Prognosen für den betreffenden Tag gefragt hatte.«[107]

Die Beschäftigung mit dem Phänomen Zeit verfolgte also das sehr konkrete Ziel, durch Vorhersagen das Alltagsleben zu strukturieren – von einer spielerischen »Verzauberung«[108] kann da nicht mehr gesprochen werden. Hinzu kam eine historiographische Funktion, die lange Zeit umstritten war, mittlerweile aber eindeutig bewiesen ist: Die Inschriften auf Stelen und anderen Zeugnissen der Maya sind Dokumente realer historischer Ereignisse und wurden von den göttlichen Herrschern der Maya in Auftrag gegeben, um ihre Taten und Erfolge festzuhalten. Für Grube fügt sich auch der Kalender der Maya in diesen Kontext ein, aber »er stellte mehr als nur den chronologischen Rahmen für Herrscherbiographien dar; er war Ausdruck des Bedürfnisses von Königen und Fürsten, ihr Leben in den Rahmen immer wiederkehrender Zeitzyklen zu stellen und die eigene Stellung innerhalb der göttlichen Ordnung zu definieren«[109].

Dass sich beide Funktionen – die historiographische und die wahrsagerisch-prophetische – in der Geschichtsschreibung der Maya überschneiden, fügt sich in das zuletzt skizzierte Bild: Das Königtum gründete auf göttlicher Abstammung und erhielt seine Legitimation durch Taten der Vorfahren oder Ahnen, umgekehrt konnten lebende Herrscher mit ihrem Wirken diese Legitimation stärken, aber auch schwächen: »Im erweiterten Rahmen«, bemerken Schele und Freidel, »griff die Geschichte der Herrscherdynastien modifizierend in die von den Göttern geschaffene sakrale Landschaft ein. (...) Das Bild der sakralen Landschaft war also ebenso sehr durch den Gang der menschlichen Geschichte wie durch die kosmischen Gegebenheiten determiniert. (...) Kultübungen, Kriege, Handel, Eheschließung, Thronbesteigung und andere soziale Aktivitäten – alles war darauf ausgerichtet, dass es am richtigen Ort und zur richtigen Zeit geschah. Sachverständige für die komplizierte Struktur der Zeit und die Bewegungsabläufe des Himmels führten – ähnlich wie unsere Astrologen – sorgfältig Buch über die Bewegungen der Gestirne, um für jede Unternehmung den günstigsten Zeitpunkt zu bestimmen.«[110]

Soweit der Versuch, die Rahmenbedingungen des Maya-Kalenders, der bis heute vielen als eines der größten Mysterien der Menschheitsgeschichte gilt, in einer neutralen Sprache zu definieren: Schele, Freidel und Grube enthalten sich der früher üblichen Abwertung der prophetischen Funktionen als Aberglauben und stellen sachlich fest, dass es sich um ein System handelt, das grundverschieden von unserem ist. Allerdings vertreten sie auch nicht die Auffassung, die Kosmologie oder das Naturverständnis der Maya sei dem in unseren Sphären herrschenden Denken überlegen. Und weshalb sollte der Maya-Kalender ein Mysterium sein? Wie er funktioniert und welche Zwecke er verfolgt, liegt auf der Hand. Von einem »geheimen Wissen«[111] im Sinne der abendländischen Esoterik, die zumeist die Vorstellung beinhaltet, Wissende würden ihre »geheimen« Lehren an Auserwählte weitergeben, kann auch nicht die Rede sein. Denn in der Maya-Gesellschaft war das Wissen von Schamanen und Kalenderpriestern zwar nicht jedermann zugänglich – aber nicht, weil es geheim gehalten wurde, sondern einzig aufgrund der Tatsache, dass man in die eine oder andere Familie hineingeboren wurde.

Unabhängig davon, dass viele Mystifikationen, die speziell das Kalendersystem der Maya betreffen, auf einem naiven oder bewusst in Kauf genommenen Missverständnis über die Kultur des mesoamerikanischen Volkes basieren, gibt es jedoch eine Reihe von Theorien über die Maya und deren astronomische Kenntnisse, die man nicht so einfach vom Tisch wischen sollte.

Bei den Maya kann nicht von einem Kalender gesprochen werden, sondern es handelt sich um ein komplexes Kalendersystem, bei dem diverse Zyklen ineinandergreifen[112]. Der wichtigste dieser Zyklen ist für Freidel und Schele »der 260-Tage-Zyklus, der (…) heute als Zeremonial- bzw. Ritualkalender, ›Heilige Runde‹ oder Tzolkin bezeichnet wird«[113]; für den Tzolkin ist auch der Begriff »Wahrsagekalender« in Umlauf[114]. Der Tzolkin kombiniert zwanzig Tagesnamen mit den Zahlen 1 bis 13 und ist in sämtlichen mesoamerikanischen Kulturen in Gebrauch[115]. Dieser Zyklus beginnt mit der Verbindung »1 Imix« und schreitet fort bis »13 Ahau«, ehe er dann am 261. Tag wieder bei »1 Imix« landet. Dies wiederholt sich bis in alle Ewigkeit[116], jedes Tzolkin-Jahr beginnt mit »1 Imix« und endet mit »13 Ahau«. Wie die indianischen Kulturen auf die Zahl 260 kamen, ist bis heute nicht zweifelsfrei geklärt, wie Peter Ruppel in *Maya 2012. Geheimes Wissen und Prophetie* anmerkt: »Die 260 setzt sich aus 13 mal 20 zusammen. 20 ist die Basis des Vigesimalsystems, und 13 ist die klassische und heilige Zahl der Maya. Es gibt 13 Himmel mit je einem Gott als Regenten. (…) Eine andere Erklärung für die 260 Tage ist der Hinweis auf den Schwangerschaftszyklus einer Frau, der auch 260 Tage dauert.«[117]

Neben dem Tzolkin verwendeten die Maya einen »Haab« oder »unscharfes Jahr«[118] genannten Kalender, der sich am Sonnenjahr orientierte; er zählte 18 Monate je 20 Tage sowie einen »Uayeb« (»Ruhe« oder »Schlaf« des Jahres) genannten Kurzmonat von fünf Tagen am Ende des Zeitraums. Wiederum hatte jeder Tag einen bestimmten Namen, der sich nach Vollendung des Zyklus wiederholte; ein Ausgleich für die Bruchteile des Sonnenjahres, wie er in unseren Breiten durch das Schaltjahr bekannt ist, erfolgte bei den Maya dadurch, dass sie nach 80 Jahren einen ganzen Monat einschoben[119]. Beide Zyklen existierten nicht völlig unabhängig voneinander, sondern wurden kombiniert:

»In dem – bei allen mesoamerikanischen Völkern bekannten – Zählzyklus von 52 Jahren zu 365 Tagen wurden die Tage mit der Paarung ihrer Namen nach der (365-Tage-)Haab- und der (260-Tage-) Tzolkin-Zählung bezeichnet – zum Beispiel ›4 Ahau 8 Cumku‹. Es gibt 18.980 (52 x 365) unterschiedliche Kombinationsmöglichkeiten in Folge, nach so vielen Tagen decken sich die Anfangstage des Haab- und des Tzolkin-Jahres, und die Zählung beginnt von vorn. Der 52-Jahre-Zyklus im Zeitmessungssystem der Maya wird als ›Kalenderrunde‹ bezeichnet.«[120] Das Ende einer Kalenderrunde hatte im Leben der Maya wie auch der Azteken eine magische Bedeutung.

Neben dem Tzolkin und dem Haab entwickelten die Maya zusätzlich die legendäre »Lange Zählung«, ein komplexes System, mithilfe dessen jeder einzelne Tag des gegenwärtigen Schöpfungszeitalters präzise fixiert und auf Daten z. B. des Gregorianischen Kalenders übertragen werden kann. Allein durch Tzolkin und Haab wäre eine solche Fixierung nicht möglich, da sich jede mögliche Kombination, zum Beispiel 4 Ahau 8 Cumku, im 52-Jahre-Rhythmus wiederholt. Die Lange Zählung basierte auf einem »Rundjahr« von 360 Tagen, von den Maya mit dem Wort für »Stein« bezeichnet: »Tun«. Der Grund hierfür bestand in der Gepflogenheit, am Ende eines jeden Rundjahres einen Gedenkstein zu errichten[121].

Dieses Jahr bestand aus 20 »Uinal« genannten Monaten, die ihrerseits 20 Tage (»Kin«) umfassten. In der Logik dieses Vigesimalsystems – es basierte darauf, dass die Maya »Hände und Füße zum Zählen benutzten«[122] – hieß die folgende Einheit, die 20 x 20 Jahren oder 20 Tun entsprach, Katun; 20 Katun ergaben ein Baktun, 20 Baktun ein Pictun und so weiter. 160.000 Rundjahre à 360 Tage oder 20 Pictun würden ein Calabtun ergeben – und prinzipiell wäre dieses System bis ins Unendliche erweiterbar.[123] Von besonderer Bedeutung sind im folgenden Zusammenhang die Baktuns, die nur bis zur »magischen« oder »heiligen« Zahl »13« gezählt werden und danach wieder auf einen Nullpunkt zurückspringen; warum das so ist, konnte bislang nicht überzeugend geklärt werden[124]. Zudem entspricht ein Baktun nicht den mathematisch logischen 400 Jahren, sondern es umfasste etwas über 394 Jahre; dies erklärt sich durch die Zusatzmonate, die nach 80 Jahren eingefügt wurden, um die Abweichungen des Haab vom realen Sonnenjahr auszugleichen[125]. Der Zeitraum von 13 Baktun entspricht somit ungefähr 5125 Jahren.

Aufgeschrieben wurden die Zahlen nach einem ebenso einfachen wie übersichtlichen System aus Punkten, Strichen und Glyphen, die von oben nach unten gelesen wurden. Die Eins wurde durch einen Punkt dargestellt, die Fünf mit einem Strich und die Null durch ein Zeichen, von denen es mehrere gab. Trifft man[126] in einer Inschrift auf folgende Kombination: 4 Punkte, 3 Striche mit zwei Punkten darüber, ein Strich mit Punkt darüber und unten ein Zeichen, so steht diese für null Tage (= 0), 6 Uinal (= 120 Tage), 17 Tun (= 17 mal 360 Tage = 6120) und 4 Katun (= 4 mal 7200 Tage = 28.800). Das heißt, dass von einem »Nullpunkt« aus insgesamt 35.040 Tage verstrichen sind. Auf diese Weise lassen sich sämtliche Inschriften genau datieren.

»Das Nulldatum des Maya-Kalendersystems deckt sich mit dem Tag 13.0.0.0.0 der Langzeitrechnung und Tag 4 Ahau 8 Cumku in der Kalenderrunde und galt zudem als Tag, an dem der neunte Herr der Nacht regierte. Mit der Fixierung des Nulldatums im Schnittpunkt dieser drei Koordinaten war der Maya-Kalender ein für allemal präzise festgelegt. All die Zyklen, die nach Maya-Auffassung im Zeitablauf wirksam sind, rücken seit jenem Zeitpunkt Tag für Tag um eine Position weiter.«[127]

Auf unsere Zeitrechnung übertragen entspräche dieses Nulldatum dem 11. August des Jahres 3114 v. Chr.[128] oder, mathematisch korrekt ausgedrückt, dem Jahr – 3113[129]. Der 21. Dezember 2012 wiederum wäre im System der Maya ein in der Tat bedeutsames Datum, weil an ihm das 13. Baktun einer »Langzeitperiode« endet und ein neuer Zyklus dieser Art beginnt[130]. Nach Schele und Freidel fällt die Wiederkehr des Datums 13.0.0.0.0 auf den 23. Dezember 2012 und auf den Tag 4 Ahau 3 Kankin der Kalenderrunde[131], die Datierung weicht damit minimal von derjenigen ab, die als allgemein anerkannt gilt. Möglicherweise orientieren sich Schele und Freidel an der sogenannten »Lounsbury-Korrelation« – benannt nach Floyd Lounsbury, der zum engeren Kreis der Maya-Forscher um Linda Schele gehört. Diese Korrelation ist um zwei Tage länger als die GMT-Korrelation, mit der gemeinhin gearbeitet wird[132]. »GMT« ist die Abkürzung der Nachnamen von drei Forschern, die im frühen 20. Jahrhundert den Beginn der Langen Zählung fixierten und damit eine Umrechnung des Maya-Kalenders auf den Gregorianischen Kalender ermöglichten: Joseph Goodman, Juan Martinéz Hernández und J. Eric Thompson. Auch wenn es eine Reihe von abweichenden Korrelationsmodellen gibt – der deutsche Astronom Andreas Fuls z. B. hat für die laufende Periode den Zeitraum von 2905 v. Chr. bis 2220 n. Chr. errechnet[133] –, gilt die GMT-Korrelation als anerkannt. Demnach also hat das gegenwärtige Zeitalter am 11. August 3114 vor Chr. begonnen und endet am 21. Dezember 2012 – danach springt die Lange Zählung der Maya wieder auf die Position 0.0.0.0.0 und die Zählung beginnt von Neuem.

Die traditionelle Maya-Forschung sieht in dem »Achsentag«[134] zwar einen markanten Einschnitt, aber dass damit eine Verkündung des Weltendes verknüpft wird, bestreitet sie entschieden. Der Verweis auf eine Inschrift Pacals des Großen, einem Herrscher aus Palenque, scheint diese Auffassung zu bestätigen; denn würde man seiner Prophezeiung folgen, würde die Menschheit mindestens noch das Ende des ersten Pictuns (gleich 8000 Jahre à 360 Tage) erleben; wie Schele und Freidel errechnet haben, endet dieses Pictun am 15. Oktober 4772.

Das aber ist nur die Position der Wissenschaft. Daneben gibt es zahlreiche Stimmen, für die der 11. August 3114 v. Chr. oder der immer näher rückende 21. Dezember 2012 eine qualitativ andere Bedeutung haben. Die Argumente, die ins Feld geführt werden, um die Besonderheit des einen wie des anderen Datums herauszustellen, erscheinen oft als durchaus bedenkenswert, auch wenn man bei manchen Spekulationen um das Ende des vierten Zeitalters der Maya nur den Kopf schütteln kann. Die spannendsten dieser Theorien rufen bei einem Leser, der den in unseren Breiten geltenden Denk- und Wahrnehmungssystemen nicht grundsätzlich negativ gegenübersteht, zwiespältige Gefühle hervor: Denn bis zu einem gewissen Punkt ist die Argumentation der Apokalypse-Propheten nicht nur faszinierend, sondern auch nachvollziehbar – im Sinne des Systems, das sie in Frage stellen. Es ist nicht auszuschließen, dass genau diese Qualität die fraglichen Theorien weitaus gefährlicher macht als jene, die so naiv daherkommen, dass man geneigt ist, Witze über sie zu reißen. Aber das verbietet sich vor dem Hintergrund der Tatsache, dass offensichtlich viele Menschen wirklich an absurde Visionen vom Ende der Welt glauben und sich in diesem Glauben Ängste manifestieren, die ernst zu nehmen sind.

Kapitel 3

WELTENDE ODER DIMENSIONSSPRÜNGE

Was geschieht am Tag der Wintersonnenwende 2012?

Nach dem Glauben der Maya wird das gegenwärtige »Zeitalter des Jaguar«, das am 13. August 3114 v. Chr. begann, am 21. Dezember 2012 zu Ende gehen. Dieses »Enddatum« hat die Gelehrten fasziniert, seit vor etwa einhundert Jahren das System der Zeitrechnung der Maya wiederentdeckt wurde. Es erscheint erst recht bedeutungsvoll, wenn klar wird, dass dieses Datum nicht willkürlich gewählt wurde, sondern eine Reihe von Tatsachen widerspiegelt. An dem darauffolgenden Tag, dem 22. Dezember 2012, wird die Sonne bei der Wintersonnenwende in einer Ebene mit einem »Sternentor« im Zentrum unserer Galaxis stehen. Da dies nur alle 25.800 Jahre geschieht, ist es das erste Mal seit Beginn der Geschichtsschreibung, dass die Menschheit Zeuge eines solchen Ereignisses wird.

Adrian Gilbert, 21. Dezember 2012.
Das Ende unserer Welt?[135]

»Der Tag, an dem die Götter kamen«

Vor einem Vierteljahrhundert veröffentlichte der Schweizer Bestsellerautor Erich von Däniken das Buch *Der Tag, an dem die Götter kamen*[136] und benannte für den schicksalsträchtigen Tag den 11. August 3114 v. Chr. Für Däniken fand an diesem Tag ein für die Menschheit höchst bedeutsames Ereignis statt: Außerirdische landeten auf unserem Planeten, um den ersten uns bekannten Hochkulturen ihr zivilisatorisches Wissen zu übermitteln. Denn für den Autor stand fest, dass Völker wie die Ägypter mit ihren steinzeitlichen Methoden niemals in der Lage gewesen wären, Monumente wie die Pyramiden im Niltal zu errichten. Diese Ansicht, die in der Öffentlichkeit ebenso heftig diskutiert wurde wie in den Fachwissenschaften, hatte Däniken erstmals 1968 in seinem Buch *Erinnerungen an die Zukunft* vertreten, das schnell ein internationaler Bestseller wurde. In dem ihm eigenen provokanten Stil stellte er die gängigen Auffassungen über die Ägypter und ihre Kultur in Frage:

»Nehmen wir brav das Wissen zur Kenntnis, wie es uns wohlpräpariert verabfolgt wird, dann stand das alte Ägypten plötzlich und ohne Übergang inmitten einer phantastischen Zivilisation. Große Städte und riesige Tempel, überdimensionale Statuen von großer Ausdruckskraft, von pompösen Figuren flankierte Prunkstraßen, perfekte Kanalisationsanlagen, in Fels gehauene Luxusgräber, Pyramiden von überwältigender Größe … diese und viele wunderbare Dinge mehr schossen quasi aus dem Boden. Wirkliche Wunder in einem Land, das ohne erkennbare Vorgeschichte plötzlich solcher Leistungen fähig ist.«[137]

Schon in den *Erinnerungen* hatte sich Däniken auch mit geheimnisvollen Zeugnissen der Maya beschäftigt: Auf dem Cover war eine Abbildung der Grabplatte des Maya-Königs Pacal der Große zu sehen, der im 7. Jahrhundert in Palenque herrschte, der westlichsten aller bis heute entdeckten Maya-Siedlungen auf der Halbinsel Yucatán[138]. Diese Grabplatte, die erst 1952 von dem mexikanischen Archäologen Alberto Ruz Lhuillier ausgegraben wurde[139], zählt zu den bedeutsamsten archäologischen Fundstücken im Maya-Gebiet und gab in der Folgezeit Anlass zu zahlreichen Untersuchungen und Interpretationen. Für Däniken war die Angelegenheit schnell entschieden: Das Bildnis Pacals stellte für ihn den Piloten eines Raumschiffs dar, mit dem ein Außerirdischer auf der Erde gelandet war oder sich auf den Rückflug vorbereitete[140].

Heftig umstritten waren von Dänikens Ansichten von Beginn an, durch die rasanten Fortschritte der Maya-Forschung in den Jahren seit 1970 konnten speziell auch über die Funde in Palenque und über Pacal den Großen so viele Kenntnisse zusammengetragen werden, dass sich die Theorie vom »Astronauten« Pacal erübrigt haben dürfte. Dennoch sind Spekulationen à la Däniken keineswegs aus der Mode gekommen, im Gegenteil, es hat den Anschein, als würde das Mysterium des Maya-Kalenders von Jahr zu Jahr mehr Menschen in seinen Bann ziehen. Um ein Mysterium scheint es sich tatsächlich zu handeln: Die Hoch-Zeit der Maya-Kultur lag im Wesentlichen im ersten nachchristlichen Jahrtausend, also gut 3000 Jahre nach dem von ihnen errechneten Beginn des gegenwärtigen Zeitalters; selbst die Olmeken, die als Vorläufer der Maya gelten, erlebten ihre Blüte rund 2000 Jahre nach besagtem 11. August 3114. Das Jahr 2012 wiederum lag für dieses Volk in endloser Ferne, als ihr Kalender entstand. Aus welchem Grund wählten die Maya ausgerechnet diese beiden Daten, um Anfang und Ende eines Zeitalters bzw. einer »Langzeitperiode« von 13 Baktuns zu bestimmen?

Die arrivierte Forschung hält sich mit Aussagen zu diesem Rätsel zurück. Berthold Riese lässt die Daten in seiner Monographie über die Maya gänzlich unerwähnt und bemerkt sehr allgemein: »Alle kalendarischen und astronomischen Zyklen und Systeme haben bei den Maya letztlich wahrsagerischen und religiös-spekulativen Zwecken gedient. (…) So wurden Berechnungen spekulativ weit in die Vergangenheit und Zukunft projiziert, und sie dienten damit dem Erkenntnisdrang und dem Bestreben, hochkomplexe mathematische Systeme zu durchschauen. Wir können also durchaus behaupten, dass hier Anfänge reiner Mathematik zu beobachten sind, wie sie sonst vor allem Babylonier, Griechen, Araber und Inder zur Menschheitsgeschichte beigetragen haben.«[141]

Auch Schele und Freidel, die mit ihrem Buch *Die unbekannte Welt der Maya* um 1990 ein neues Grundlagenwerk zur Kultur des mesoamerikanischen Volkes vorgelegt haben, gehen in dem Kapitel »Heiliger Raum, heilige Zeit und die Kosmologie der Maya«[142] eher am Rande auf den Anfangs- und Endpunkt der aktuellen Langzeitperiode ein. Zum Jahr 3114 v. Chr. enthalten sie sich jeglichen Kommentars, hinsichtlich des Tages 13.0.0.0.0. im Dezember 2012 bemerken sie nur, dass er in den Vorstellungen der Maya nicht das »Ende der Schöpfung« bedeutet; als Beleg dient ihnen hierzu, um das in Erinnerung zu rufen, eine Prophezeiung des »Astronauten« Pacal, die darauf schließen lässt, dass die Welt seiner Ansicht nach noch im Jahr 4772 n. Chr. existieren muss. Dass auf der anderen Seite der 11. August 3114 v. Chr. in den Augen der Maya auch nicht den Beginn der Schöpfung darstellte, verstecken sie in einer Anmerkung. Dort findet sich der Hinweis auf eine Inschrift, die »das Schöpfungsdatum mit 20 Stellen über dem Katun« wiedergibt. Die erste Stelle über dem Katun ist das Baktun mit 13 mal 400 Jahren, allein mit der zweiten Stelle würde man schon zu einem Zeitraum von ca. 65.000 Jahren gelangen. Ein Weiterrechnen ist nicht erforderlich um festzustellen, dass der Beginn der Schöpfung für die Maya jenseits aller menschlichen Vorstellungskraft lag:

»Diese gewaltigen Zahlen sollen, überflüssig zu sagen, in erster Linie die Unendlichkeit kosmischer Dimensionen zum Ausdruck bringen, demonstrieren indes aber noch eine andere Eigenheit des Zeitbegriffs der Maya. Die Lange Zählung scheint auf den ersten Blick eine lineare Konzeption der Zeit widerzuspiegeln, ist in Wahrheit jedoch – genau wie alle anderen Komponenten der Maya-Kalenderwissenschaft – eine zyklische. Die Epochen endeten, um von neuem zu beginnen, bildeten in ihrer (scheinbar linearen) Aufeinanderfolge (in Wirklichkeit) den Kreislauf einer umfassenderen Epoche und setzten sich ihrerseits aus Kreisläufen geringeren Ausmaßes zusammen.«[143]

Wenn Schele und Freidel in diesem Zusammenhang darauf hinweisen, westliche Astronomen würden einen »Urknall« auf einen Zeitraum vor ungefähr 15 Milliarden Jahren datieren und zudem nicht ausschließen, dieser Urknall wäre womöglich nur einer von mehreren

Vorherige Seite: Szene aus dem Film »The Day after Tomorrow«: New York wird von einer riesigen Flutwelle bedroht.

Inferno-Szene aus dem Film »The Day after Tomorrow«
von Roland Emmerich

Oben: Nach dem Hurrikan »Katrina« fahren in New Orleans Soldaten der Nationalgarde mit gepanzerten Fahrzeugen durch die Fluten und suchen nach Überlebenden.

Unten: Zerstörtes Haus in New Orleans nach »Katrina«

Luftaufnahmen von überfluteten Wohngebieten in New Orleans nach dem Hurrikan »Katrina«

Der Vulkan Krakatau (Indonesien)

Geysire und heiße Quellen im Yellowstone National Park (USA)

Schwere Erdbebenschäden in L'Aquila (Italien)

gewesen, zeigt das eigentlich nur eines: In solchen Dimensionen zu denken ist völlig sinnlos! Dass der Beginn allen Lebens irgendwo im Unendlichen liegt und das Ende ebenso, heißt ja nicht, dass sich in den Phasen dazwischen mehrfach Katastrophen ereignet haben könnten, die von den Betroffenen als ein Ende mit anschließender Wiedergeburt empfunden wurden. Diese Möglichkeit räumen Schele und Freidel auch ein, wenn sie schreiben, der »Kreislauf einer umfassenderen Epoche« setze sich aus »Kreisläufen geringeren Ausmaßes« zusammen. Die Frage ist nur, welche Kreisläufe mit Katastrophen endeten, wie oft sich solche Vorgänge wiederholten und vor allem ob sich aus der genauen Beobachtung des Vergangenen sichere Prognosen für die Zukunft herleiten lassen. Die Maya waren zweifelsfrei davon überzeugt, dass aktuelles Geschehen eine Wiederholung früherer Ereignisse darstellte: »In der Maya-Geschichtsschreibung ging es unentwegt auch um den Nachweis, dass das aktuelle historische Geschehen Folge unabwendbarer kosmischer und vorgeschichtlicher Einflüsse war.«[144] Umgekehrt konnten und sollten die jeweils lebenden Generationen, allen voran die »Gottkönige«, mit ihrem Handeln Einfluss auf das kosmische Geschehen nehmen; die zahlreichen Rituale erhielten erst vor diesem Hintergrund ihren Sinn. Leider aber haben die Maya zumindest keine konkreten Vorhersagen gemacht, was am Ende des gegenwärtigen Zeitalters geschehen wird – und schon gar nicht, was man dagegen unternehmen kann, sollte einem das drohende Geschehen nicht zusagen.

Das zyklische Geschichtsverständnis der Maya und anderer, nicht nur mesoamerikanischer Kulturen unterscheidet sich grundlegend von der Vorstellungswelt in den westlich-abendländisch geprägten Gesellschaften: »In unserem Modell von der Welt wird Naturgeschehen durch die Wissenschaft erklärt, und Spiritualität ist in religiösen Grundanschauungen verankert – und beides bleibt logisch wie sachlich fein säuberlich voneinander getrennt. Die Maya hingegen betrachteten die Natur als stoffliche Manifestation des Geistigen und das Geistige als das wahre Wesen der Natur. Für sie hatte die Erfahrungswelt zwei komplementäre Dimensionen: In der einen lebten sie selbst, in der anderen waren die Götter und Ahnen und andere Geistwesen zu

Hause. Diese Sehweise ist unter den Nachfahren der alten Maya bis auf den heutigen Tag erhalten.«[145]

Viele Eigenheiten der Maya-Kultur, die maßgeblich mitverantwortlich für die Andersartigkeit ihres »Modells von Welt« im Vergleich zu dem unsrigen sind, ergeben sich für Schele und Freidel aus den natürlichen Lebensbedingungen eines Volkes in den Tropen[146]. Hinzu kommt, dass es sich bei den Maya, so beeindruckend ihre Leistungen auch sein mögen, trotzdem um eine steinzeitliche Zivilisation handelte. Ihre Möglichkeiten, auf Natureinflüsse zu reagieren, waren begrenzt, lange Trockenheitsphasen z. B. konnten, wie gesehen, Hungersnöte auslösen und das Volk an den Rand des Abgrunds drängen. Magische Rituale und die Entwicklung eines Kalenders, der es ihnen erlaubte, aus Konstellationen am Himmel Prognosen für die Zukunft abzulesen – mochten diese nun eintreffen oder nicht –, stellten Versuche dar, das Unbeherrschbare und Unvorhersehbare zumindest teilweise unter Kontrolle zu bekommen. So beachtlich die Instrumentarien sind, die von den Maya vor allem im Bereich der Astronomie entwickelt wurden, blieben sie doch Hilfsmittel von begrenzter Wirksamkeit. Dem Entwicklungsstand ihrer Zivilisation entsprechend standen ihnen andere Möglichkeiten allerdings kaum zur Verfügung.

Diese Rahmenbedingungen werden in vielen Theorien und Prophezeiungen hinsichtlich dessen, was im Jahr 2012 geschehen könnte, weitgehend ignoriert. Mit schöner Regelmäßigkeit ranken sich die Gedankengänge in den fraglichen Schriften um die Frage, was die westliche Kultur der Gegenwart von den Maya und anderen Naturvölkern lernen könnte. Deren »Verbundenheit« mit der Natur wird als Gegenmodell zu unserer Denk- und Lebensweise beschworen, die auf Ausdifferenzierung des Menschen aus der Natur und deren Unterwerfung unter seine Bedürfnisse basiert.

Vielleicht lässt sich die Skepsis gegenüber der Vergleichbarkeit unterschiedlicher Lebenswelten und der Übertragbarkeit der aus ihnen hervorgehenden Welterklärungsmodelle mit Blick auf das Jahr 2012 noch grundsätzlicher formulieren. Als Linda Schele und David Freidel *Die unbekannte Welt der Maya* schrieben, stand die christlich geprägte Welt kurz vor einem emotional vergleichbar aufgeladenen Datum – dem Jahrtausendwechsel: »Das erste Jahrtausend lebte in und von der Hoffnung auf die Wiederkunft Christi, einer Hoffnung, die noch einmal zu einer großartigen Geschichtsvision gestaltet wurde in den Schriften des Abtes Gioacchino da Fiore (1135–1202) zu Beginn des zweiten Jahrtausends, vor dessen Abschluss wir jetzt stehen – mit der Aussicht auf eine fragwürdige Zukunft, die unsere Spezies entweder in ein faszinierendes Abenteuer im Weltraum oder in die Selbstvernichtung führen wird.« Unausgesprochen bleibt die Auffassung, dass diese »Aussicht auf eine fragwürdige Zukunft« weitgehend unabhängig vom Millennium war. Wichtig war dieses Datum zudem nur für die christliche Welt, für Moslems oder Hindus war der Tag bedeutungslos, zumindest in kulturell-religiöser Hinsicht. Welche Bedeutung sollte also der 21. Dezember 2012 für die Angehörigen aller anderen außer den mittelamerikanischen Kulturen haben? Für Schele und Freidel gewinnen solche Daten nur Bedeutung, »wenn wir sie als Markierungspunkte für den linearen Fluss der Zeit begreifen. Sie geben diesem Fluss Form und den Konzepten von Ursache und Wirkung Gestalt – das, was wir Geschichte nennen«.[147]

Somit wäre der »magische« 21. Dezember 2012 ein Tag wie jeder andere. Für die Schulwissenschaft, ob man Archäologen, Geologen oder Sprachwissenschaftler befragt, stellt sich der Sachverhalt fast ausnahmslos so dar. Entsprechendes gilt vermutlich für jeden, der sich dem Geist der Aufklärung und einem rationalen Denken verpflichtet fühlt. Dennoch gibt es gute Gründe, sich mit dem Phänomen »2012« auseinanderzusetzen. Denn die Ängste und Befürchtungen, die in vielen Prophezeiungen und Visionen zum Ausdruck kommen, sind real und teilweise sogar begründet. Zudem hat die Forschung in den letzten Jahrzehnten Erkenntnisse gewonnen, die das seit jeher herrschende Erstaunen über die außerordentlichen astronomischen Fähigkeiten der Maya erheblich vergrößerten. Wie es scheint, waren die Maya in der Lage, für den Dezember 2012 eine Konstellation am Sternenhimmel präzise vorherzusagen, die sich in dieser Form nur einmal in dem für Menschen unfassbaren Zeitraum von ungefähr 26.000 Jahren einstellt. Aber was kündigt sich mit dieser Konstellation an? Das Ende der Welt? Dies ist zumindest der Gedanke, der dem neuen Katastrophenfilm des Hollywood-Regisseurs Roland Emmerich zugrunde liegt:

»2012 ist ein Film über eine globale Katastrophe, die die Welt, wie wir sie kennen, an den Abgrund treiben wird. (…) 2012 – Das Ende der Zeitrechnung im Maya-Kalender. Die Tibeter, die alten Ägypter, die Cherokee- und die Hopi-Indianer, sie alle beziehen sich in ihren mystischen Glaubenssystemen und Zeitrechnungen, genau wie die Maya, auf einen 26.000 Jahre alten Zyklus. Dieser Zyklus endet am 22. Dezember 2012. Zu diesem Zeitpunkt ergibt sich eine äußerst seltene astronomische Konstellation, die sich bereits seit Jahrtausenden von Jahren abzeichnet. Auf dieser Prophezeiung basiert Roland Emmerichs 2012.«[148]

Hollywood prophezeit also für 2012 die Apokalypse – aber es handelt sich dabei »nur« um einen Film, der eine spannende Geschichte erzählen und das Publikum begeistern will. Die Theorie, die hinter dieser Fiktion steht, wird allerdings von einigen Autoren mit äußerstem Ernst diskutiert. Gewissermaßen das Kontrastprogramm dazu liefern Visionen von einem »Bewusstseinssprung« und dem damit verbundenen Eintritt der Menschheit in ein »Goldenes Zeitalter«; auch sie beziehen sich auf den Maya-Kalender und erwarten den »großen Sprung« für das Jahr 2012. Die Spannbreite ist immens – die Frage ist nur, ob beide Extremauffassungen miteinander vereinbar sind und wenn ja, auf welche Weise.

Visionen vom Beginn des »Goldenen Zeitalters«?

Angesichts der Flut von Publikationen zum Themenkreis »Maya-Kalender und das Jahr 2012« könnte man den Eindruck gewinnen, große Teile der Welt würden sich gemeinsam auf den Untergang des Planeten vorbereiten, der unmittelbar bevorsteht, oder auf den kollektiven Bewusstseinssprung, der den Beginn des »Goldenen Zeitalters« einleitet. Vor allem das Internet ist ein riesiges Spielfeld, auf dem sich selbst ernannte Gurus und Schamanen jedweder Couleur tummeln. Es ist überflüssig darauf hinzuweisen, dass dieses offene Medium auch jenen ein Forum bietet, deren Anschauungen abstrus sind und zuweilen die Grenze zum Wahnsinn deutlich überschreiten.

Der Versuch, die vielfältigen und einander widersprechenden Theorien und Prophezeiungen zu den Themen »Apokalypse« und »Bewusstseinssprünge« zu klassifizieren, mutet zwangsläufig willkürlich an und gerät zudem allenfalls fragmentarisch. Denn neben dem Maya-Kalender gibt es etliche andere Aufhänger für Visionen vom Ende aller Zeiten. Zu erwähnen ist hier zum Beispiel der deutsche Grenzwissenschaftler Manfred Dimde, der mehrere Bücher über die Prophezeiungen des Nostradamus geschrieben hat und seit einiger Zeit »Jahrbücher« mit quasi-aktuellen Vorhersagen herausgibt. Diese Werke tragen dann Titel wie *Nostradamus 2009: Womit wir 2009 rechnen müssen. Der Schlüssel zur Zukunft – Die aktuellen Prophezeiungen – Ihr Nostradamus-Horoskop*[149]; die Klappentexte werben mit »Detail-Prognosen Monat für Monat« und »zusätzlichen Informationen für die kommenden Weltschicksalsjahre«, womit offenbar der Zeitraum von 2007 bis 2017 gemeint ist, für den Nostradamus angeblich »tiefgreifende Veränderungen in der Weltordnung« vorausgesagt hat.

Besonders gefährlich und schicksalsträchtig sollen die Jahre ab 2011 werden, für die Nostradamus eine »Gefahr für das menschliche Geschlecht« generell sehe – so die Kernaussage in Dimdes Buch *Apokalypse 2011: Die Vision des Nostradamus*: »Seher vieler Völker, nicht nur Nostradamus, weisen jedoch auf apokalyptische Ereignisse um die Jahre 2011 bis 2014 hin. Niemand möge dies mit dem Weltuntergang verwechseln, der mit Bestimmtheit nicht kommen wird. Aber

Geschehnisse, die ganze Kontinente oder gar die nördliche Halbkugel betreffen, sind sehr wahrscheinlich.«[150]

Vereinzelt werden Endzeitprophetien mit hanebüchenen Verschwörungstheorien verknüpft, die im Fahrwasser aktueller Trendthemen wie »Illuminati« oder »Prieuré de Sion« – beide Geheimgesellschaften sind durch die Romane von Dan Brown populär geworden – mitschwimmen. Ein Beispiel hierfür ist Armin Risis *Machtwechsel auf der Erde: Die Pläne der Mächtigen, globale Entscheidungen und die Wendezeit*. Hier liest man von einem »Wendepunkt der Weltgeschichte« und sehr allgemein vom »Ursprung« und den »Einflüssen des Bösen in der Welt«[151]. Die Zeugnisse, auf die sich »Seher« wie Risi berufen, sind in den meisten Fällen austauschbar, es geht darum, bestehende Ängste zu nutzen und zu schüren.

Stehen die zuvor genannten Apokalypse-Theorien nur in einem thematischen Zusammenhang mit dem Jahr 2012, so greifen andere Bücher das »magische« Datum, das spontan mit dem Maya-Kalender assoziiert wird, auf, ohne dass ein direkter Bezug zu den Maya gegeben wäre. Ein Beispiel hierfür ist das *Planet X Survival-Handbuch für 2012 und danach*. Die Autoren beschwören die Situation herauf, dass »ein Komet, ein Planet auf Kollisionskurs« nahe genug an der Erde vorüberzieht, »um schwere Stürme, Temperaturumbrüche und Klimaveränderungen auszulösen. Er wird schmerzhafte Veränderungen mit sich bringen, aber auch die Möglichkeit einer völlig neuen Welt.«[152] Das von den Autoren dargebotene Survival-Wissen ist im Grunde in jeder beliebigen Katastrophensituation anwendbar, es muss nicht unbedingt ein Kometeneinschlag sein, ein Vulkanausbruch würde es »auch schon tun«.

Plakative und naive Katastrophentheorien dieser Art finden sich in Büchern über das Ende des aktuellen Zeitalters nach dem Maya-Kalender kaum. Hancock oder Gilbert ziehen globale Katastrophen zwar in Betracht, verharren aber letztlich im Konjunktiv. Grenzwertig geraten ihre Ansichten allerdings immer dann, wenn sie vermeintlich wissenschaftliche oder zumindest pseudowissenschaftliche Beweisführungen mit mystisch-esoterischen Gedanken verknüpfen.[153] Diese Vermischung führt schließlich dazu, dass zuvor angestellte Überlegungen und Beweisführungen, die spannend zu lesen und durchaus bedenkenswert sind, kaum noch ernst genommen werden können.

Die esoterisch geprägten Schriften zum Jahr 2012 im Zusammenhang mit dem Kalender der Maya füllen ganze Bücherregale – und die Flut der Neuerscheinungen ebbt nicht ab. Eine Verknüpfung mit den Katastrophentheorien besteht meist nur insofern, als die Autoren die Möglichkeit lokaler oder globaler Unglücksfälle in Betracht ziehen, solche Ereignisse jedoch herunterspielen oder für ihre eigentlichen Absichten instrumentalisieren. So schreibt etwa Birgit Feliz Carrasco in ihrem Buch über *Die große Zeitenwende*: »Wenn die Natur wieder die Macht über die Erde übernimmt, wird dies zwangsläufig zu einem mentalen Wandel des Menschen und des Lebens auf der Erde führen. Katastrophen, Untergang oder Tod enthalten immer auch die Möglichkeiten für Wandel, Neubeginn und Neugeburt. Ein solcher Wandel eröffnet die Chancen für die Menschen, zum Einklang mit dem Kosmos zurückzufinden und sich auf den göttlichen Sinn des Lebens zurückzubesinnen. Die Sonne wird mit einem veränderten Licht zur Zeitenwende beitragen.«[154]

Auf vergleichbar mystische Weise sieht auch die US-Amerikanerin Marie D. Jones in Umweltkatastrophen wie dem Einschlag eines Meteoriten auf der Erde ein quasi karthatisches Mittel zu dem Zweck, die Menschheit zu einer Umkehr ihrer Lebenseinstellungen und ihres Verhaltens aufzurufen, die es ihnen ermöglicht, in ein »neues Zeitalter der Liebe, der spirituellen Transformation und des kosmischen Bewusstseinswandels« einzutreten. Das Buch von Marie D. Jones trägt den Titel *Die Welt nach 2012: Zeitalter der Erleuchtung oder das Ende aller Tage?*, doch die Frage im Untertitel ist rhetorisch: Wie die meisten Autoren, die derartige Gegensatzpaare aufbauen, will auch Jones eine »positive« Botschaft übermitteln: Die Welt bewegt sich am Abgrund, aber die Menschen haben ihr Schicksal in der Hand, sie müssen nur ihr fehlerhaftes, von einem falschen Bewusstsein geleitetes Handeln aufgeben und sich auf die »wahren Werte« besinnen. Diese werden von den Autoren aus allen nur denkbaren Heilslehren zusammengeklaubt – vom Buddhismus über den Hinduismus bis zu angeblichen Lehren der »Naturvölker«. Ob jedoch die Rezepte, die von den Propheten des »Neuen Bewusstseins« oder eines »Goldenen, weil spirituellen Zeitalters« ausgestellt werden, tatsächlich eine ernst zu nehmende Alternative zur Fortschrittshörigkeit der westlichen Gesellschaften darstellen, mag bezweifelt werden.

Für solche zuweilen absurden, auf jeden Fall aber naiv anmutenden Beschwörungen müssen immer wieder auch die Maya herhalten. »Im Herzen von Mutter Erde findet 2012 ein großes Erwachen statt«, heißt es im Amazon-Werbetext zu dem Buch *Schlange des Lichts: Jenseits von 2012* von Drunvalo Melchizedek. »Wenn sich die Menschheit unserem wunderschönen Planeten zuneigt, wird er sich aus der Dunkelheit heraus in das Zeitalter des Lichts bewegen.«

Tibor Zelikovics nimmt in *Zeitenwende 2012: Globale Transformation, das Erwachen der Menschheit und der Beginn des Goldenen Zeitalters* schon deutlich konkreter Bezug auf die astronomischen Errungenschaften der Maya: Wesentlich bei den kalendarischen Berechnungen zum 21./22.Dezember 2012 sei »nicht das Kalenderdatum, sondern das astronomische Ereignis, das zu dieser Zeit stattfindet – nämlich die besondere Position unseres Sonnensystems in Relation zur Milchstraße. Es scheint, dass die Mayas Kenntnisse über die so genannte ›Präzession des Äquinoktiums‹ hatten und diese besondere Position unseres Sonnensystems in Relation zur Milchstraße. (…) Diese astronomische Konstellation hat geschichtliche, astrologische, geophysikalische und humanneurologische Auswirkungen. Ein Verständnis dieses Zusammenhangs erschließt uns nicht nur die Bedeutung des Maya-Kalenders, sondern – aus prophetischer Sicht – auch der Entwicklung der Menschheit insgesamt. Klimakatastrophen, Hungersnöte, Seuchen, politische Krisen … Dass dies alles zu einem spirituellen Erwachen der Menschheit und zu einem ›Goldenen‹ Zeitalter führen soll, würde man nicht vermuten. Aber genau das ist die Hauptbotschaft der Prophezeiungen, die sich auf unsere Zeit beziehen! 2012 ist der Umkehrpunkt, an dem sich die Menschheit erneut auf ihr wahres spirituelles Wesen ausrichtet.«[155]

Das angesprochene astronomische Ereignis, das sich zur Wintersonnenwende 2012 einstellen wird, ist identisch mit jener »seltenen astronomischen Konstellation«, von der auf der Homepage zum Film »2012« die Rede ist und dort eine Begründung der Apokalypse liefert.

Zelikovics erwartet dagegen »nur« Klimakatstrophen und Hungersnöte – und die dienen einem »guten Zweck«, eben der Rückbesinnung auf das »wahre spirituelle Wesen« des Menschen.

Letztlich handelt es sich bei solchen Vorstellungen um religiös-mystische Glaubenssätze, die man teilen kann oder nicht. Hier werden sie jedoch auf ein pseudo-wissenschaftliches Fundament gestellt, das die Maya und ihre Astronomie bezeugen sollen. Es fällt schwer, sich mit derartigen Gedanken ernsthaft zu befassen: Vielleicht wird die Sternenkonstellation am Wintersonnenwendetag 2012 wirklich eintreten und Naturprozesse auslösen, die zu kleineren oder größeren Katastrophen führen. Doch darin so etwas wie einen »Schöpfungsplan« zu sehen, der die Menschheit zur Spiritualität bekehren will, ist schon schwerer Tobak. Mag man ernsthaft glauben, größere Erschütterungen, die unsere Zivilisation vielleicht sogar aus den Angeln heben, würden einen Zustand des Friedens auf der dann zumindest partiell zerstörten Erde begründen? Ist man ein hoffnungsloser Pessimist, wenn man eher das Gegenteil befürchtet – einen erbarmungslosen Kampf aller gegen alle ums Überleben?

Im vierten Teil einer der erfolgreichsten Kino-Serien aller Zeiten – »Indiana Jones und das Geheimnis des Kristallschädels« – geht es um die Maya-Kultur und einen Besuch von Aliens in deren Welt. Wie in den früheren Filmen wird um eines der großen Mysterien der Menschheitsgeschichte eine spannende Geschichte gestrickt. Am Ende kehren die Außerirdischen in ihre Raumschiffe zurück und fliegen heim. Wie schon in den früheren Geschichten, in denen es um die Bundeslade oder den Heiligen Gral ging, greift Steven Spielberg auch hier auf Theorien zurück, die von vielen Menschen ernsthaft als Möglichkeiten in Erwägung gezogen werden. Wie immer wird das alles jedoch mit einem Augenzwinkern erzählt. Auch Roland Emmerich streut in seine Werke Szenen ein, die dem Zuschauer zu erkennen geben, dass die schrecklichen Szenarien zwar vorstellbar sind, es letztlich aber doch um nicht mehr als eine spannende Geschichte geht.

Ob Erich von Däniken wirklich von allem überzeugt ist, was er in den letzten 40 Jahren veröffentlicht hat, weiß vermutlich nur er selber; wenn man seine Bücher liest, stellt sich oft das Empfinden ein, dass auch die Lust an einer Provokation der Schulwissenschaften beim Schreiben mitschwingt. Eines muss man ihm bei aller Kritik zugutehalten: Er hat mit seinen reißerischen Theorien Millionen von Lesern an kulturgeschichtliche, archäologische oder ethnologische Themen herangeführt, die sich ansonsten kaum für die Maya oder die alten Ägypter interessiert hätten.

Den zuletzt vorgestellten Visionen über das Jahr 2012 vergleichbar positive Nebenwirkungen zuzugestehen, fällt schwer. Es muss die Frage gestellt werden, ob Autoren, die von Spiritualität und Dimensionssprüngen schreiben, irgendetwas zum Verständnis der Maya und ihrer Kultur beitragen können bzw. wollen. Ob sie nicht vielmehr das mesoamerikanische Volk und sein Kalendersystem funktionalisieren, um Überzeugungen zu belegen, die sich aus ganz anderen Quellen speisen? Ebenso wenig scheinen sie sich darüber Gedanken zu machen, ob man aus dem Gesamtweltbild eines Naturvolkes einfach Teile, die mit den eigenen Ideen vereinbar sind, herausbrechen und alles andere ignorieren kann.

Auch für Autoren, die nicht in waghalsige Spekulationen über »Dimensionssprünge« oder Ähnliches abgleiten, scheint ausgemacht zu sein, dass die Lehren der Maya ohne nennenswerte Relativierung auf unsere Gegenwart übertragbar sind. So liest man etwa im Buch *Der Ruf der Mayas* des niederländischen Dokumentarfilmers und Autors Wiek Lenssen: »Wenn das Leben einer Fahrt über einen unbekannten Fluss gleichkommt, kann man selbst das Ziel vielleicht nicht sehen, der Fluss aber kennt es. Der Fluss weiß, wohin er fließt, denn er ist bereits von Anfang an mit dem Ziel verbunden … Ein erfülltes Leben bedeutet für die Mayas, dass es einem Menschen gelingt, dem eigenen Weg gemäß dem Zeichen jenes Tages zu folgen, an dem man geboren wurde. Je mehr erfüllte Leben es auf der Erde gibt, desto eher ist der Kosmos im Gleichgewicht. Die Maya-Priester sind diejenigen, ›die die Tage zählen und mit den Bewegungen der Zeit vertraut sind‹. Das ist ihre Aufgabe. Daher versuchen die Maya-Priester den Menschen zu helfen, ihren persönlichen Weg zu finden.«[156]

Maya-Kenner weisen oft darauf hin, dass sich viele der heute lebenden Maya stark den Denkweisen und Traditionen ihrer Vorfahren verbunden fühlen. Vor diesem Hintergrund verwundert es nicht, dass die Prediger des »neuen Bewusstseins« Stimmen von Weisen der Urvölker zitieren können, die ihren Aussagen Authentizität verleihen sollen. Ein Beispiel hierfür ist Magda Wimmers *Die Maya. Weber der Zeit, Spieler des Universums*, in dem es einmal mehr um nichts anderes geht, als den westlichen Gesellschaften mit angeblichen Botschaften der Maya den Spiegel ihrer Zerstörungswut vorzuhalten und sie zur Umkehr aufzurufen:

»›Die Zeit der Veränderung ist da‹, sagen heute die Propheten und Schamanen der Urvölker der ganzen Welt, und sie hat bereits begonnen. Überall auf der Welt können wir beobachten, wie seit einigen Jahren die Weisen der Völker wieder an die Öffentlichkeit treten und zu sprechen beginnen über die Veränderungen, die dem Planeten Erde jetzt bevorstehen. ›Es ist Zeit, unsere Stimmen zu erheben‹, sagen die indianischen Völker, und ob aus Nord-, Zentral- und Südamerika oder aus Tibet, aus Australien, Neuseeland und Afrika – von überall her kehren sie zurück, und sie sind verwundert, dass wir im Westen von dieser Botschaft noch so wenig wissen.«[157]

Zwar referiert Magda Wimmer ausgiebig Ergebnisse der Maya-Forschung, zwar spielen Ausführungen über die Schrift dieses Volkes und seine Zeitvorstellungen, wie sie in dem differenzierten Kalendersystem zum Ausdruck kommen, in der Argumentationsführung der Autorin eine wichtige Rolle; die Zielsetzung jedoch besteht nicht darin, dem Leser die Kultur der Maya nahezubringen, sondern ihn zu beschwören, sich von »falschen« Werten abzukehren und den »wahren« zuzuwenden. Diese »wahren« Werte werden namenlosen Schamanen und Weisen der Ur- oder Naturvölker in den Mund gelegt:

»Und dann – so haben unsere Vorfahren gesagt – wird die Zeit kommen, wo die Erde sehr krank geworden ist, und die Spuren der Krallen werden überall sichtbar werden. Die Flüsse werden aussehen wie dunkler, zäher Schleim, randvoll gefüllt mit Schmutz und Giften, die Luft wird getrübt sein, und das Atmen fällt schwer. Unsere Brüder, die Bäume, sterben dahin, und die Erde wird sich nicht mehr reinigen können, weil schmutziger Regen ihre Poren verstopft. Es wird dies die Zeit sein, wo die Vögel vom Himmel fallen, die Fische mit den Bäuchen nach oben schwimmen und die ganze Natur in Schmerzen ist.«[158] Hilfe und Erlösung sind jedoch nicht fern: »Schließlich kommt die Zeit – so sagten uns unsere Vorfahren – wo ihr alle nach großer Mühe und Anstrengung die Heilung der Menschen und die Reinigung von Mutter Erde beendet habt. Es ist dies die Zeit, in der alle Kreaturen wieder in Harmonie miteinander zu leben beginnen. Dann wird das neue Zeitalter des Friedens und der Liebe Wirklichkeit werden.«[159]

Ähnlich wie Magda Wimmer argumentiert auch Wiek Lenssen, der seinem Buch Auszüge aus einer Rede voranstellt, die der Maya-Schamane »Wandernder Wolf« im Jahr 1997 gehalten hat:

»Wir haben denselben Ursprung und sind verschiedene Wege gegangen, aber wir werden alle von derselben Kraft geleitet. Wir Indianer konnten das Wissen und die heiligen Traditionen erhalten. Jetzt ist es an der Zeit, dieses gemeinsame Wissen für eine gemeinsame Zukunft der gesamten Menschheit freizugeben. Lasst uns als Brüder und Schwestern auf diesem Planeten zusammenleben. Auf dass sie erwachen, auf dass sie alle erwachen. Kein einziges Volk, keine einzige Kultur, keine einzige Gruppe darf fehlen, denn es wird ein allgemeines Erwachen sein, das Glück und Frieden für alle bringt.«[160]

Nun mögen derartige Appelle angesichts der Bedrohungen, denen sich die Menschheit gegenwärtig ausgesetzt sieht, ja durchaus berechtigt sein; die Beschreibungen des Zustands der Natur, die Magda Wimmers Schamanen liefern, kann man ähnlich in Bulletins von Umweltorganisationen oder Regierungen nachlesen, wenn auch weniger pathetisch formuliert. Aber nüchterne Dokumentationen entfalten selbstverständlich nicht die suggestive Kraft, die den Beschwörungen eines Maya-Ältesten eigen sind. Allein, die »Naturvölker«, deren Schamanen und Weise von »Suchenden« wie Wimmer und Lenssen zitiert werden, sind austauschbar, es ist im Prinzip völlig gleichgültig, ob man einen Maya-, einen Hopi- oder den Ältesten einer in Ozeanien beheimateten Kultur um Rat bittet – Hauptsache, sie beschwören die Idee einer ursprünglichen Einheit des Menschen mit der Natur, deren Wiederherstellung die Erlösung von den Übeln der Gegenwart verspricht.

Es gibt in der abendländischen Philosophie seit jeher Gegenbewegungen zu einem radikalen Rationalismus, wie er seit der Aufklärung die Oberhand gewonnen hat. Wenn Wiek Lenssen bemerkt, ein »erfülltes Leben« bedeute für die Maya, dem »Zeichen jenes Tages zu folgen, an dem man geboren wurde«, hätte er sich ebenso gut auf Johann Wolfgang von Goethes *Urworte orphisch* berufen können: »Wie an dem Tag, der dich der Welt verliehn / Die Sonne stand zum Gruße der Planeten / Bist also bald und fort und fort gediehn / Nach dem Gesetz, wonach Du angetreten.«[161]

Zahlreiche im neutralen Sinne des Wortes esoterisch ausgerichtete Denker unseres Kulturkreises berufen sich, ähnlich Goethe, und zwar nicht nur in diesen Versen[162], auf uralte Vorstellungen einer Einheit des Menschen mit der Natur. Damit grenzen sie sich eindeutig von Vorstellungen ab, denen zufolge eine Ausdifferenzierung des Menschen aus dieser Einheit – sie gilt auch als zentraler Schritt im Prozess der Individualisierung – Voraussetzung für eine Beherrschung der Natur und gesellschaftlichen Fortschritt ist. Dass sich diese Denkrichtung nicht durchsetzen konnte, heißt nicht, sie wäre gänzlich verschwunden. Ob eine Auseinandersetzung mit Phänomenen wie Ausbeutung der Natur, globale Erwärmung oder Treibhauseffekt aus der Perspektive dieser philosophischen Richtung ertragreicher wäre, lässt sich schwer entscheiden. Aber eine Diskussion auf der Folie gemeinsamer Werte und Erfahrungen bietet größere Chancen auf Gehör als die naive Übernahme von Lehren, die einem völlig andersartigen historischen und kulturellen Bezugssystem entstammen. Gehör zumindest bei jenen, die tatsächlich Einfluss nehmen können.

Andererseits sind drohende Umweltkatastrophen seit Jahren bekannt, und es sind nicht nur Greenpeace-Aktivisten, die sich zu Wort melden, sondern auch Politiker wie der ehemalige US-Vizepräsident Al Gore. Seine Beteiligung an dem Dokumentarfilm »Eine unbequeme Wahrheit« hat das Bewusstsein der Weltöffentlichkeit für die Gefahren, die mit dem von menschlichem Wirtschaften mitverursachten Klimawandel ausgehen, noch einmal geschärft. Wenn in der Vergangenheit zu wenig geschah und immer noch zu wenig geschieht, um dem Treibhauseffekt entgegenzuwirken, hat das allerdings weniger mit einem »falschen Bewusstsein« zu tun als vielmehr mit wirtschaftlichen Erwägungen. Kaum ein Politiker bestreitet, dass etwas getan werden muss, der Streit geht meistens darum, wer damit anfangen soll, etwas zu tun.

Bei den meisten der zuletzt besprochenen Theorien verrät schon die emotional aufgeladene Sprache – »Zeitalter des Friedens und der Liebe«, Rückbesinnung der Menschheit auf »ihr wahres spirituelles Wesen« usw. –, dass es den Autoren eigentlich um die Übermittlung religiös-mystischer Botschaften und Lehren geht. Entsprechend haben die jeweiligen Bücher wenig mit Kulturgeschichte zu tun, sondern sind Ratgeber zur Lebenshilfe. Dagegen ist an sich wenig zu sagen, es steht jedem frei, Rat anzunehmen oder zu ignorieren. Die Berufung auf die Erfahrungs- und Bewusstseinswelten der Kulturen wirklicher oder vermeintlicher Naturvölker ist im Übrigen nichts Neues. Vor ungefähr 40 Jahren stieg der US-amerikanische Anthropologe Carlos Castaneda mit seinen Büchern, in denen er die Lehren des Yapui-Indianers Don Juan im Westen popularisierte, zum Kult- und Bestseller-Autor auf. Seine nachhaltigsten Erfolge verzeichnete Castaneda freilich darin, der internationalen Hippie-Bewegung eine philosophische Legitimation für den Konsum von Marihuana zu liefern.

Spätestens seit den 1970er-Jahren werden in immer kürzeren Intervallen immer neue Heilslehren aus den entlegensten Winkeln der Welt ausgegraben, um den Menschen der hoch technisierten westlichen Gesellschaften Angebote zur geistigen Neuorientierung anzubieten. Der Erfolg dieser meist selbst ernannten Schamanen belegt zumindest eines: Die mystisch-religiösen Bedürfnisse der modernen Menschen sind ungebrochen groß und weitgehend ungestillt.

Nun werden eben die Maya befragt, was sie uns zu sagen haben könnten, und das Mysterium um das Jahr »2012« in ihrem Kalendersystem bringt viele »Lehrer« auf die Spur, die sich ansonsten nie für dieses Volk interessiert hätten. Wäre das alles, würde sich eine ausführliche Beschäftigung mit diesem Teil der 2012-Literatur kaum lohnen. Aber schon der Sachverhalt, dass sich die Verkünder des bevorstehenden »Goldenen Zeitalters« auf dieselben Erkenntnisse der Maya über astronomische Konstellationen beziehen, in denen andere die mögliche Vorhersage von Bewegungen im Erdinneren sehen, die zu gewaltigen Erschütterungen des Lebens auf unserem Planeten führen könnten, gibt zu denken. Wenn dann noch Klima- oder andere Katastrophen als notwendige Vorstufen zum »Aufstieg der Menschheit« gesehen werden, kann man das nicht mehr unter der Kategorie »Kuriositäten« ablegen; hier wird auf gefährliche Weise mit realen Ängsten gespielt. Der an sich harmlose Versuch, Lebenshilfe zu leisten, gleitet in einen fragwürdigen Aufbau von Gegensatzpaaren ab. Ein Beispiel hierfür liefert Birgit Feliz Carrasco: »Die Menschen reagieren in der aktuellen Periode (= der ›kosmischen Entwicklung‹) augenscheinlich mit 1. Ungewissheit, Angst und Aggression oder 2. Offenheit, Suche und Liebe. (…) Bewusstseinssprung oder Selbstzerstörung steht zur Wahl. (…) Es steht jedem Menschen offen, sich für die Einordnung zur zweiten Gruppe zu entscheiden und der Suche nach neuem Denken und Sein aktiv zu folgen. Je mehr Menschen sich für neue Wege und wahres Sein, weg vom Ego, Verstand und Kapitalismus entscheiden, desto mehr werden auch andere Personen, die in der Position der Angst und Aggression verharren, von der zweiten Gruppe getragen werden.«[163]

Evolution des Bewusstseins und Harmonische Konvergenz

Für die Forschung dienten die Elemente, die das komplexe System des Maya-Kalenders bilden, unterschiedlichen Zwecken: Der Haab strukturierte das »Alltagsleben« und war vor allem für die Landwirtschaft von Bedeutung; der Tzolkin entstammte religiös-mythologischen Bezugssystemen und war das wichtigste Instrument für die Vorhersage von Ereignissen, im Leben des Einzelnen wie der Gemeinschaft; die Lange Zählung schließlich wurde entwickelt, um das Verlangen der Gottkönige nach einer Dokumentation ihrer Taten und ihres Ruhms zu befriedigen. Natürlich griffen die Räder ineinander, das komplexe System ist vollständig nur in der Verzahnung der drei Kalender zu verstehen.

Diese Verzahnung wird von den Interpreten des Maya-Kalenders, von denen zuletzt die Rede war, weitgehend ignoriert. Der historiographische Charakter der Langen Zählung spielt so gut wie gar keine Rolle und auch der Haab wird zumeist nur in die Betrachtungen einbezogen, weil ohne ihn eine Umrechnung der Maya-Daten auf den Gregorianischen Kalender nicht möglich wäre. Zumindest in einem Fall kommt man um eine solche Abgleichung nicht herum: bei der Fixierung des 21.12.2012 als dem Tag, an dem irgendetwas von grundlegender Bedeutung für die Menschheit geschehen soll. Davon abgesehen interessieren sich die Philosophen des Bewusstseinswandels kaum für konkrete geschichtliche Daten – die werden allenfalls bemüht, um abstrakte Theorien zu belegen, denen zufolge der Maya-Kalender ein »energetischer«[164] bzw. ein »Zeitplan für die Evolution des Bewusstseins«[165] ist. Die Hauptvertreter dieses »Konzepts« sind die »Gelehrten-Propheten«[166] John Major Jenkins, José Argüelles und Carl Johan Calleman, deren Thesen weltweit eine unvorstellbare Zahl von gläubigen Jüngern beeinflusst haben.

Der US-amerikanische Schriftsteller und Privatgelehrte John Major Jenkins ist der Verfechter einer Theorie, die bereits im Zusammenhang mit Emmerichs Film »2012« angesprochen wurde: »Zur Wintersonnenwende am 21.12.2012 wird die Sonne im dunklen Spalt im

Zentrum unserer Milchstraßengalaxis aufgehen«, fasst Daniel Pinchbeck die Überlegungen von Jenkins zusammen, »ein Ereignis, das nur alle 25.800 Jahre geschieht. Wie John Major Jenkins in *Maya Cosmogenesis 2012* beschreibt, stellt diese Konstellation die ›Vereinigung der kosmischen Mutter (die Milchstraße) mit dem Ersten Vater (die Wintersonnenwende)‹ dar. Maya-Hieroglyphen beschreiben das Zentrum dieses dunklen Spalts als ›das Loch im Himmel‹, ›kosmische Gebärmutter‹ oder ›schwarzes Loch‹, durch das der Zauberkönig andere Dimensionen betrat, Zugang zum heiligen Wissen fand oder durch die weiteren Entfernungen des Kosmos reiste.«[167]

Jenkins stützt sich bei seinen Beweisführungen auf Linda Scheles Deutung des »Weltenbaums«, der bei den Maya »Waca Chan, ›Sechs Himmel‹ oder ›Erhobener (bzw. Aufgerichteter) Himmel‹« hieß und den »Verbindungsweg zwischen natürlicher und übernatürlicher Sphäre«[168] darstellte. Allerdings ist seine Interpretation recht frei und in dieser Form nicht durch Schele gedeckt. Jenkins sah in vielen Tempeln und Ballspielplätzen der Maya Hinweise auf die kosmische Konstellation am Tag der Wintersonnenwende 2012:

»Statuen zeigen stehende Herrscher, die die Milchstraße darstellen und doppelköpfige Schlangen im 14-Grad-Winkel halten und damit die Ebene der Ekliptik anzeigen, den Weg, dem die Sonne, der Mond und die Planeten folgen. Jenkins denkt, dass solche Symbole die kosmische Kreuzung der 2012-Präzession darstellen.«[169]

Offensichtlich ist Jenkins der Auffassung, die Maya hätten Kenntnis vom Phänomen der Präzession besessen, jener Rückwärtsbewegung der Sonne im Tierkreis, die dazu führt, dass sie zum Zeitpunkt der Tagundnachtgleiche im Frühjahr nach ca. 2000 Jahren in ein anderes Sternzeichen eintritt; aktuell stehen wir deshalb vor einem Wechsel vom Zeitalter der Fische ins Zeitalter des Wassermanns[170]. Eine vollständige Wanderung der Sonne durch die Tierkreiszeichen nimmt rund 26.000 Jahre in Anspruch, wovon ebenfalls bereits mehrfach die Rede war. Dieser Zeitraum ist auch als »Platonisches Jahr« bekannt, über seine genaue Länge gibt es differierende Berechnungen, die zwischen 25.625 und 25.800 Jahren schwanken.

»Diese zweite unabhängige Sonnenbewegung«, bemerkt Peter Ruppel, »ist sehr schwer zu erkennen, weil die Sonne 72 Jahre benötigt, um ein Grad des Tierkreises zu durchwandern.«[171] Um die Präzession zu erkennen, bedürfte es der Beobachtungsarbeit mehrerer Generationen. Doch nur, wenn die Kalenderpriester wirklich über dieses Wissen verfügt hätten, würde die Theorie von Jenkins aufgehen, die besagt, die Maya hätten vorausberechnet, dass die Sonne am 21. Dezember 2012 »genau auf dem Äquator der Milchstraße« steht. Ruppel fasst zusammen: »Jenkins stellt folgende Überlegung an, die zwar gewagt, aber durchaus nachvollziehbar ist: Die Maya kannten diese galaktische Ausrichtung (…) und haben von diesem Datum 21.12.2012 einfach 13 Baktuns (gleich 1.872.000 Tage) zurückgerechnet und ihren Anfang der Langen Zählung positioniert.«[172]

Mit anderen Worten: Die Lange Zählung der Maya geht nach Jenkins nicht von einem Anfangspunkt aus, sondern ist auf einen Endpunkt hin ausgerichtet. Alle Mutmaßungen darüber, was am 11. August 3114 v. Chr. geschehen sein könnte, wären mithin überflüssig, dieses Datum hätte keine andere Bedeutung, als dass es genau 13 Baktuns vor dem 21.12.2012 läge. Was sich an diesem Enddatum ereignen könnte, bleibt in der Schwebe. Laut Pinchbeck hält Jenkins eine »Umkehrung der Feldwirkung« für möglich, die »sowohl Tornados als auch Toilettenwasser (sich) in gegensätzlicher Richtung drehen lassen« würde[173].

Im Zusammenhang mit der Auflistung von Visionen, die für 2012 den Übergang ins »Goldene Zeitalter« verkünden, war bereits von Tibor Zelikovics Buch *Zeitenwende 2012* die Rede, der seinerseits von John Major Jenkins inspiriert wurde. Ende 2005 hat Zelikovics einen Aufsatz für das Online-Magazin kgsberlin.de[174] verfasst. Dort trifft man auf einige überraschende Ansichten, z. B. dass der Tzolkin »die Grundlage des so genannten ›Großen Zyklus‹ von 5125 Jahren Dauer (sei), der 3113 v. Chr. begann und zur Zeit der Wintersonnenwende am 21./22. Dezember 2012 n. Chr. endet.« Weiter heißt es, der »längste Zyklus im Maya-Kalender beträgt 26.000 Jahre, etwa so lange dauert ein so genanntes Stern- oder Platonisches Jahr«. Der verwirrende Absatz schließt mit der Unterscheidung zweier Kalender, von denen der eine den Haab meinen dürfte: »Der Maya-Kalender benutzt außerdem zwei Zeitrechnungen: eine kurze, um tägliche und jährliche

Zeitabläufe zu messen, und eine lange, die für sie von zusätzlicher kosmologischer und religiöser Bedeutung war. Die kurze Zeitrechnung hatte 13 Monate zu jeweils 28 Tagen = 364 Tage. Der fehlende Tag wurde durch einen extra Tag ›außer der Zeit‹, der nach unserem Kalender dem 26. Juli entspricht, kompensiert. Eine weitere Einheit von 260 (13 x 20) Tagen (...) ist der Tzolkin. (...) Er besteht aus 13 Tönen und 20 Siegeln, die in einem doppelt synchron laufenden Muster zu allen der möglichen, also 260 Kombinationen vereinigt werden. Jedem der 13 Töne und 20 Siegel werden bestimmte Eigenschaften zugeordnet, wodurch jeder Tag des Tzolkin eine eigene Qualität erhält – Qualitäten nicht unähnlich denen, die wir aus der Astrologie kennen.«[175]

Abgesehen davon, dass der Tzolkin 260 Tage umschließt, werden die meisten Informationen in diesem Text durch die traditionelle Maya-Forschung nicht bestätigt. Der Grund hierfür liegt auf der Hand: Neben Jenkins bezieht sich Zelikovics auf einen zweiten Guru, dessen Deutung des Maya-Kalenders ohne Prüfung als Tatsache dargestellt wird. Die Rede ist von José Argüelles, dem Begründer der sogenannten »Harmonischen Konvergenz«, dessen Buch *Der Maya Faktor* in den 1980er-Jahren erschien und zu den einflussreichsten esoterischen Schriften über die Maya überhaupt zählt. Weshalb seine Ideen auf so große Resonanz stoßen, ist schwer nachvollziehbar, denn sie stellen ein seltsames Konglomerat aus allen nur vorstellbaren Absurditäten dar. Spekulationen über die Herkunft der Maya von einem anderen Planeten werden mit esoterischen Heilslehren aus unterschiedlichsten Kulturen vermischt, zudem finden sich Ansätze zu Verschwörungstheorien.

Zu Argüelles Zielen zählt die Ersetzung des Gregorianischen Kalenders, der »auf Chaos und Apokalypse programmiert ist«[176], durch seinen eigenen, der 13 Monate zu je 28 Tagen umfasst; diese Zahl entspricht seiner Auffassung nach den Mondzyklen – »der Mond umkreist die Erde 13 Mal im Jahr und nicht 12 Mal«[177].

Die 28 Tage werden in Beziehung gesetzt zum natürlichem weiblichen Menstruationszyklus und, natürlich, zu der für die Maya »Heiligen Zahl 13«.

Den Tzolkin wiederum definiert Argüelles laut Zelikovics als Kombinationen einer der 13 vermeintlichen »Schwingungs-Strahlen« mit einem der 20 »Sonnensiegel«: »Für die Maya ist das, was wir als Zeit bezeichnen, eine Funktion des Prinzips der harmonischen Resonanz. Daher sind Tage tatsächliche Töne, kin genannt, dargestellt durch entsprechende Zahlen; bestimmte Reihenfolgen von Tagen (kin) schaffen harmonische Zyklen (...) und Reihenfolgen von harmonischen Zyklen, die als größere Gesamtmengen gesehen werden, beschreiben die harmonischen Frequenzen oder Abstimmungen einer größeren organischen Ordnung, z. B. die harmonischen Muster des Planeten Erde in Bezug zur Sonne und zur Galaxie.«[178]

Willkürliche Interpretationen dieser Art haben nicht nur die klassische Maya-Forschung zum Widerspruch herausgefordert, sondern selbst John Major Jenkins. Sie lösten heftige Proteste bei heute lebenden Maya aus, die sich durch den sogenannten »Dreamspell«-Kalender von Argüelles zu Recht ihrer kulturellen Traditionen beraubt sahen.

Für Argüelles war das kein Problem, denn um die heutigen Maya ging und geht es ihm nicht. Sein Augenmerk liegt auf den »galaktischen Maya«, die zur Zeit der Klassik jene Hochkultur schufen, die wir heute noch bestaunen. Diese »galaktischen Maya« kamen jedoch von einem anderen Planeten und haben die Erde wieder verlassen, nachdem sie »unser Sternensystem (...) kartographiert, graphisch dargestellt und bereist haben«[179]. Diese Information verdankte er einem »Maya namens Hunbatz Men«, der ihn um 1985 beiläufig wissen ließ, dass die Galaktischen zuvor bereits mehrere andere Sternensysteme bereist und mit ihrem Wissen beglückt hätten.

1993 hatte Argüelles dann einen »luziden Traum«, in dem ihn »Pacal der Große« besuchte und zum Botschafter des geheimen Wissens der Galaktischen ernannte[180]. Seitdem »ist Argüelles davon überzeugt, dass er Valum Votan ist, eine Wiederverkörperung oder Aussendung des ›galaktischen Agenten‹ und Zeitzauberers Pacal Votán, der von diesem zeitlosen höheren Geist in unsere Gegenwart gebracht worden war, um das Welt rettende neue Paradigma seines 13-Monde-Kalenders und das Gesetz der Zeit wiederherzustellen und weiterzutragen«[181].

Es versteht sich von selbst, dass die Proteste der Maya gegen die Entstellung ihres Heiligen Kalenders verstummen müssen, wenn die Theorien von Argüelles letztlich nur Botschaften sind, die er im Namen eines ihrer Könige äußert, oder? Somit ist klar, dass die »galaktischen« Maya auch vom Platonischen Jahr wussten: »,Der Tzolkin ist wie das I Ging nicht erfunden. Seine Herkunft im Herzen Mittelamerikas ist genauso ein kosmisches Ereignis wie das Entstehen des I Ging in China.‹ Die 260 Tage des 13 x 20 Tzolkin-Kalenders, der Maya-Faktor, stellen die durchschnittliche Reifungszeit des menschlichen Embryos dar; der große Zyklus der Kreisbewegung des Frühlingspunkts beträgt annähernd 26.000 Jahre. Laut moderner Astronomen sind wir ebenfalls 26.000 Lichtjahre vom Zentrum der Milchstraße entfernt.«[182]

Der Dritte im Bund der Weisen, die den Kalender der Maya nicht als Zeitkalender verstehen, sondern als einen »energetischen« Plan, der den »Energiefluss« anzeigt, »der hinter allem irdischen Geschehen steht«, ist der Schwede Johan Carl Calleman. Sein Einfluss auf die zahllosen Freizeitschamanen, die sich zum Thema »2012« geäußert haben, ist nicht minder groß und um keinen Deut weniger nachvollziehbar als im Fall von Argüelles. Dessen »Dreamspell«-Kalender wird von Calleman kritisiert – aber nicht, weil er sich zu Unrecht auf die Maya bezieht, sondern weil er noch zu »erdverbunden« ist. Denn mit der Bezugnahme auf Mond- und weibliche Menstruationsphasen klebt auch Argüelles noch an materiellen Bezügen, während die Wahrheit in einem »Zeitbegriff« liegt, »der von den Bewegungen der materiellen Körper ganz unabhängig ist«[183]. Wenn Calleman seinem Kontrahenten vorwirft, er betreibe mit der Vereinnahmung des Maya-Kalenders »Kulturimperialismus«, kann man dem zustimmen. Ob allerdings Callemans »Kalender des Quetzalcoatl«[184] dem »realen« Tzolkin gerechter wird, darf mit Fug und Recht bezweifelt werden.

Callemans Thesen von sind nicht weniger fragwürdig als Argüelles' und vor allem als die ihrer Jünger. Wenn auf Calleman hier weniger ausführlich eingegangen wird als auf Argüelles oder Jenkins, dann deshalb, weil die Ideen Letzterer Autoren inspirierten, die sich mit dem Phänomen »Apokalypse 2012« unter zumindest dem Anspruch nach naturwissenschaftlichen Prämissen befasst haben. Jenkins Berechnungen der astronomischen Konstellation am Tag der Wintersonnenwende 2012 scheinen tatsächlich korrekt zu sein – wenngleich punktgenaue Berechnungen, wie sie mit einer speziellen »Astrosoftware« von Ruppel durchgeführt wurden, mit bloßem Auge eigentlich unmöglich sind: »Wo genau liegt der Äquator der Milchstraße, und wie breit ist dieser? Man sieht, dass sich der Übergang sicher 20 bis 30 Jahre hinzieht. Es bleibt die Faszination für das genaue Datum 2012. Dies ist sicher der markanteste Punkt auf der ganzen Präzessionsreise der Sonne über das platonische Jahr hinweg (Laufzeit 25.625 Jahre). *Zur Wintersonnenwende befindet sich die Sonne heute schon quasi im Schnittpunkt der Ekliptik mit dem Äquator der Milchstraße.* Dies ist die geringste Entfernung zum Zentrum der Milchstraße, die die Sonne erreichen kann.«[185]

Peter Ruppel scheint die Gedanken der Esoteriker zu teilen, ist aber immerhin kritisch genug einzuräumen, dass sich viele Theorien nur bedingt auf die Maya-Kultur berufen können. Hinsichtlich der modernen Ansichten über den Tzolkin schreibt er: »Von den klassischen Maya ist uns also nichts überliefert, was uns hier weiterhelfen könnte. Intuitiv arbeitende Forscher und Autoren, die die Glyphen und Töne unbelastet betrachten, können die Inhalte neu fassen.«[186] Womit immerhin zugegeben wird, dass der »Kalender des Quetzalcoatl« wie auch der »Dreamspell« nichts mehr mit den Überlieferungen der Maya zu tun haben.

Daniel Pinchbecks *Rückkehr der gefiederten Schlange* ist eines der spannendsten und herausforderndsten Bücher, die sich mit den Phänomenen »Apokalypse« und »Bewusstseinswandel 2012« befassen. Pinchbecks Ansätze unterscheiden sich wenig von denen anderer Autoren, die ein »neues Denken« beschwören, um Fehlentwicklungen der westlichen Gesellschaft zu korrigieren:

»Dieses Buch stellt eine radikale Theorie auf: Das menschliche Bewusstsein befindet sich in einem Übergang zu einem neuen Zustand, einer neuen Intensität der Bewusstheit, die sich in einem anderen Verstehen manifestieren wird, in einer transformierten Erkenntnis von Zeit und Raum und Selbst. Nach dieser These ist dieser Übergang längst im Gange – auch wenn er noch unterschwellig verläuft. Er wird jedoch zunehmend mehr wahrgenommen, wenn wir uns dem Jahr 2012 nähern.«[187]

Um seine Überzeugungen zu untermauern, setzt sich Pinchbeck mit dem Selbstverständnis der abendländischen Zivilisation auf einem hohen intellektuellen Niveau auseinander, sodass auch diejenigen das Buch mit Ertrag und Genuss lesen können, die seinen esoterischen Grundideen skeptisch gegenüberstehen.

Rückkehr der Götter oder das Ende der Welt?

Lässt man die Ansichten über die Zeitvorstellungen der Maya Revue passieren, ergibt sich Folgendes:

1. Die »klassische« Forschung bestätigt, dass am 21./22. Dezember 2012 ein Zeitalter des Maya-Kalenders endet. Besondere Bedeutung misst sie dem Datum jedoch nicht bei, schon gar nicht erwartet sie den Weltuntergang oder auch nur lokale Katastrophen. Man konstatiert, dass die Maya einem zyklischen Geschichtsverständnis anhingen und an die mehrmalige Zerstörung ihrer Welt mit deren anschließender Neuerschaffung glaubten.

Dieser neutralen Betrachtungsweise gemäß ist nicht auszuschließen, dass gewisse Szenarien des Untergangs auf die Erfahrung realer Katastrophen in der Vergangenheit zurückgehen. Dass die Maya von einer möglichen oder sogar wahrscheinlichen Wiederholung von Fluten, Erdbeben und vergleichbaren Naturereignissen ausgingen, wird ebenfalls nicht bestritten. Aber dass ihre Kalenderpriester für 2012 das Ende der Welt vorhergesagt hätten, ist nirgendwo belegt. Selbst wenn es so wäre, würden Maya-Experten bestreiten, dass sich solche Prophezeiungen erfüllen.

2. Für die modernen »Propheten des Untergangs«, die sich auf »Meister« aus vergangenen Zeiten wie Nostradamus berufen, bietet jedes »magische« Datum Gelegenheit, ihre mahnenden Stimmen zu erheben. 2012 ist ein willkommener Anlass, denn immerhin hat eine Hochkultur der Vergangenheit für dieses Jahr das Ende eines Zeitalters berechnet, wenn auch ohne zu sagen, was dann geschieht. Ankündigungen bevorstehender Apokalypsen wurden seit jeher an markante Daten geknüpft, z. B. die Jahrtausendwechsel in der christlichen Zeitrechnung. Es ist davon auszugehen, dass sich die nächsten unheilverheißenden Daten bereits in der Warteschleife befinden und sich neue Endzeit-Propheten spätestens dann zu Wort melden, wenn die Menschheit den Tag der Wintersonnenwende 2012 unbeschadet überlebt haben sollte.

3. Die größte Zahl der Visionen, die sich um den Maya-Kalender und das Jahr 2012 ranken, sind esoterisch geprägt. Einige davon verharren in der Schwebe zwischen negativer und positiver Ausrichtung. Ihnen zufolge ist die Gefahr des Untergangs noch nicht gebannt, selbst wenn sich die Menschheit zur Umkehr entschließen sollte. Diese Umkehr oder Rückbesinnung auf die »wahren« Werte zu bewirken, ist die eigentliche Absicht der Autoren, die sich des Naturverständnisses der Maya bedienen, um ihre aus den unterschiedlichsten Kulturen zusammengeklaubten Lehren zu untermauern. Bisweilen werden die Weisheiten der Naturvölker in Beziehung gesetzt zu Prophezeiungen »von medialen Wesen der letzten Jahrhunderte, die über die Fähigkeit verfügten oder verfügen, sich in kosmisches Wissen einzuklinken und feinstoffliche Botschaften zu empfangen bzw. zu senden«[188].

Die Bandbreite der Ideen reicht von naiv über bedenkenswert bis hin zu absurd-phantastisch. Die Maya rücken v. a. deswegen ins Zentrum solcher Heilslehren, weil ihre faszinierende Kultur seit Langem eine große Anziehungskraft auf die Menschen unseres Kulturkreises ausübt.

Die Hauptwortführer all dieser Theorien sind José Argüelles und Carl Johan Calleman, die mit dem »Dreamspell«-Kalender und dem »Kalender des Quetzalcoatl« »moderne« Varianten des Maya-Kalenders entwickelt haben. Mit der Astronomie und Kosmologie des mesoamerikanischen Volkes haben diese »Tzolkins« allerdings kaum mehr als den Namen gemein.

4. Schließlich gibt es Grenzgänger zwischen Vision und Wissenschaft, deren bekannteste Vertreter Erich von Däniken und John Major Jenkins sind. Kritiker aus den Reihen der akademischen Disziplinen, in deren Feldern Däniken wildert, sprechen ihm allerdings die Wissenschaftlichkeit komplett ab. Ähnlich umstritten sind die Bücher zweier britischer Autoren: Adrian Gilbert und Graham Hancock.

Der schottische Wissenschaftsjournalist Graham Hancock ist einer »Schule« zuzurechnen, die in den letzten dreißig Jahren mehrere überaus erfolgreiche Sachbücher hervorgebracht hat. Die zutreffendste Bezeichnung für das Genre, dem man diese Bücher zuordnen kann, ist der Begriff »Wissenschaftskrimi«. Bekannte Vertreter des Genres sind Michael Baigent und Richard Leigh, die mit *Verschlusssache Jesus: Die Wahrheit über das frühe Christentum* Anfang der 1990er-Jahre einen internationalen Megaseller schafften. Wenige Jahre zuvor hatten sie gemeinsam mit Henry Lincoln ein Buch geschrieben, in dem sie die Spuren möglicher Nachkommen eines gemeinsamen Kindes von Jesus und Maria Magdalena bis hin in französische Regierungskreise des 20. Jahrhunderts verfolgten. Zentrale Thesen aus *Der heilige Gral und seine Erben* fanden Eingang in den Plot des Romans *Da Vinci Code* (»Sakrileg«) von Dan Brown.

Gemeinsam ist diesen Wissenschaftskrimis, dass sie rätselhafte Ereignisse der Weltgeschichte, die »großen Mythen und Mysterien der Menschheit«, zum Ausgangspunkt für eine interdisziplinäre Spurensuche nehmen, die von den Fachdisziplinen, auf deren Erkenntnisse die Autoren zurückgreifen, als spekulativ zurückgewiesen werden. Da die Verfasser der Bücher jedoch über ein breit gefächertes Wissen verfügen und ihre Ansichten in einer fesselnden und allgemein verständlichen Sprache darzulegen vermögen, schadet dies dem Erfolg ihrer Werke nicht.

Graham Hancock hat sich mit mehreren Titeln in diese Genrelinie eingereiht, u. a. mit *Die Wächter des heiligen Siegels: Auf der Suche nach der verschollenen Bundeslade* oder *Der Schlüssel zur Sphinx: Auf der Suche nach dem geheimen Ursprung der Zivilisation*. Schon die Titel verraten, dass es erneut um Rätsel der Menschheitsgeschichte geht, die weltweit Millionen von Menschen faszinieren.

Mitte der 1990er-Jahre veröffentlichte Hancock *Die Spur der Götter. Das sensationelle Vermächtnis einer verschollenen Hochkultur*. Hancocks These lautet, es habe vor der letzten Eiszeit, also vor mehr als 11.000 Jahren, eine Zivilisation gegeben, die ähnlich hoch entwickelt war wie unsere gegenwärtige, möglicherweise fortgeschrittener. Diese Kultur sei durch eine Naturkatastrophe von unvorstellbaren Ausmaßen zerstört worden – und zwar so nachhaltig, dass bis heute keine Nachweise für ihre Existenz gefunden werden konnten. Allerdings hätten Vertreter dieser Zivilisation das Unheil vorausgesehen und an ausgewählten Punkten auf aller Welt, bei denen eine Aussicht bestand, sie könnten von den Folgen der Katastrophe unbehelligt bleiben, Spuren für die Nachwelt hinterlassen.

Um diese Ansichten zu belegen, begab sich Hancock auf einen Parforceritt durch die Welt- und Kulturgeschichte. Er studierte Mythen der entferntesten Naturvölker, besuchte und interpretierte archäologische Monumente aus allen Kontinenten und zog die Erkenntnis jeder nur denkbaren Fachwissenschaft zu Hilfe – von der Geologie über die Astronomie bis hin zu Disziplinen, die eher dem Bereich der Grenzwissenschaften zuzuordnen sind. Das Ergebnis war eine faszinierende, jedoch hoch spekulative Theorie. Anders als Erich von Däniken greift Hancock, wenn es darum geht, letzte Argumentationslücken in seiner Beweisführung zu schließen, auf ein naturwissenschaftliches Erklärungsmodell zurück: die »Theorie der Erdkrustenverschiebung« des amerikanischen Gelehrten Charles Hapgood, die in den 1950er-Jahren veröffentlicht wurde. Eine plötzliche Verschiebung der Erdkruste würde laut Hapgood zu einer Verschiebung der Pole führen und Naturkatastrophen von unvorstellbaren Ausmaßen verursachen. Regionen, die eben noch in milden, gemäßigten Zonen lagen, könnten quasi über Nacht in Polarzonen verschoben und vom »ewigen Eis« überzogen werden. Graham Hancock schloss daraus, dass die »verschollene Hochkultur«, deren Existenz Hapgood bereits unterstellt hatte, unter dem Eis der Antarktis begraben liege.

In seinem Buch kommt Hancock auch auf die Maya zu sprechen, aber er stellt keinen direkten Zusammenhang zwischen deren Prophezeiungen und den Folgen einer Erdkrustenverschiebung her. Allerdings spricht er von einer möglichen »geologischen Katastrophe«, die sich »tief im Innern der Erde« anbahnen könnte[189] und die von den Maya prophezeit worden sei, woraus sich im Kontext seiner Beweisführungen eine derartige These herleiten ließe. Explizit vollzieht diesen Schritt Adrian Gilbert, der ungefähr zeitgleich mit *Spur der Götter* das Buch *Die Prophezeiungen der Maya. Das geheime Wissen einer untergegangenen Zivilisation* veröffentlicht hatte. Gemeinsam mit seinem Co-Autor Maurice Cotterell versuchte Gilbert Zusammenhänge zwischen dem Maya-Kalender und »Sonnenfleckenzyklen« zu belegen, deren Auswirkungen auf die Strahlungsintensität der Sonne die Natur und mit ihr das Leben der Menschen auf der Erde maßgeblich beeinflussen würden, bis hin zu globalen Katastrophen.

Gut zehn Jahre später griff Gilbert diese Überlegungen in seinem Buch *21. Dezember 2012. Das Ende unserer Welt? Ein neuer Blick auf die Prophezeiungen der Maya* wieder auf und verknüpfte die Theorie der Sonnenfleckenzyklen mit den Überlegungen von Hapgood, die bereits in dem früheren Buch Erwähnung gefunden hatten.

Phasenweise gelingt es Gilbert, auf ähnlich überzeugende Weise wie Hancock phantastische Überlegungen scheinbar wissenschaftlich zu stützen. Das unterscheidet ihn von vielen der zuvor erwähnten Esoteriker, deren Gedanken man im Grunde nur ernsthaft nachvollziehen kann, wenn man die Gesetze der Logik ignoriert.

Letzten Endes driftet Gilbert jedoch in Aussagen ab, die nicht nachzuvollziehen sind:

»In ›Signs of the Sky‹ habe ich dargelegt, wie viele biblische Prophezeiungen auf das Jahr 2000 als das Ende eines Zeitalters und den Anfang eines neuen hinweisen. Grundlage dieser Darstellung war der Stand der Sonne im Sternentor des Orion am Tag der Sommersonnenwende, als alle Planeten sich in der Nähe befanden.«[190] Diese »Öffnungen« der Sternentore will Gilbert an zwei Tagen im Juni 2000 in Jerusalem beobachtet haben. Nun jedoch wird es fragwürdig: »Als sich der Mond am 29. Juni zu den Planeten um den Orion gesellte, sahen wir bei Tagesanbruch in Jerusalem seinen Aufgang über dem Ölberg. Dies war der zweite Teil der ›Öffnung‹ und, wie ich glaube, ein sehr wichtiger Tag in der Geschichte der Menschheit. Denn innerhalb weniger Wochen nach diesem Ereignis begann die Intifada in Palästina. Und sie begann genau dort, auf dem Tempelberg in Jerusalem, nahe dem Goldenen Tor, wo wir zuerst den Mond und dann die Sonne über dem Ölberg aufgehen sahen. Dieser Aufstand hat seitdem stetig heftiger um sich gegriffen; er erfasste zuerst Israel und führte dann zu dem Attentat auf das World Trade Center in New York, zum Einmarsch in Afghanistan und schließlich zum Irakkrieg. Zehntausende von Menschen sind in diesem ›Kampf der Zivilisationen‹ bereits umgekommen, und der Konflikt weist keinerlei Anzeichen eines Abflauens auf. Allenfalls verschärft er sich, mit weiteren Angriffen auf die Bewohner der westlichen Welt in Bali, Madrid und London. (…)

Solche Taten sind unfassbar und scheinen völlig unerklärlich, bis man erkennt, dass die Ereignisse in dieser Welt eine kosmische Dimension haben. Ich glaube, dass mit der Öffnung des Orion-Sternentors, astronomisch gesprochen, im Jahr 2000 ›Kräfte des Chaos‹ auf unsere Welt losgelassen wurden.«[191]

Unter Bezugnahme auf die biblische »Offenbarung des Johannes« erklärt Gilbert, dies sei erst der Anfang einer erschreckenden Entwicklung, die sich in den folgenden Jahren noch verschärfen würde.

Wenn Gilbert von der »kosmischen Dimension« der Ereignisse spricht, ist das kein Zufall: Einige Gedanken des Autors gehen zweifelsfrei auf die astronomischen Berechnungen von John Major Jenkins zurück[192]. Die mögen nun nachvollziehbar, vielleicht sogar zutreffend sein; aber ob man derart gewagte Schlüsse aus Sternenkonstellationen ziehen sollte, darf bezweifelt werden. Damit soll eine Hinterfragung unseres Verständnisses von Wissenschaft, das auf Rationalität, Logik und Beweisbarkeit ruht, nicht grundsätzlich zurückgewiesen werden. Die Frage ist nur, ab welchem Punkt eine Grenzüberschreitung im Denken zu gefährlichen Schlüssen hinsichtlich wirklichen Geschehens führt. Oft genug in der Geschichte haben zunächst als Phantasten gescholtene Querdenker der Menschheit neue Sichtweisen eröffnet – oder, um mit William Blake zu sprechen: »Was heute bewiesen ist, schaute einst die Phantasie.« Ebenso oft haben Vertreter eines »anderen Denkens und Sehens« uns allerdings auch an den Rand des Abgrunds geführt.

Kapitel 4

DIE VISIONEN DER SONNENANBETER

Zur Astronomie und Kosmologie der Maya

Es genügt also nicht, die Maya-Kultur zu beschreiben und Fotos ihrer herausragenden Leistungen in Architektur, Skulptur, Astronomie und Arithmetik darzustellen. Man muss, soweit wie möglich, in den Details des Alltagslebens der Maya und in Untersuchungen über ihre religiösen Vorstellungen und ihre Lebensphilosophie den Boden aufzeigen, in dem diese spektakulären Manifestationen ihrer Kultur reiften. (…) Welche geistigen Hakenschläge (von unserem Standpunkt aus) veranlassten die »Intelligenz« der Maya, den Himmel zu kartographieren, es jedoch zu versäumen, das Prinzip des Rades zu erkennen; sich ein Bild der Ewigkeit zu machen, wie kein zweites halbzivilisiertes Volk es je getan hat, doch den kurzen Schritt vom Kraggewölbe zum echten Boden zu übersehen; in Millionen zu zählen, doch es nie zu erlernen, einen Sack Getreide zu wiegen?

J. Eric Thompson, Die Maya[193]

Die »Dienerin der Astrologie«

Die Gemeinsamkeit der bislang skizzierten Theorien, die auf den Maya-Kalender und das Jahr 2012 Bezug nehmen, besteht in den mystisch-religiösen Auffassungen, die ihre Propheten und deren Anhänger teilen. Im Grunde genommen kann man sich mit ihren Lehren nicht wirklich auseinandersetzen, denn es geht immer wieder um die schlichte Frage: Glaubst du daran oder nicht? Über Glaubensfragen zu diskutieren ist müßig, besonders dann, wenn Gläubige mit radikalen Zweiflern zusammentreffen; sie sprechen völlig unterschiedliche Sprachen.

Oft kann man den Anhängern der fraglichen Bewegungen nicht absprechen, dass sie Ziele verfolgen, die von Menschen geteilt werden, denen man keinen Hang zu Mystik oder Esoterik nachsagen kann. Wenn David Gilbert, einer der Teilnehmer des von José Argüelles initiierten Tages der »Harmonischen Konvergenz am 16. August 1987«, schreibt, an diesem Tag hätten er und viele seiner Freunde sich »in Dorset versammelt und um den Frieden in der Welt gebetet«[194], dann ist dagegen ebenso wenig einzuwenden wie gegen einen katholischen oder evangelischen Kirchentag. Aber man muss nicht Katholik sein, um einer Friedensbotschaft des Papstes zuzustimmen.

Andererseits sind Berufungen auf die Maya und ihren Kalender im Gefüge zivilisationskritischer Bewegungen bis zu einem gewissen Grad austauschbar. Wenn Argüelles und seine Schüler behaupten, Anfang 1987 habe die letzte Hälfte der aktuellen Haab-Tzolkin-Kalenderrunde begonnen, handelt es sich dabei um eine willkürliche Interpretation des Maya-Kalenders. Tatsächlich geht es den Veranstaltern von Ereignissen wie dem Tag der »Harmonischen Konvergenz« darum, einen Gegenpol zur Fortschrittsgläubigkeit der westlichen Kultur zu fixieren. Dass diese sich in eine Sackgasse manövriert hat, mag unbestritten bleiben. Ob jedoch Heilslehren und Erweckungsbewegungen, die sich aus oft dunklen Quellen speisen, eine ernsthafte Alternative zu einem kritisch-rationalen Denken sind, muss jeder für sich entscheiden. Und dass die Maya der klassischen Periode, also vor fast eineinhalb Jahrtausenden, der Nachwelt mit ihrem Kalender Mittel zur Lösung aktueller Probleme wie Klimawandel oder gar der weltweiten Finanzkrise[195] geben wollten, erscheint doch unwahrscheinlich.

Dennoch heizt der Maya-Kalender wegen seiner Komplexität die Phantasie von Interpreten an: Was bewog dieses steinzeitliche Volk dazu, sich derart intensiv mit dem Phänomen der Zeit sowie mit Astrologie und Astronomie zu beschäftigen? Bereits Thompson wies auf die Einzigartigkeit dieses Phänomens im Umfeld der präkolumbischen Kulturen hin: »Soweit wir wissen, hat kein anderes Volk in Mittelamerika Tafeln gebraucht, die denen der Maya an Genauigkeit in der Voraussage möglicher Sonnenfinsternisse und Berechnungen der synodischen Umläufe der Venus vergleichbar gewesen wären, noch hat, soviel uns bekannt ist, ein anderes Volk in Mittelamerika mit der von den Maya erreichten Geschicklichkeit gemessen.«[196]

Diese Bemerkung steht am Ende eines Kapitels, in dem Thompson mit spürbarem Staunen dargelegt hat, unter welchen Bedingungen die Maya nicht nur die Länge eines Sonnenjahres und des synodischen Umlaufs der Venus um die Erde präzise messen konnten, sondern zudem auch in der Lage waren, Sonnen- und Mondfinsternisse bis weit in die Zukunft hinein vorauszusagen: »Das tropische Jahr ist etwa 365,2422 Tage lang, der Mondumlauf dauert etwas über 29,53 Tage, und das Sternenjahr ist um ein geringes kürzer als 365,2564 Tage. Solche Zyklen mussten miteinander und vor allem mit dem heiligen Weissagungsalmanach von 260 Tagen in Beziehung gebracht werden.« Entsprechendes gilt in Bezug auf die Umlaufbahn der Venus »mit seiner durchschnittlichen Länge von 583,92 Tagen«.[197]

Am Beispiel des Venus-Jahres erläutert Thompson, wie die Maya, die keine Bruchrechnung kannten, das Problem lösten, diese minimalen Abweichungen zu ganzen Zahlen mit dem Tzolkin zu koordinieren, der aus 260 Tagen bestand: »Jeder Maya-Zyklus hatte seinen Wiedereintrittspunkt im System des 260-Tage-Zyklus: der Wiedereintrittspunkt des Katun war der Tag 13 Ahau, der des Mondes der Tag 12 Lamat und der des Venuskalenders der Tag 1 Ahau. Dies war *der* Tag der Venus, der Ruhepunkt am Ende der großen zyklischen Reise, wobei der Gott mit dem Planeten aufs engste identifiziert wurde. In der Tat war 1 Ahau ein anderer Name für den Venus-Gott. Es war der Tag des heliakalischen Aufgangs nach der unteren Konjunktion, wenn die Venus als Morgenstern wiedererscheint.« Der kleinste gemeinsame Nenner der Größen 584 und 260 ist die 4. Folglich teilten die Maya 584 durch 4, kamen so auf 146 und multiplizierten diese Zahl mit den 260 Tagen des Tzolkin. So kamen sie auf 37.960 Tage, was 65 Venusumläufen und 146 Runden des Tzolkin oder 104 Haab-Jahren entsprach. Am Ende dieses Zeitraums würde die Venus am Tag 1 Ahau wieder als Morgenstern erscheinen.

Da die Maya offensichtlich erkannt hatten, dass die Zahl 584 nicht exakt der tatsächlichen Umlaufbahn der Venus entsprach, nahmen sie mehrere Korrekturen vor, um die Daten nicht nur mit dem Tzolkin, sondern auch mit dem Haab zu synchronisieren. Thompson kommt auf vier Korrekturen à 4 und eine Korrektur à 8 Tage; nach 301 Venusumläufen bzw. 481 Jahren unserer Rechnung hatten die Maya Korrekturen von 24 Tagen vorgenommen – die mit den Mitteln unserer Mathematik errechnete Zahl läge bei 24,08 Tagen.

Bedenkt man, unter welchen Bedingungen und mit welch »primitiven« Hilfsmitteln die Maya zu solch präzisen Ergebnissen gelangten, gibt das schon Anlass zum Staunen. Eine Reihe von vergleichbar komplexen Rechenbeispielen bestätigt, dass es sich um keine Zufallstreffer handelte.

Die Frage, welche Zwecke mit dieser intensiven Beobachtung von Himmelsphänomenen verfolgt wurden, war zu Thompsons Zeiten leicht zu beantworten – es war der pure Aberglaube, der die Kalenderpriester zu intellektuellen Höchstleistungen trieb: »Die Maya glaubten, der Morgenstern sei im Augenblick des heliakalischen Aufgangs sehr gefährlich; es war daher für sie sehr wichtig, das genaue Datum im voraus zu wissen, damit die Priesterschaft wirksame Gegenmaßnahmen treffen konnte, um diejenigen, die in Gefahr waren, zu retten. *Die Astronomie war die Dienerin der Astrologie.*«[198]

Ohne diese Einschätzung abwerten zu wollen – zwei nicht unwichtige Fragen kann sie nicht beantworten: Warum gab es dann das Nebeneinander von Haab und Tzolkin? Für die rein wahrsagerische Berechnung hätte doch der »heilige« Kalender genügt. Und warum hat der Tzolkin 260 Tage? Erich von Däniken bemerkt, dass die Umlaufbahn des Mars 780 Tage beträgt, was genau drei Tzolkin-Jahren entspräche[199]; wirklich zu überzeugen vermag dieser Hinweis jedoch nicht, da der Mars im Umfeld der aufgezeigten Rechnungen keine große Rolle spielt.

Die naheliegende Antwort auf die gestellte Frage lautet weiterhin, dass die 260 eine Kombination aus der heiligen Zahl 13 und den 20 Monatstagen ist. Warum jedoch die 13 heilig ist, wird damit nicht beantwortet. Die 20 wiederum leitet sich von den Fingern und Zehen her, mit denen die Maya rechneten; zudem heißt »20« in der Maya-Sprache »Uinic«, was zugleich auch »Mensch« bedeutet. Aber genügt das als Erklärung? So oder so, das Modell basiert auf genügend Leerstellen, die Anlass zu den waghalsigsten Theorien boten und bieten.

Besucher aus dem All

In den Kreisen ihrer Anhänger würde es vermutlich heftige Protestwellen auslösen, wenn man die Theorien von Carl Johan Calleman und José Argüelles als esoterisch-mystische Phantasien qualifizierte. Die Gemeinde derer, die sich offen zu Dänikens Theorien bekennen, ist vermutlich nicht kleiner, aber weniger offensiv in ihrer Argumentation. Das hängt sicher damit zusammen, dass sich Wissenschaftler und Journalisten in den vergangenen Jahrzehnten ausgiebig mit dem Schweizer Bestsellerautor und seinen Auffassungen auseinandergesetzt haben und dabei selten zu freundlichen Einschätzungen gelangt sind[200]. Aber wie immer man zu Däniken steht, man muss ihm zugestehen, dass er mit seinen provokanten Theorien das Interesse eines breit gefächerten Publikums auf Themen der Archäologie und Geschichte gelenkt hat, mit denen sich bis dahin nur wenige auserwählte Fachwissenschaftler beschäftigt hatten. Und die Beantwortung der von ihm aufgeworfenen Fragen würde einige ungelöste Rätsel der Vergangenheit aufklären – auch wenn diese Antworten kaum im Sinne Dänikens ausfallen würden.

Der Tag, an dem die Götter kamen. 11. August 3114 v. Chr. erschien gut 15 Jahre nach *Erinnerungen an die Zukunft*. Schon dort hatte Däniken das Bildnis Pacals des Großen auf dessen 1952 in Palenque ausgegrabener Grabplatte als Darstellung eines Astronauten im Cockpit seiner Raumfähre gedeutet. In der Zwischenzeit hatte es in der Maya-Forschung eine regelrechte Revolution gegeben, aber die Erkenntnisse der jüngeren Generation von Archäologen, Ethnologen und Sprachwissenschaftlern waren noch kaum ins Bewusstsein der nicht-akademischen Öffentlichkeit getreten. Im Wesentlichen argumentiert Däniken also auf Basis eines Wissens, wie es in den Schriften der Schule um Thompson dokumentiert ist.

Wie Thompson registriert auch Däniken erstaunt die Präzision der astronomischen Berechnungen der Maya: Während der bis 1582 – also ein gutes Jahrtausend nach den »klassischen« Maya – gültige Julianische Kalender das Sonnenjahr auf 365,250000 Tage und der seitdem gebräuchliche Gregorianische Kalender diese Zahl auf 365,242500

Tage korrigierte, gingen die Maya von 365,242129 Tagen aus. Neueste Berechnungen legen die Zahl auf 365,242198 Tage fest – die Maya hatten eine Zahl von 365,242129 Tagen errechnet.[201]

Als Dänikens Buch erschien, hielten die ersten PCs Einzug in europäische Haushalte. Heute ist es möglich, mithilfe modernster Software Planetenkonstellationen zu ermitteln, die vor Tausenden von Jahren eintraten[202] – und ironischerweise sind es nicht selten die Zivilisationskritiker, die sich dieser Errungenschaften bedienen, um das Ende einer Welt zu verkünden, der sie diese Möglichkeiten verdanken.

Eine der bekanntesten und zugleich für lange Zeit abenteuerlichsten Theorien über die Herkunft des astronomischen Wissens der Maya ist Dänikens These, Besucher aus dem All wären auf der Erde gelandet und hätten ihre hoch entwickelte Zivilisation exportiert. Nach Meinung des Schweizer Autors lässt sich auch die Tzolkin-Haab-Kombination auf diese Weise erklären.

Ausgangspunkt der Überlegungen Dänikens ist – anders als bei den meisten bislang besprochenen Theorien – nicht das Enddatum des aktuellen Zeitalters, sondern dessen Anfang: »Weshalb also setzten die Maya, Erben einer unbekannten Vergangenheit, einen fixen Beginn für ihren Kalender? Für ihre frühesten Vorfahren muss sich in der Stunde Null etwas unerhört Wichtiges ereignet haben.«[203] Ausgehend von den seit Thompson anerkannten Berechnungen, dass die Kalenderrunde 52 Haab-Jahre umschließt und dies genau 73 Tzolkin-Runden entspricht – Däniken spricht mit Blick auf den Tzolkin von »Götterjahren« –, nimmt der Autor Bezug auf einen 1974 in den USA erschienenen Wissenschaftsartikel, demzufolge die Maya im Zeitraum einer Kalenderrunde zehnmal am Firmament einen Planeten beobachtet hätten, der für »Götter mit verwirrenden Namen« stand; vor diesen »schrecklichen Kreaturen« hätten die Maya große Furcht gehabt, vor allem am Ende einer Kalenderrunde[204].

Um diesen Himmelskörper zu identifizieren, stellt Däniken eine Tabelle der Sonnenumläufe verschiedener Planeten zusammen, die sich von 88 Tagen beim Merkur über 687 Tage beim Mars bis hin zu 4329 Tagen im Fall des Jupiter erstrecken. Zwischen den Umlaufzeiten der beiden zuletzt genannten Planeten besteht eine große Differenz; auf Erdenjahre umgerechnet käme man beim Mars auf 1,88 und beim Jupiter auf 11,86 Jahre. Welchen von »schrecklichen Kreaturen« bevölkerten Planeten also wollen die Maya in 52 Jahren zehnmal gesehen haben?

Die Lösung des Rätsels liegt für Däniken auf der Hand, es muss sich um einen noch nicht identifizierten Planeten gehandelt haben: »Was beim Blick in den Planetenatlas sofort ins Auge springt, ist die große Lücke, die zwischen Mars und Jupiter klafft. Dort bewegt sich – nur im Fernrohr sichtbar – die Riesengruppe kleiner Planeten, Asteroiden genannt, auf den Keplerschen Bahnen um die Sonne. Unterstellt, diese Asteroiden wären Trümmer eines ehemaligen Planeten, dann hätte sich dieser in seiner kompakten Existenz in 1898 Tagen = 5,2 Jahren einmal um die Sonne gedreht.« Die Kombination der beiden Maya-Kalender sollte so die »genaue Umlaufbahn des Planeten X« bestimmen – und am Ende jeder Kalenderrunde von 52 Jahren »fixierte sie die Idealposition des Planeten X zur Erde«[205]. Jedes Mal, wenn diese Idealposition erreicht wurde, also nach 52 Jahren, gerieten die Maya wie auch die Azteken in große Furcht, weil sie die Rückkehr der »Gefiederten Schlange«, also des Gottes Kukulcán bzw. Quetzalcoatl erwarteten.

Wenn man die Setzungen Dänikens einmal akzeptiert – was nicht heißen soll, dass sie damit anerkannt werden –, gehen die Rechnungen auf frappierende Weise auf. Unter Bezugnahme auf Thompsons Darstellungen, wie die Maya ihre Kalender an die tatsächlichen Umlaufzeiten der Planeten angeglichen haben, gelangt Däniken zu der »magischen« Zahl von 37.960 Tagen, die 65 Venusumläufen entspricht[206]. Diese Zahl dividiert Däniken durch 1898 Tage, was einer Umlaufbahn des »Planeten X« entspräche; das Ergebnis lautet »20«, eine Basiszahl des Maya-Kalenders[207]. Da 37.960 Tage zwei Kalenderrunden entsprechen, hätte er sich freilich den Umweg über die Berechnung der 65 Venusumlaufbahnen ersparen können; denn wenn der »Planet X« in einer Runde zehnmal auftaucht, kommt man zwangsläufig bei zwei Runden auf die Zahl »20«. Die Frage ist, was damit bewiesen werden soll.

Die weiteren Schritte in von Dänikens Argumentationskette sind ebenfalls konsequent, wenn man die Zahlenspiele akzeptiert: Im August 3114 v. Chr. landeten Außerirdische auf unserem Planeten und sahen sich mit dem Problem konfrontiert, ihre Zeitvorstellungen mit denen auf der Erde zu synchronisieren: »Was ist ein Tag? Die Eigenrotation des Planeten von Mittag zu Mittag. Nehmen wir an, ein Tag auf dem Planeten X entspräche 7,3 Erdentagen. Weshalb gerade 7,3, warum nicht 5,6 oder 11,8 Erdentagen? Weil die ‚73‹ eine heilige Zahl der Maya war. Erinnern wir uns: 73 Götterjahre vollenden den Kalenderzyklus, und der zehnte Teil davon – 7,3 – wurde mit dem Alltagsleben der Götter in Zusammenhang gebracht.« Wenn nun die Umlaufzeit des »Planeten X« um die Sonne 1898 Tage beträgt, muss man diese Zahl nur noch durch 7,3 teilen und man erhält ein »Götterjahr« von 260 Tagen.[208]

Zu demselben Ergebnis gelangt man natürlich auch, wenn man die Zahl der Tage, die eine Kalenderrunde ergeben, durch 73 Tzolkin-Jahre teilt. Insofern ist die Argumentation zirkulär und beweist nicht mehr, als dass von Däniken rechnen kann. Wo in den Zeugnissen der Maya der zehnte Teil einer Kalenderrunde mit dem Alltagsleben der Götter in Verbindung gebracht wurde, darüber schweigt er sich geflissentlich aus. Gleiches gilt hinsichtlich der Frage, was an der Zahl 73 »heilig« sein soll.

Götter, Außerirdische, Atlanter – woher kamen die Maya?

Eines der zentralen Themen in Erich von Dänikens Büchern ist die Suche nach den Ursachen plötzlicher Zivilisationssprünge im vierten und dritten vorchristlichen Jahrtausend, die weltweit zu beobachten sind. Diese Frage wird auch von anderen Autoren aufgegriffen, die sich mit dem Maya-Kalender beschäftigen. Gilbert z. B. bemerkt: »Die Zeit um 3100 v. Chr. ist kulturgeschichtlich hochinteressant. Es war die Zeit der Vereinigung des Ägyptischen Reiches, des Beginns seiner Dynastien. Gleichzeitig wurde in Mesopotamien die Keilschrift entwickelt und in China kamen die ersten Pflugscharen auf. In Europa begann um diese Zeit die megalithische Kultur mit der ersten Bauphase von Stonehenge, und in Südamerika wurde erstmalig Mais angebaut. Es war also eine wichtige Zeit für die Zivilisationen in aller Welt, selbst wenn diese nicht in Kontakt miteinander standen, wie die Archäologen uns versichern.«[209]

Das Anfangsdatum des Maya-Kalenders fügt sich für von Däniken hier ein; weshalb sich die mesoamerikanischen Völker seiner Ansicht nach erheblich mehr Zeit nahmen als etwa die Ägypter, um die ihnen von Außerirdischen vererbten Kenntnisse in ihren beeindruckenden Pyramiden und ihren astrologischen Berechnungen zu dokumentieren, spielt in diesem Zusammenhang keine Rolle. Festzuhalten ist, dass von Däniken Kulturimporte aus dem All bei zahlreichen Völkern der Vergangenheit unterstellt. In dieser Hinsicht argumentiert er »neutral«, er unterstellt nicht, die Hochleistungen der Indianerkulturen der Neuen Welt würden von früheren Begegnungen mit Zivilisationen unseres Kulturkreises zeugen, da anders die Diskrepanz zwischen Baukunst und »barbarischen Gebräuchen« schwer zu erklären wäre. Dieser Gedanke schwang in früheren Spekulationen zu diesem Thema zumindest unterschwellig immer mit.

Mutmaßungen darüber, auf welchen Wegen die Maya zu den Kenntnissen gelangen konnten, die sich in ihren Kulturzeugnissen manifestieren, sind so alt wie die wissenschaftliche Beschäftigung mit ihnen. Die Unterstellung, eine solche Hochzivilisation könne nicht völlig autochthon entstanden sein, findet sich schon in den Hypothesen von Johann Friedrich von Waldeck (1766–1875), dessen Zeichnungen und Bilder zu den ältesten Dokumentationen über die Maya-Kultur überhaupt zählen. Waldeck glaubte, in den Maya-Bauten Einflüsse von Chaldäern, Phönikern und Hindus zu erkennen[210]. Wie die deutsche Wissenschaftlerin Eva Eggebrecht in einem Aufsatz über die frühe Erforschung der Maya[211] anmerkt, führten solche vorgefassten Meinungen dazu, dass Waldeck in seine Zeichnungen nicht zutreffende deutende Details integrierte. So seien in einer seiner Darstellungen »neoklassizistisch proportionierte Muskelpartien« zu erkennen und »der Haarschmuck geriet in verdächtige Nähe zum altägyptischen Königskopftuch«[212].

Der englische Privatgelehrte Edward King, Viscount Kingsborough (1795–1837), der neben anderen Kodizes auch erstmals den Codex Dresdensis in Europa publizierte, sah in den Maya angeblich Nachkommen der Verlorenen Stämme Israels[213]. Charles Étienne Brasseur de Bourbourg (1814–1874), dem die Wiederentdeckungen von Diego de Landas Yucatán-Schrift und des *Popol Vuh* zu verdanken sind, brachte als Erster die Idee in Umlauf, die Maya hätten ihre Zivilisation von überlebenden Atlantern erhalten:

»Er glaubte, ein großer Inselkontinent, Atlantis, habe sich einst vom Golf von Mexiko bis zu den Kanarischen Inseln erstreckt. Die Maya, so nahm er an, waren die Abkömmlinge der Überlebenden einer oder mehrerer großer Katastrophen, in deren Verlauf dieser Erdteil untergegangen sei. Außerdem vertrat er die revolutionäre Hypothese, die Wiege der menschlichen Zivilisation habe sich in Atlantis befunden und nicht im Vorderen Orient, wie bislang allgemein angenommen, und die Überlebenden von Atlantis hätten die Kultur nach Ägypten und Mittelamerika gebracht.«[214]

Maya-Spezialisten rechnen Waldeck, Kingsborough und Brasseur de Bourbourg zu den »Phantasten unter den frühen selbst ernannten Amerikanisten (…), die den gesamten Orient von Ägypten bis Indien als Ursprungsgebiet für die mesoamerikanischen Kulturen heranzogen«[215]. Doch das alles ändert nichts daran, dass entsprechende Ideen noch immer mit großem Ernst verbreitet werden.

Die Atlantis-Hypothese stellt gewissermaßen das Äquivalent zu von Dänikens Mutmaßungen über den Besuch von Außerirdischen dar: In beiden Fällen wird ein gemeinsamer Ursprung von Hochkulturen in der Alten und der Neuen Welt unterstellt, zwischen denen es keine offensichtlichen Berührungspunkte gab und deren Zeugnisse sich dennoch auf bisweilen verblüffende Weise ähneln. Da sich die zahlreichen Phantasien über Atlantis ebenso wenig endgültig widerlegen lassen wie von Dänikens Theorien, könnte man es eigentlich bei diesen Hinweisen belassen.

Allerdings spielt Atlantis in anderen Belangen eine wichtige Rolle, in denen es um Fragen geht, die in direktem Zusammenhang mit den Weltuntergangsprophezeiungen zum Jahr 2012 stehen.

Der Streit über den »ersten Amerikaner«[216] wurde und wird unter Archäologen und Anthropologen bis heute ausgefochten. Lange Zeit galt als gesichert, dass Amerika von asiatischen Einwanderern besiedelt wurde, die während der letzten Eiszeit über die Beringstraße auf den Kontinent gelangten: »Der amerikanische Indianer«, bemerkt Thompson, »ist ein gemischter Typus, doch es überwiegen bei ihm mongolide Züge, die ziemlich klar anzeigen, dass die Mehrheit der Einwanderer aus Nordostasien und Ostasien kam.«

Allerdings weist der britische Gelehrte auf Untersuchungen des Anthropologen Ernest Hooton hin, dass Teile der Maya-Bevölkerung »Schädeldeformationen« aufwiesen, wie man sie im Vorderen Orient, besonders im iranischen Hochland, entdeckt habe. »Wenn Hooton recht hat, ist es ein erregender Gedanke, dass die Maya sozusagen Vettern dritten Grades von Völkern wie den Sumerern waren, die sich etwa 3000 Jahre vor den Maya damit beschäftigten, Pyramiden zu errichten, die Astronomie zu entwickeln und eine hohe Kultur zu begründen und zu verbreiten.«[217]

Für Thompson erschöpft sich der »erregende Gedanke« eines gemeinsamen Ursprungs orientalischer und indianischer Völker in der Feststellung eines Sachverhalts; vorsichtig formuliert er noch die Frage, ob die Maya womöglich »den Samen solcher Ideen mit sich (brachten), als sie zur neuen Welt übersetzten«[218]. Anlass zu einer weitergehenden

Beschäftigung mit dem Phänomen sah er jedoch nicht. Doch Vermutungen über mögliche transatlantische Kulturkontakte in der Antike oder früher werden weiterhin bemüht, um das vermeintliche Maya-Rätsel zu lösen.

Nahrung erhielten diese Spekulationen durch die Überlieferung der Reaktion Montezumas II. auf die Ankunft der Spanier in Zentralmexiko. Wie Gilbert und Cotterell schreiben, fürchtete der Azteken-Herrscher die Erfüllung einer Maya-Legende, »dass eines Tages ein Gottkönig, ein weißer Mann namens Quetzalcóatl, übers Meer zurückkehren würde, um sein Volk zu befreien und sein Reich zurückzufordern«[219]. Die Ankunft weißer, bärtiger Männer in seinem Reich ließ Montezuma das Schlimmste befürchten; tatsächlich hat der Missionar Bernardino de Sahagun in seiner Schrift über die Kultur Mittelamerikas bestätigt, dass sich Montezuma dem Konquistadoren Hernan Cortés als Abgesandtem eines Ahnherrn der Azteken symbolisch unterworfen habe.

Gilbert und Cotterell bringen diese Legende von Quetzalcátl bzw. Kukulkan in Verbindung mit der Gründung von Pacals Palenque durch den Maya-Gott Votan. Sie berufen sich hierbei auf einen spanischen Geistlichen, der die Abschrift eines 1691 verbrannten Buches der Quiché-Maya wiederentdeckt hatte:

»Nach Pater Ordonez, der als erster über Palenque geschrieben hatte, wurde die Stadt vor langer Zeit von einem Volk jenseits des Atlantiks gegründet, an dessen Spitze ein Mann namens Votan stand, dessen Symbol eine Schlange war. Er behauptete, (…) Votan und seine Leute seien aus einem Land namens Chivim über das Meer gekommen. Unterwegs hätten sie im ›Haus der Dreizehn‹ (die Kanarischen Inseln?) und auf einer größeren Insel (vermutlich Kuba oder Hispaniola/Haiti) Station gemacht. (…) Wie es heißt, trugen Votan und seine Gefolgsleute lange Gewänder und kamen mit den Eingeborenen ins Gespräch, die sich ihnen gegenüber freundlich zeigten und ihnen ihre Töchter zur Frau gaben. So kam es zur Gründung von Palenque …«[220]

Würde man diesem Mythos folgen, wäre Palenque, die »Stadt der Schlangen«, von einem Stamm gegründet worden, der über den Atlantik von Westen her, also aus der Alten Welt, zu den Maya kamen. Gleichzeitig wäre der Gott Quetzalcóatl bzw. Kukulkan, die »Gefiederte Schlange« der Mythologie, mit dem Führer dieser geheimnisvollen Fremden in »langen Gewändern« identisch – denn die Autoren suggerieren einen direkten Zusammenhang zwischen der Votan-Legende und der Furcht Montezumas vor der Rückkehr Quetzalcóatls. Untermauert sehen sie diese These durch spätere Befunde im Umfeld der Entdeckung des Grabes von Pacal dem Großen: Das Gesicht des Herrschers von Palenque war mit einer Jademaske bedeckt und auf Stuckreliefs von Pacal und seinem Sohn Chan Bahlum seien beide »mit orientalischen Nasen und vollen Lippen dargestellt«. Hinzu käme die außergewöhnliche Körpergröße Pacals, der ungefähr einen Meter achtzig gemessen habe, für Maya äußerst ungewöhnlich.

All das seien Indizien, die für eine »orientalische Abstammung« der Herrscherdynastie von Palenque sprächen; zudem lassen sich laut Gilbert bei den Maya vereinzelt auch Beschneidungen nachweisen.[221]

Ohne dass sie sich zu eindeutigen Festlegungen hinreißen lassen, verfolgen Gilbert und Cotterell diese Überlegungen weiter. Die Gründer von Palenque könnten Karthager gewesen sein, die Karthager ihrerseits »Abkömmlinge phönikischer Auswanderer und wie alle ihre früheren Landsleute ausgezeichnete Seefahrer«[222] gewesen seien. Die Phöniker hatten bereits vor dem Aufstieg Karthagos »Kolonien (...) jenseits der Säulen des Herakles«, die biblische Stadt Tarschisch (das heutige Cádiz in Spanien) sei nachweislich »ein idealer Hafen zur Erkundung der Welt jenseits des Atlantiks gewesen[223].

Wie die Autoren eingestehen, wäre selbst dann, wenn sich die Gründung von Palenque durch Karthager beweisen ließe, das Geheimnis des Maya-Kalenders und seines Beginns im Jahre 3114 v. Chr. weiterhin ungelöst. Die einzige Kultur des Mittelmeerraumes, die theoretisch die Kunst des Pyramidenbaus nach Amerika exportiert haben könnte, waren die Ägypter. Es seien »vollständige oder teilweise zerlegte Boote in Gruben in der Nähe der Cheops-Pyramide geborgen« worden; zudem hätten die Zimmerleute zu Zeiten der Pyramiden die Fähigkeit besessen, auch große Holzschiffe zu bauen. Mit seiner »Ra 2«-Expedition schließlich habe Thor Heyerdahl 1953 »den Beweis erbracht, dass es mit den materiellen und technischen Mitteln der alten Ägypter grundsätzlich möglich gewesen war, von Afrika aus den Atlantik zu überqueren und Amerika zu erreichen«.

Da der Beweis der Möglichkeit kein Beleg für ein tatsächliches Geschehen ist, berufen sich Gilbert und Cotterell zusätzlich auf den amerikanischen Autor Barry Fell. Der hatte 1976 in seinem Buch *America B.C.* eine Reihe von Hinweisen darauf zusammengetragen, »dass Amerika tatsächlich seit etwa 5000 v. Chr. bis etwa 500 n. Chr. mehrfach von Bewohnern Europas und Afrikas besucht und besiedelt worden war«. So wurden im Mayagebiet »Ziegel mit Inschriften in einer neuphönikischen Schrift (entdeckt), wie sie im antiken Libyen verwendet wurde«. Transatlantische Kontakte zwischen Ägyptern und Maya sind allerdings auch auf diese Weise nicht zu belegen. Wohin die Gedankenspiele über die Herkunft der Gründer von Palenque und Vorfahren Pacals des Großen führen sollen, bleibt letztlich unklar.

Leider ist es eine wiederkehrende Problematik in Wissenschaftskrimis, dass die originelle, assoziative, aber immer auch spannende Spurensuche nach Verbindungen, die von der Schulwissenschaft geleugnet werden, irgendwann an eine Grenze stößt, wo die Autoren eigentlich zugeben müssten: Bis hierher sind wir gekommen, weiter wissen wir leider nicht. Alternativ könnte man auch eingestehen, dass ab einem gewissen Punkt die Überlegungen ins rein Hypothetische abgleiten. Solange das klar ausgewiesen ist, kann der Leser selbst entscheiden, wie weit er der Beweisführung noch folgen mag. Geschieht dies nicht, wird das Konstrukt unglaubwürdig.

Besonders Gilbert verstrickt sich zunehmend in Widersprüche, was folgender Passus über Parallelen zwischen den Pyramiden von Gizeh und Teotihuacan vermittelt. Hier wird erläutert, dass die Ägypter in der Milchstraße einen »Fluss der Toten« sahen und eine Funktion der Pyramiden darin bestand, »den Pharao in seiner Seelenreise zu unterstützen, indem auf Erden ein irdisches Abbild des Himmels geschaffen wurde«. Ähnliche kosmologische Vorstellungen seien auch bei Völkern jenseits des Atlantiks zu finden: »Bei vielen Indianerstämmen Nordamerikas herrschte die Vorstellung, dass die Milchstraße ein Weg durch den Himmel sei, den die Toten auf ihrem Weg in den höheren Himmel durchwandern mussten. Häufig wird sie mit je einem Tor an den beiden Enden beschrieben, an denen sie die Ekliptik durchquert.«

Dies erinnert an Jenkins Theorie. Unter Berufung auf Schele, deren Ausführungen über den »Weltenbaum« der Maya allerdings sehr frei ausgelegt werden, weist Ruppel darauf hin, dass die Galaxie von der Erde aus »nur von der Seite als ein leuchtendes Band« zu erkennen sei. »Diese weiße Band ist der Weiße Weg (Sak Beh) der Maya, den Janab Pakal der Legende nach bei der Auferstehung beschreiten wird. Nach seinem Tode muss er zunächst einmal den dunklen Pfad des Abstiegs gehen (Xibalba Beh). Diese Pfade werden im Weltenbaum als der Stamm des Baumes dargestellt. (…) Im Zentrum der Galaxie ist die höchste Dichte an Sonnen, und es ist dort am hellsten. Auch dort sind große dunkle Löcher, deren Ursprung wir hier nicht weiter verfolgen wollen. Diese Löcher bilden den Dunklen Weg nach Xibalba, den nach der Auffassung der Maya jeder Mensch zu gehen hat.«[224]

Von der akademischen Maya-Forschung werden Parallelen in dieser Form nicht bestätigt. Doch unabhängig davon, muss man, um das scheinbare Rätsel des »Ursprungs« der Maya-Kultur zu lösen, unbedingt Außerirdische oder den untergegangenen Kontinent Atlantis bemühen?

Was die Beweisführung von Gilbert und Cotterell in den »Prophezeiungen der Maya« betrifft, will das auf den ersten Blick nicht recht einleuchten. Denn die eigentliche Stoßrichtung der Autoren besteht darin, einen Zusammenhang zwischen den kosmologischen, astrologischen und astronomischen Anschauungen der Maya und Cotterells Theorie der Einflussnahme von Sonnenfleckenzyklen auf menschliches Leben aufzuzeigen. Gilbert allein blieb es vorbehalten, diese Theorie mit der Behauptung zu verknüpfen, die Sonnenflecken hätten einen direkten Einfluss auf die Strahlungsintensität der Sonne und würden im Erdinneren Prozesse auslösen, deren Folge Naturkatastrophen von gigantischen Ausmaßen wären.

Solarastrologie und die Zeitrechnungen der Maya

Wenn J. Eric Thompson bemerkt, die Astronomie habe bei den Maya als »Dienerin der Astrologie« fungiert[225], dann beinhaltet diese Formulierung eine negative Wertung. Aus Sicht der Wissenschaft ist die Astronomie eine seriöse Disziplin, während die Astrologie kritisch beäugt wird. An der Faszination, die von dem Gedanken ausgeht, die Stellung der Planeten zur Sonne am Tag der Geburt könne Auswirkungen auf das Schicksal und den Charakter eines Menschen haben, ändert das nichts: Täglich lesen weltweit Millionen von Menschen ihr Horoskop.

Für Skeptiker, die über gewisse astronomische und geophysikalische Kenntnisse verfügen, ist die Frage schnell entschieden: Weshalb sollte ein vermeintlich unter dem Sternzeichen des Widders Geborener die typischen Merkmale, die diesem Tierkreiszeichen zugeschrieben werden, aufweisen, wenn er infolge der bereits erwähnten Präzession eigentlich ein Fisch ist? Oder ein Wassermann? Vielleicht sogar eine Jungfrau? Jede dieser Möglichkeiten ist gegeben, wenn auch in einem sehr langen Zeitraum: Wenn die Frühlings- und Herbsttagundnachtgleichen sowie die beiden Sonnenwenden durch sämtliche Tierkreiszeichen wandern, dann wandert mit ihnen natürlich auch jeder beliebige andere Tag eines Jahres. Also wäre astrologischen Aussagen spätestens damit der Boden unter den Füßen weggezogen, mit Ausnahme der Phase, die unmittelbar an das Ende einer Wanderung anschließt, mit der ein neuer Zyklus beginnt.

Der Präzessionszyklus bzw. das Platonische Jahr erstreckt sich über einen Zeitraum von ungefähr 25.800 Jahren[226]. Entdeckt wurde die Präzession durch den griechischen Philosophen Hipparchos um 150 v. Chr., doch haben babylonische Astronomen das Phänomen vermutlich bereits um 300 v. Chr. erkannt. Die Äquinoktien, die Tage der Frühjahrs- und Herbsttagundnachtgleichen am 21. März und 21. September, so stellte man fest, finden nicht Jahr für Jahr unter der immer gleichen Sternenkonstellation statt, sondern es ist eine minimale Rückwärtsbewegung zu bemerken. Das hat u. a. zur Folge, dass wir uns jetzt noch im Zeitalter der Fische befinden, aber irgendwann um 2200 – die Berechnungen sind abermals nicht eindeutig, die Schätzungen variieren zwischen den Jahren 1700 und 2600 – ins Zeitalter des Wassermanns eintreten.

Das Platonische Jahr wiederum wird in 12 platonische Monate von ca. 2150 Jahren unterteilt, die je einem der 12 Tierkreiszeichen zugerechnet werden. Dass die Zyklen der einzelnen »Monate« nicht gleich lang sind und die Wissenschaft zusätzlich von einem 13. Zeichen, dem »Schlangenträger«[227], ausgeht, kann an dieser Stelle übergangen werden. Allerdings verwundert es, dass anscheinend noch niemand auf die Idee gekommen ist, diesen Sachverhalt mit der heiligen Zahl 13 der Maya in Verbindung zu bringen[228].

Physikalisch betrachtet ist unter Präzession die Richtungsänderung der Achse eines rotierenden Körpers zu verstehen, auf den äußere Kräfte einwirken. Das gilt auch für die Erdachse, die den Anziehungskräften des Mondes und der Sonne ausgesetzt ist. Seit den Entdeckungen von Johannes Kepler zu Beginn des 17. Jahrhunderts ist bekannt, dass die Umlaufbahnen der Planeten um die Sonne nicht kreisförmig, sondern elliptisch verlaufen. Zudem ist die Erde nicht wirklich eine Kugel, sondern sie weist ebenfalls eine elliptische Form auf, u. a. durch einen »Äquatorwulst« von 21 Kilometern. In Kombination bewirken beide Faktoren – die Form unseres Planeten und seine elliptische Umlaufbahn um die Sonne –, dass die Nähe zur Sonne und ihren Kraftfeldern nicht immer identisch ist, sondern sich minimale Abweichungen ergeben; die jedoch können gewaltige Wirkungen nach sich ziehen, es gibt Theorien, die sogar die Entstehung von Eiszeiten auf der Erde mit der Präzession in Zusammenhang bringen. Hierauf wird noch zurückzukommen sein.

Im 1995 erschienenen Buch *Die Prophezeiungen der Maya. Das geheime Wissen einer untergegangenen Zivilisation* von Adrian Gilbert und Maurice Cotterell geht es v. a. um die Theorie der »Solarastrologie« und deren Bezug zu den astronomischen und astrologischen Vorstellungen der Maya[229]. Cotterell hatte sich zuvor mit Untersuchungen des US-Astrologen Jeff Mayo und des Psychologen Hans Eysenck befasst, die eine »Korrelation zwischen dem Tierkreiszeichen, unter dem die (= Versuchs-)Personen geboren waren, und extrovertierten bzw. introvertierten Charaktermerkmalen«, die den jeweiligen Zeichen von der Astrologie zugeschrieben werden, belegen wollten. Es ließ sich nachweisen, dass die unter einem Wasserzeichen geborenen Menschen eher introvertiert, die unter einem Feuerzeichen geborenen eher extrovertiert waren[230]. Da Cotterell von der Präzession wusste, suchte er nach einer Erklärung dafür, weshalb »Menschen, die im Zeichen des ›Widders‹ geboren sind, (...) deutlich ein extrovertiertes Verhalten (zeigen), auch wenn die Sonne zum Frühlingsanfang gar nicht in diesem Sternbild aufgeht.« Die Erklärung konnte für ihn nur »irgendein Zyklus« sein, »der mit der Sonne selbst zusammenhängt. Mit anderen Worten: Die Wurzel der Astrologie liegt in solaren Einflüssen und den Veränderungen im Laufe eines Sonnenjahrs.«

Diese »Wurzel« glaubte Cotterell in den unterschiedlichen Strahlungsintensitäten der Sonne auf das Magnetfeld der Erde entdeckt zu haben – und zwar nicht am Tag der Geburt, sondern an dem der Zeugung bzw. Empfängnis: »Er war überzeugt, dass Unterschiede des astrologischen Typs der Menschen durch Schwankungen des Sonnenwinds verursacht werden, die sich auf das Magnetfeld der Erde auswirken, das seinerseits die zukünftige Entwicklung eines Fötus zum Zeitpunkt der Empfängnis beeinflusst. Mit anderen Worten, dem gerade erst befruchteten menschlichen Ei werde bei der Empfängnis das Muster der zu diesem Zeitpunkt vorherrschenden magnetischen Atmosphäre aufgeprägt, und dieses bestimme seinen astrologischen Typus zum Zeitpunkt der Geburt.«

Da Cotterells »Astrogenetik« die gesamte Astrologie auf den Kopf stellt, ist es nicht verwunderlich, dass sie auf wenig Gegenliebe stieß. Ob und inwieweit der Autor damit der Astrologie eine wissenschaftliche Grundlage gegeben hat, wie er meinte, kann und soll hier nicht diskutiert werden. Stattdessen sollen die Grundideen von Cotterell kurz referiert werden, um danach aufzuzeigen, was das alles mit den »Prophezeiungen der Maya« zu tun haben soll.

Die Schwankungen des Sonnenwindes und die daraus resultierenden Auswirkungen auf das Magnetfeld der Erde sieht Cotterell durch Sonnenflecken verursacht. Dabei handelt es sich um dunkle Punkte, die vor allem in der Nähe des Sonnenäquators auftreten und bewirken, dass die für gewöhnlich herrschenden Temperaturen von 6000° Celsius auf ungefähr 4000° sinken. Die Flecken haben ihrerseits Einfluss auf den sogenannten »Sonnenwind«, einen Strom von elektrisch geladenen Teilchen, die von der Sonne abgestoßen werden und sowohl deren eigenes als auch das Magnetfeld der Erde verformen können. Direkte Einflüsse auf die Erdatmosphäre sind jedoch nur bei ausgesprochen starken Sonnenwinden zu beobachten und verursachen dann z. B. Polarlichter. In Einzelfällen kommt es auch zu Beeinflussungen elektromagnetischer Wellen und damit zu Störungen von Kommunikationsmedien wie Satelliten und Rundfunkfrequenzen. Gilbert und Cotterell berichten von einem solchen Fall im März 1989, als ein »solares Protonenereignis« einen »heftigen Magnetsturm« bewirkte, mit weitreichenden Konsequenzen:

»Die Monitoren des Lerwick-Laboratoriums auf den Shetland-Inseln registrierten eine starke Abweichung des Erdmagnetismus um 8 Grad innerhalb weniger Stunden, während normalerweise die Abweichungen etwa 0,2 Grad pro Stunde betragen.« Als Folge davon waren Nordlichter in Südengland und sogar in Italien und Jamaika zu sehen, in Kanada fielen weite Teile des Stromnetzes aus.

Derartig starke Auswirkungen des Sonnenwindes – es ist auch häufig von Sonnenstürmen zu lesen – zeigen sich in Phasen hoher Sonnenfleckenaktivitäten, da in ihnen die Wahrscheinlichkeit des Zusammentreffens gegensätzlich gepolter Magnetfeldlinien, die dann ihre Energien abstoßen, besonders groß ist. In Extremfällen können solche Entwicklungen sogar Klimaveränderungen auf der Erde auslösen, simpel ausgedrückt: Theoretisch könnte die aktuelle »globale Erwärmung« durchaus eine Folge vermehrter Tätigkeiten von Sonnenflecken sein – ein Gedanke, den Gilbert in *21. Dezember 2012* tatsächlich auch zur Diskussion stellt.[231] Umgekehrt nimmt in Phasen geringer Sonnenfleckenaktivitäten die Strahlungsintensität der Sonnen minimal ab, wodurch Phänomene wie die »Kleine Eiszeit« in den Jahren 1645 bis 1715 hervorgerufen werden können; diese Jahre waren gekennzeichnet durch extrem lange Winterphasen sowie äußerst kühle Sommer[232].

Für Cotterell ging es zunächst nicht um die Analyse möglicher Einflüsse der Sonnenfleckenzyklen auf eine Klimaveränderung, sondern um Beweisführungen für seine Theorie der »Solarastrologie«. Er stellte Berechnungen an mit »drei magnetischen Variablen, die bei der Rotation der Erde um die Sonne eine Rolle spielen: das Polarfeld der Sonne (37 Tage), ihr Äquatorialfeld (26 Tage) und die Umlaufgeschwindigkeit der Erde um die Sonne (365,25 Tage), und gelangte zu dem Ergebnis, dass nach einem Zeitraum von 87,4545 Tagen »das Polar- und das Äquatorialfeld der Sonne einen Zyklus« vollenden und »an ihren Ausgangspunkt zurück(kehren)«[233].

Auf Basis dieser Daten bestimmte er im Folgenden eine Reihe von weiteren Zyklen, die auf den »relative(n) Winkel der beiden Magnetfelder von Erde und Sonne in einem periodischen Abstand von 87,4545 Tagen« zurückgehen und sich in unterschiedlichen Abständen wiederholen. Die nächsthöhere Ebene wäre demnach die Aufeinanderfolge von 48 solcher Einheiten, die umgerechnet einen Zeitraum von 11,49 Jahren ergeben, was ziemlich nahe an dem von der Wissenschaft identifizierten Sonnenflecken-Zyklus von 11,1 Jahren liegt. Hierin sah Cotterell einen Mikrozyklus, denn er meinte, einen größeren Abschnitt, nach dessen Ende sich ein Diagramm wiederholt, auf eine Phase von ca. 187 Jahren fixieren zu können[234]; diese 187 Jahre entsprechen nach seinen Berechnungen einem kompletten Sonnenflecken-Zyklus. Den wiederum setzte er in Bezug zum Magnetfeld der Sonne: »Wie jeder andere Magnet hat auch die Sonne eine Zone um ihren Äquator, in der die beiden Magnetfelder exakt gegeneinander ausgeglichen sind, so dass keiner der beiden Pole ein Übergewicht hat. Das Ergebnis ist eine dünne, neutrale Schicht oder Grenzfläche zwischen den beiden magnetischen Zonen, die in den Raum hinaus strahlen.«

Diese Schicht sei aber nicht glatt, sondern eingedrückt. Cotterell zufolge verschiebt sie sich alle 187 Jahre minimal – und zwar in einem Zeitraum von 18 139 Jahren, der sich in drei Phasen von 19 x 187 und zwei Phasen von 20 x 187 Jahren aufteile. Diese 18.139 Jahre bezeichnet Cotterell als »vollständigen Zyklus der gekrümmten neutralen Schicht«[235].

Diese Rechenmodelle sind für Laien schwer nachvollziehbar, und alles ergibt nur dann einen Sinn, wenn seine Theorie stimmen sollte, was jedoch von der Fachwelt bestritten wird[236]. Wozu dann diese ausführliche Wiedergabe? Nun, Cotterell stellt einen direkten Bezug zwischen seinen Zahlen und dem Maya-Kalender her. 20 mal 187 Jahre entsprechen 1.366.040 Tagen – nach Cotterell die Phase eines vollständigen Zyklus der »neutralen Schicht« zwischen den Polen des Sonnenäquators. Diese Zahl liegt sehr nahe an einer »magischen Spanne« – oder, wie es später heißt, an der »heilige(n) Zahl« der Maya[237] von 1.366.560 Tagen, die er dem Codex Dresdensis entnommen haben will. Diese Zahl entspricht für ihn 260 x 5256 Tzolkins, 365 x 3744 Haabs, 584 x 2340 Venusjahren, 780 x 1752 Marsjahren sowie 18.890 x 72 Kalenderrunden.

Allerdings wird nicht klar, wo genau Cotterell diese »heilige« Zahl gefunden haben will. Vermutlich handelt es sich um die Umrechnung eines Lange-Zählung-Datums.

Linda Schele nimmt in *Die unbekannte Welt der Maya* zur Erläuterung der Langen Zählung auch eine Datierung aus diesem Codex zu Hilfe: »9.9.9.16.0 1 Ahau 18 Uo«[238]. Die Übersetzung dieser Ziffernfolge ergibt 1.364.360 Tage, die seit dem Beginn des laufenden Zeitalters verstrichen sind – eine Zahl, die derjenigen Cotterells nahekommt. Auf den Gregorianischen Kalender übertragen fallen beide Daten in den Zeitraum 629/30, also die frühe Regierungszeit von Pacal dem Großen. In einer von Schele und Freidel erstellten Zeittafel zur Maya-Geschichte[239] gibt es jedoch kein Ereignis, bei dessen Umrechnung man auf Cotterells Zahl käme. Für die »Heiligkeit« der Zahl spricht das kaum.

Für Cotterell konnte die große Nähe der Zahlen zueinander kein Zufall sein – und so zog er den Schluss: »(…) seine Einteilung der größeren Periode von Umkehrungen des solaren Magnetfelds in fünf Langzeitperioden schien der Vorstellung der Maya von vier früheren Zeitaltern zu entsprechen. Es sah so aus, als wäre das, wovon die Maya tatsächlich gesprochen hatten, die Verschiebung oder Umkehrung des Magnetfelds der Sonne gewesen.«[240]

Obwohl Cotterells Begründung, wie es zu einer »Umkehrung des Magnetfelds der Sonne« kommen könnte, in Fachkreisen wenig Anklang gefunden zu haben scheint, wird sie in zahlreichen Mystery-Foren des Internets immer wieder diskutiert, oft im Zusammenhang mit dem Datum der Wintersonnenwende 2012. Dazu hat nicht zuletzt Cotterells Co-Autor Gilbert mit seinem Buch *21. Dezember 2012. Das Ende unserer Welt?* beigetragen.

Lässt man sich trotz aller begründeten Zweifel einmal auf die Zahlenspiele ein, stellt sich die Frage, worin denn die Übereinstimmungen zwischen Cotterells Berechnungen und dem Maya-Kalender bestehen sollen. Der Zeitraum der Umkehrung des Sonnenmagnetfelds soll 97 x 187 gleich 18.139 Jahre betragen haben; ein Baktun im Maya-Kalender entspricht 5.125 Jahren.

Die letzte Phase im Cotterellschen Zyklus beträgt 20 x 187 gleich 3740 Jahre. Addiert man diese Zahl zu den -3113, dem Jahr, das den Beginn des aktuellen Zeitalters markiert, landet man im Jahr 627 n. Chr., das bei einer Umrechnung der Lange-Zählung-Daten tatsächlich in die Nähe der vermeintlichen »heiligen« Zahl führt. Was genau mag sich 627 ereignet haben? Schele und Freidel notieren in ihrer Chronik nur einen zweiten Überfall des Stadtstaates Caracol auf Naranjo[241], ansonsten scheint nichts vorgefallen zu sein, von dem die Kalenderpriester der Meinung waren, es müsse unbedingt für die Nachwelt dokumentiert werden.

Für Gilbert und Cotterell indes hat sich in diesem Jahr etwas äußerst Bedeutsames getan: Es habe sich – ähnlich wie 3114 v. Chr. (bzw., um mathematisch genauer zu sein: im Jahr -3113) – »die Polarität der neutralen Schicht« umgekehrt: »Daraus zog er (= Cotterell) den Schluss, dass die Änderung des Magnetfelds zu jener Zeit einen Rückgang der Fruchtbarkeit und den Niedergang der Maya zur Folge gehabt hatte.«[242]

Diese Aussage basiert auf einer astrogenetischen »Hypothese über den Zusammenhang zwischen dem Sonnenwind und der Produktion menschlicher Hormone«. Cotterell gründete auf solchen überaus phantasievollen Gedanken eine regelrechte Kulturgeschichtstheorie:

»Eine geringe Sonnenflecken-Aktivität fiel offenbar mit periodischen Phasen eines allgemeinen Niedergangs der kulturellen Errungenschaften zusammen, der mit dem Untergang bedeutender Hochkulturen verbunden war.«[243]

Für den Zeitraum von 440 bis 814 n. Chr. will Cotterell eine weitere Periode geringer Sonnenflecken-Tätigkeit errechnet haben und überlegt nun, ob und inwieweit das Verschwinden der Maya-Hochkulturen im 9. Jahrhundert damit zusammenhängen könne. Das Jahr 627 liege ziemlich genau in der Mitte dieser Periode. Dass es immer noch in einer frühen Phase der Regierungszeit Pacals des Großen liegt, dessen Herrschaft in Palenque eine der Blütezeiten der Maya-Hochklassik eingeleitet hat, scheint dabei nicht sonderlich zu stören.

Allerdings argumentiert Cotterell etwas differenzierter: Im fraglichen Zeitraum insgesamt sei eine Phase geringer Sonnenflecken-Aktivität zu bemerken, einzig die Umkehrung der magnetischen Pole falle präzise in das Jahr 627. Die Auswirkungen dieses Naturereignisses bekamen die Maya demzufolge erst im 8. und vor allem im 9. Jahrhundert zu spüren, neben der abnehmenden Fruchtbarkeit sei in diesem Zeitraum auch ein starker »Rückgang der Niederschläge« zu verzeichnen gewesen: »Es ist bemerkenswert, dass die Überlebenden dieser Katastrophe entweder nach Süden ins Hochland wanderten, wo die Niederschläge ergiebiger waren, oder nach Yucatán im Norden, wo es unterirdische Strömungen gab. Die Zentralregion, die noch bis vor kurzem von tropischem Regenwald bedeckt war, hatte damals vermutlich ein stark arides Klima.«[244]

Nun lässt sich eine längere Trockenheit im Gebiet von Yucatán im fraglichen Zeitraum offensichtlich nachweisen, aber dass die Maya infolge von Unfruchtbarkeit vom Aussterben bedroht waren, ist eine recht gewagte Behauptung. Normalerweise wird eher davon ausgegangen, ein Grund für das plötzliche Verlassen ihrer Städte im 8. und 9. Jahrhundert seien im Gegenteil Versorgungsprobleme durch ein drastisches Bevölkerungswachstum gewesen.

Der Bezug zum Ende des vierten Zeitalters der Maya lässt sich mit Cotterells Rechenspielen nicht belegen. Dies gilt unabhängig von der Frage, ob um das Jahr 2012 eine Periode stärkerer oder schwächerer

Sonnenflecken-Aktivitäten nachgewiesen werden kann oder nicht. Da solche Phasen offenbar regelmäßig auftreten, müssten sie eigentlich gleich gefährlich oder ungefährlich sein. Zwischen 627 und 2012 hätten sich demnach etliche Katastrophen ereignen können – und haben sich womöglich auch ereignet. In der Zusammenführung der Thesen Cotterells mit den Daten des Maya-Kalenders ergeben die Prophezeiungen trotzdem keinen Sinn. 627 n. Chr. hat keine Katastrophe stattgefunden. Was 2012 geschieht, sei dahingestellt, »errechnen« lässt es sich auf Basis der genannten Zahlen jedenfalls nicht.

Das hält Cotterell und seinen Co-Autor allerdings nicht davon ab, genau solche Verknüpfungen herzustellen. Es habe »den Anschein«, schreiben sie, »als machten sich heute bereits ähnliche klimatische Veränderungen (= wie im 9. Jahrhundert) und eine stärkere Desertifikation auf der Erdoberfläche bemerkbar. In Mexiko sind diese Effekte bereits deutlich ausgeprägt. In den vergangenen zehn Jahren ist im Oaxacatal nicht die erwartete Niederschlagsmenge gefallen, und die Region nimmt zunehmend einen ariden Charakter an. Da nach dem Maya-Kalender am 22. Dezember die gegenwärtige Periode beendet ist – und wir nach den Prophezeiungen der Maya auf irgendwelche Katastrophen gefasst sein müssen –, stellt sich die Frage, ob oben erwähnte Veränderungen bereits ein Vorgeschmack auf künftige Ereignisse sind.«[245]

Diese »Warnungen« stammen aus dem Jahr 1995. Auch damals wurden bereits intensiv die Ursachen von Phänomenen wie Klimawandel, Umweltzerstörung und einer scheinbaren Häufung von Katastrophen diskutiert und erforscht. Das »scheinbar« will dabei nicht in Abrede stellen, dass es eine Zunahme von Erdbeben, Tsunamis und anderen verheerenden Erschütterungen geben könnte; aber man sollte zumindest bedenken, dass im Zeitalter von Satelliten-TV und Internet viele Ereignisse völlig anders wahrgenommen werden als noch Mitte des 20. Jahrhunderts.

Es geht gewiss nicht darum, jede »Warnung« vor einer Katastrophe als Unsinn oder bloßes Schüren von Ängsten abzutun. Aber es muss schon erlaubt sein, darauf hinzuweisen, dass die modernen Propheten des Untergangs bisweilen erstaunliche »geistige Hakenschläge«, um

J. Eric Thompson zu zitieren, vollführen, um ihre Theorien durch die Maya oder andere Naturvölker zu belegen. Millionen von Menschen lassen sich weltweit von Argumentationsführungen beeinflussen und ängstigen, die fast immer hoch spekulativ und nicht selten »unsauber« sind. Und in etlichen Fällen schlicht und einfach absurd!

Kapitel 5

DIE GROSSE FLUT

Die Theorie der Erdkrustenverschiebung und das Ende der Welt

Die alten Karten legen offenbar die Vermutung nahe, dass in ferner Vergangenheit, noch vor dem Aufkommen aller bekannten Kulturen, eine vergleichsweise hochentwickelte Zivilisation bestanden hat, die entweder in einer bestimmten Region angesiedelt war, aber weltweiten Handel trieb, oder im vollen Sinne des Wortes eine weltumspannende Kultur darstellte. Zumindest auf einigen Gebieten muss diese Kultur einen höheren Entwicklungsstand besessen haben als die alten Hochkulturen Ägyptens, Babyloniens, Griechenlands und Roms. In Astronomie, Nautik, Kartographie und möglicherweise auch im Schiffbau war sie vielleicht weiter als jede andere Kultur vor dem 18. Jahrhundert n. Chr. Denn erst im 18. Jahrhundert fanden wir eine praktische Möglichkeit, die geographische Länge zu bestimmen. Im 18. Jahrhundert wurde erstmals die Länge des Erdumfangs genau gemessen. Und erst im 19. Jahrhundert begannen wir, Schiffe zum Walfang oder zu Forschungszwecken in die Meere der Arktis und der Antarktis zu entsenden. Die Karten zeigen, dass ein vorgeschichtliches Volk möglicherweise all dies bereits getan hatte.

Charles H. Hapgood,
Die Weltkarten der alten Seefahrer[246]

Erdbeben und Monstertsunamis

Nahezu immer, wenn »Propheten der Apokalypse« auf die Gefahren hinweisen, die der Menschheit Ende 2012 drohen, ist von den seit Längerem bekannten Risikofaktoren wie der globalen Erwärmung, dem Klimawandel, dem rapide beschleunigten Schmelzen des Eises an den Polen oder dem bedrohlich wachsenden Ozonloch die Rede. Zudem scheinen sich verheerende Naturkatastrophen tatsächlich auf beängstigende Weise zu häufen – von der Überflutung Louisianas durch den Hurrikan Katrina über den Tsunami im Indischen Ozean Ende 2004 bis zu den schrecklichen Erdbeben in Birma oder im Iran. Gerät die Natur endgültig aus dem Gleichgewicht? Sind diese noch regionalen Ereignisse womöglich Vorboten einer nahenden Katastrophe von globalen Ausmaßen?

Aber auch die Gegenfrage muss gestellt werden: Sind die zerstörerischen Naturereignisse der Jahre nach 2000 tatsächlich so außergewöhnlich, wie die Warner uns Glauben machen wollen?

Eine nicht unerhebliche Folge der gigantischen Beben und Flutwellen Ende Dezember 2004 in der Region des Indischen Ozeans war, dass einer breiten Öffentlichkeit in Europa bekannt wurde, wie ein Tsunami zustande kommt und welch verheerende Folgen er haben kann. Dass Frank Schätzing in seinem Bestseller *Der Schwarm* nahezu gleichzeitig das Kommen und Gehen einer solchen Monsterflut beschrieb, war ein Zufall, wenn auch ein bemerkenswerter; das Buch erschien wenige Monate vor den Geschehnissen in Fernost. Die fiktive Darstellung des Tsunami wirkte angesichts des realen Geschehens umso gruseliger: Anschaulich schildert der Autor, wie sich das Meer zunächst wie bei einer gewöhnlichen Ebbe zurückzieht, nur sehr viel weiter, und wie nur wenig später eine kolossale Welle auf die Küste zubraust, die Landschaft unter Wasser setzt, sich zurückzieht und dabei alle nur erdenklichen beweglichen Objekte mit sich reißt, um sie mit der nächsten Welle wieder zurückzuspülen und den Schaden, den die Flut allein schon angerichtet hätte, noch erheblich zu vergrößern. Die Schilderungen von Augenzeugen und Überlebenden des Tsunami in Thailand hörten sich frappierend ähnlich an.

Ausgelöst werden Tsunamis durch Erd- und Seebeben, die in Ländern am Indischen Ozean häufig vorkommen. Vor allem die Inselkette Indonesiens ist durch einen starken Vulkanismus geprägt und hat vermutlich noch sehr viel häufiger gewaltige Beben und Flutwellen erlebt als allgemein bekannt. Die bereits erwähnten, präzise datierten Ausbrüche des Krakatau in jüngster Vergangenheit mögen die heftigsten gewesen sein, aber genau weiß man das nicht. Man ist heute in der Lage, Erkenntnisse über Naturereignisse zu gewinnen, die lange vor dem Beginn menschlichen Lebens auf der Erde stattfanden. So gilt als gesichert, dass der Yellowstone-Vulkan zuletzt vor 650.000 Jahren ausgebrochen ist – so gewaltig, dass zu dieser Zeit auf unserem Planeten existierendes Leben nahezu vollständig ausgelöscht wurde.

Extremer Vulkanismus wird, neben der Vermutung eines Meteoriteneinschlags, auch als mögliche Ursache jenes großen Massensterbens vor geschätzten 65 Millionen Jahren angesehen, denen die Dinosaurier zum Opfer fielen. Die Erkenntnisse der modernen Naturwissenschaft reichen oft noch erheblich weiter zurück als in diese kaum vorstellbaren Zeiträume.

Für die meisten Menschen sind bereits die 5000 Jahre, die zwischen dem Entstehen der Hochkultur in Ägypten und der Gegenwart liegen, eine gewaltige Spanne. Rechnet man weitere 5000 Jahre hinzu, gelangt man zur letzten großen Eiszeit, von der zwar jeder Mensch der Gegenwart eine Vorstellung haben dürfte, aber keineswegs deshalb auch in der Lage sein muss, sie zu datieren. Und wer kann genau sagen, was vor dieser Eiszeit war? Die Wissenschaft hütet sich vor eindeutigen Aussagen, sofern sich diese nicht zweifelsfrei belegen lassen.

Genau hier setzen Spekulationen an, völlig abstruse nicht minder als solche, die zumindest auf den ersten Blick als bedenkenswert erscheinen. Ernst zu nehmen sind in den meisten Fällen die Fragen, die gestellt werden – denn sie weisen auf Rätsel der Menschheitsgeschichte hin, deren Lösung, wenn sich denn eine finden ließe, die wissenschaftlichen Welterklärungsmodelle erschüttern könnte. Erich von Dänikens Frage nach den Ursachen der Zivilisationssprünge im 4. und 3. vorchristlichen Jahrtausend z. B. ist durchaus berechtigt – umstritten sind seine Antworten.

Zu den großen Rätseln, die Historiker, Mythologen und Theologen beschäftigen, zählt die Frage, warum es verblüffende Übereinstimmungen zwischen den Mythen und Legenden von Völkern und Kulturen gibt, die nachweislich weder geographisch noch historisch in Verbindung zueinander standen.

Auf einen dieser Menschheitsmythen, die Geschichte von der Sintflut, wird im Folgenden einzugehen sein. Dass es einander sehr ähnliche Variationen dieser Geschichte in den Mythologien der Juden, Griechen und Sumerer gibt, kann als bekannt vorausgesetzt werden. Doch auch weit vom Mittelmeerraum entfernte Völker wie die Germanen, die Maya oder Völker in Fernost haben Erzählungen vom Untergang durch eine Große Flut überliefert. Ebenso teilen die genannten Kulturen weitere Erzählungen, die von der Zerstörung früherer Welten durch Erdbeben oder Feuersbrünste berichten.

Es hat bisweilen den Anschein, als würde die Menschheit ein kollektives Erbe teilen, das ihr in grauer Vorzeit hinterlassen wurde. Nur liegt völlig im Dunkeln, wer der Erblasser war und in welcher Phase der Erd- und Menschheitsgeschichte sich dies ereignet haben könnte.

Diese großen Rätsel zu lösen, ist die Zielsetzung in den Schriften des schottischen Wissenschaftsjournalisten Graham Hancock, auf dessen Überlegungen zum Jahr 2012 und dem Maya-Kalender eingegangen werden soll. Hancock liefert zudem den letzten Mosaikstein zu einer »naturwissenschaftlich« untermauerten Theorie, wie es zu einer Katastrophe von gigantischen Ausmaßen kommen könnte, deren Folge die Apokalypse wäre. Allerdings verzichtet Hancock auf eine Datierung dieses Kataklykmus und stellt auch keinen direkten Zusammenhang zum Maya-Kalender her. Diesen Schritt vollzieht stattdessen Adrian Gilbert in seinem zweiten Buch zu den Prophezeiungen der Maya und verknüpft die Gedankengänge Hancocks mit seiner eigenen Theorie der Sonnenfleckenzyklen und deren Einflüsse auf das Magnetfeld der Erde. Das Bindeglied zwischen beiden stellt die »Theorie einer (plötzlichen) Erdkrustenverschiebung« des US-amerikanischen Gelehrten Charles Hapgood dar.

Mit Hapgood beginnt allerdings auch schon Hancocks Reise durch die verschiedenartigsten Kulturen und Zeiten in *Die Spur der Götter*. Die zentrale These, die der Autor belegen will, stellt einen »realistischen« Gegenentwurf zu Dänikens Thesen vom Besuch Außerirdischer auf der Erde dar: Wie Däniken geht auch Hancock davon aus, dass die »unvergänglichen Zeugnisse der Menschheitsgeschichte« wie die Pyramiden Ägyptens oder Süd- und Mittelamerikas keine autochthonen Leistungen waren: »(...) ihre Erbauer auf beiden Seiten des Atlantik wären nicht aus eigener Kraft in der Lage gewesen, diese unvergleichlichen Monumente zu errichten. Sie griffen auf ein komplexes, hochentwickeltes Wissenssystem – wie Geometrie, Mathematik, Physik, Ingenieurwesen, Kartographie – zurück, das während der letzten Eiszeit entwickelt worden war.«[247]

Die Spurensuche widmet sich dem »sensationellen Vermächtnis einer verschollenen Hochkultur«, die vor ca. 11.000 Jahren durch eine globale Naturkatastrophe unter dem (nicht ewigen) Eis der Antarktis begraben wurde.

Die Landkarten des Piri Rei: Die Reise beginnt

Im Jahr 1923 wurde der Topkapi-Palast in Istanbul, der über Jahrhunderte als Regierungssitz der Sultane und als Verwaltungszentrum des Osmanischen Reiches gedient hatte, in ein Museum umgewandelt. Sechs Jahre später kam es zu einem sensationellen Fund in den diversen Sammlungen, die hier der Öffentlichkeit zugänglich gemacht werden sollten: Man stieß auf Fragmente einer Karte, die auf das Jahr 1513 datierte und dem osmanischen Seemann Piri Reis zugeschrieben wurde. Sensationell war der Fund, weil Leser und Interpreten der Karte in ihr die Küstenlinien von Südamerika und Afrika für diese Zeit unerklärlich detailliert nachgezeichnet sahen. Vor allem aber meinte man, auch die Umrisse der Antarktis erkennen zu können, einschließlich einer ehemaligen Landbrücke, die den Kontinent unter dem Eis vor Urzeiten mit Feuerland verbunden haben sollte.

Da die Antarktis erst 1818 entdeckt wurde, kam sofort die Frage auf, welche Quellen der Seefahrer zu Rate gezogen haben wollte. Das Erstaunen stieg ins Unermessliche, als nach mehreren wissenschaftlichen Expeditionen in die Antarktis Mitte des 20. Jahrhunderts deutlich wurde, mit welcher Präzision der Weiße Kontinent bei Piri Reis kartographiert worden war. Mitte der 1950er Jahre wurde erstmals die Vermutung geäußert, die Karte zeige die Antarktis in einer Phase, noch bevor sie vollständig vom Eis überzogen war: Piri Reis hatte anscheinend Umrisse von Regionen korrekt verzeichnet, die seit mindestens 4000 v. Chr. nicht mehr sichtbar waren.

Einer breiteren Öffentlichkeit in Europa bekannt wurde die Karte des Piri Reis Ende der 1960er-Jahre durch Erich von Däniken, der sich eine derartige Sensation nicht entgehen ließ: »Die Piri-Reis-Karten sind ein lästiges Indiz für meine Theorie früher Besucher aus dem All. Für mich ist klar: Extraterrestrier kartographierten von Orbitalstationen aus den Planeten; die Karten machten sie beim Besuch einem Vorfahren zum Geschenk; (…)«[248]

Dänikens wichtigste Quelle war offensichtlich ein Buch des amerikanischen Gelehrten Charles Hapgood, das kurz zuvor erschienen war: *Die Weltkarten der alten Seefahrer*[249]. Hapgood war derjenige, der eindeutig die Umrisse von Regionen der Antarktis erkannt zu haben glaubte, die erst wenige Jahre zuvor mit den Mitteln modernster Technik identifiziert worden waren. Harold Z. Ohlmeyer, ein Oberstleutnant der United States Airforce, bestätigte diese Vermutungen in einem Brief an Professor Hapgood aus dem Juli 1960:

»Die These, wonach der untere Teil der Karte die Prinzessin-Martha-Küste des Königin-Maud-Landes in der Antarktis und die Antarktische Halbinsel darstellt, ist begründet. Wir halten dies für die logischste und höchstwahrscheinlich zutreffende Interpretation der Karte. (…) Wir haben keine Vorstellung, wie sich die Daten aus dieser Karte mit den geographischen Kenntnissen im Jahr 1513 vereinbaren lassen.«[250]

Mit diesem Schreiben des Militärs Ohlmeyer an Charles Hapgood beginnt über drei Jahrzehnte später Hancocks Buch *Die Spur der Götter*, in dem eine von Hapgood geäußerte, aber nicht weiter verfolgte Theorie kulturgeschichtlich belegt werden soll: »Hapgood behauptete, es gebe unbestreitbare Beweise dafür, dass die Erde bereits um 4000 v. Chr. von einer technisch hochentwickelten Kultur vollständig kartographisch erfasst worden sei.«[251]

Warum es in der Geschichte keinen Beweis dafür gebe, wie und wohin diese Hochkultur verschwunden sein könnte, hatte Hapgood selbst bereits beantwortet: Sie sei durch eine Naturkatastrophe von unvorstellbaren Ausmaßen komplett zerstört worden.

Um seine von Hapgood inspirierte Theorie zu belegen, betreibt Hancock eine Spurensuche quer durch die Kontinente und historischen Epochen. Seine zentrale These lautet, es gebe einen gemeinsamen Ursprung der Hochkulturen der Alten und der Neuen Welt:

»Die Zivilisation des Alten Mexiko entstand nicht ohne äußere Einwirkung, aber nicht infolge von Einflüssen aus der Alten Welt; vielmehr könnten bestimmte Kulturen in der Alten und in der Neuen Welt in ferner Vergangenheit ein Vermächtnis an Einflüssen und Ideen von einer dritten Kultur erhalten haben.«[252]

Das Material, das Hancock für seine Beweisführung zusammenträgt, ist beeindruckend, auch wenn der Journalist teilweise sehr assoziativ arbeitet, sodass die Fachwissenschaftler, auf deren Terrains er sich begibt – Archäologie, Geologie und Astronomie, um nur drei von ihnen zu nennen –, viele Mutmaßungen leicht verwerfen konnten.

Hancock ist davon überzeugt, dass das Phänomen der bereits erwähnten Übereinstimmungen zwischen Weltuntergangsmythen unterschiedlicher Völker Ausdruck eines urzeitlichen Kataklysmus sei, den nur wenige Menschen überlebt hätten. Mit Mutmaßungen darüber, ob und unter welchen Voraussetzungen sich solch eine Katastrophe wiederholen könnte, schließt nicht nur Hancocks Buch, sondern es schließt sich auch der Kreis der hier vorgestellten Prophezeiungen zum Maya-Kalender: Die Alternative zum mit religiöser Inbrunst beschworenen Aufstieg der Menschheit in eine höhere Bewusstseinsstufe am 21.12.2012 ist: die Apokalypse. In den Erzählungen der Urvölker ereignet sie sich durch Feuersbrünste, Erdbeben, das Verschwinden der Sonne und vor allem durch Flutwellen, die alles überschwemmen.

Vom Ende der Welt, wie wir sie kennen, durch eine neue Sintflut, erzählt auch Roland Emmerichs »2012«.

Die große Flut – die älteste Geschichte der Menschheit

Die Erzählung von der Auslöschung jeglichen Lebens durch die große Flut ist vermutlich die bekannteste der universellen Menschheitsphantasien vom Untergang.

In der christlich-abendländischen Welt ist sie als Geschichte der Sintflut und der Arche Noah bekannt. Auslöser des Verhängnisses, das über die Erde kommt, ist Gottes Zorn über die von ihm geschaffenen Menschen und deren frevelhaftes Treiben: »Als aber der Herr sah, dass der Menschen Bosheit groß war auf Erden und alles Dichten und Trachten ihrer Herzen nur böse war immerdar, / da reute es ihn, dass er die Menschen gemacht hatte auf Erden, und es bekümmerte ihn in seinem Herzen, / und er sprach: Ich will die Menschen, die ich geschaffen habe, vertilgen von der Erde, vom Menschen an bis hin zum Vieh und bis zum Gewürm und bis zu den Vögeln unter dem Himmel; denn es reut mich, dass ich sie gemacht habe.«[253]

Einzig Noah findet Gnade vor Gottes Augen und so wird er vor der kommenden Sintflut gewarnt und aufgefordert, eine Arche zu bauen. Darin soll Noah seine Familie sowie je sieben Pärchen von den reinen und je ein Pärchen von den unreinen Tieren mitnehmen

Noah tat wie ihm geheißen. »Und der Herr schloss hinter ihm zu. Und die Sintflut war 40 Tage auf Erden, und die Wasser wuchsen und hoben die Arche auf und trugen sie empor über die Erde. /(…)/ Alles, was Odem des Lebens hatte auf dem Trockenen, das starb. / Allein Noah blieb übrig und was mit ihm in der Arche war. / Und die Wasser wuchsen gewaltig auf Erden hundertfünfzig Tage.«[254]

Die Arche strandete schließlich auf dem Berg Ararat und von Noah und seinen Verwandten aus nahm so die heutige Menschheit ihren Anfang; seine Söhne Sem, Sam und Jafet gelten als Urväter der Semiten, Hamiten (der dunkelhäutigen Afrikaner) und Jafetiten (der Kaukasier und Indogermanen).

Auch in der griechischen Mythologie werden menschliche Verfehlungen mit einer großen Flut gesühnt. »Lykaon, ein Sohn des Pelasgos, hatte als erster Arkadien zivilisiert und die Anbetung des Zeus

Lykaios eingeführt, den Gott aber mit der Opferung eines Knaben erzürnt. Zur Strafe verwandelte Zeus ihn in einen Wolf und zerstörte sein Haus mit einem Blitz.«[255] Die Söhne des Lykaon hatten unversehrt überlebt, und ihre Frevel übertrafen die des Vaters bei Weitem. »Auf die Nachrichten von den Untaten dieser Söhne machte Zeus sich selber auf und besuchte sie, als armer Reisender verkleidet. Sie waren so unverschämt, ihm eine Suppe aus den Eingeweiden ihres Bruders Nyktimos und denen von Schafen und Ziegen vorzusetzen.« Zeus durchschaute diese Absicht und rächte sich an Lykaons Söhnen, indem er auch sie in Wölfe verwandelte. Einzig der wieder zum Leben erweckte Nyktimos blieb verschont.

Der Zorn des Göttervaters war damit jedoch nicht besänftigt. Nach seiner Rückkehr in den Olymp beschloss Zeus, das ganze Menschengeschlecht durch eine große Flutwelle auszulöschen. Der Plan wurde durchkreuzt von Prometheus, der seinen Sohn Deukalion, den König von Phthia, warnte. Deukalion »baute eine Arche, lagerte Nahrungsmittel ein und begab sich mit seiner Gemahlin Pyrrha, einer Tochter des Epimetheus, an Bord. Dann begann der Südwind zu blasen, Regen fiel und die Flüsse stürzten nieder zum Meer, das mit erstaunlicher Geschwindigkeit anstieg und alle Städte an der Küste und in der Ebene überschwemmte. Bald war die ganze Erde, mit Ausnahme einiger weniger Berggipfel, ein Meer. Alle Erdenbewohner mussten umgekommen sein. Nur Deukalion und Pyrrha lebten noch. Die Arche schwamm neun Tage, bis endlich das Wasser zu steigen aufhörte. Sie landeten auf dem Berge Parnassos oder – wie andere sagen – auf dem Berge Ätna oder dem Berge Athos oder dem Berg Othrys in Thessalien. Deukalion sandte eine Taube auf Erkundung aus. Sie kehrte zurück und bestätigte ihm das Ende der Flut.«

Ein weiterer Sintflutmythos findet sich im sumerischen Gilgamesch-Epos, das um 1200 v. Chr. entstand und als erstes Großepos der Menschheitsgeschichte gilt. Die Elfte Tafel erzählt von Utnapischtim, einem Ahnen des Gilgamesch, der von Ereignissen berichtet, die von der Stadt Schuruppak am Ufer des Euphrat ihren Ausgang nahmen:

»Diese Stadt war schon alt, und die Götter waren ihr nah. / Eine

Sintflut zu machen, entbrannte das Herz den großen Göttern.«[256] Abermals kann das Geheimnis der Götter nicht völlig bewahrt werden und wieder wird eine Arche gebaut, die einigen das Überleben ermöglicht. Kaum ist die Arche fertiggestellt, beginnen die Elemente zu toben, und zwar so heftig, dass sich sogar die Götter erschrecken:

»Kaum dass ein Schimmer des Morgens graute, / Stieg schon auf von der Himmelsgründung schwarzes Gewölk. / In ihm drin donnert Adad (= der Wettergott), … / Die Himmel überfiel wegen Adad Beklommenheit, / jegliches Helle in Düster verwandelnd; / Das Land, das weite, zerbrach wie ein Topf. / Einen Tag lang wehte der Südsturm …, / Eilte dreinzublasen, die Berge ins Wasser zu tauchen, / Wie ein Kampf zu überkommen die Menschen. / Nicht sieht einer den andern, / Nicht erkennbar sind die Menschen im Regen. / Vor dieser Sintflut erschraken die Götter, / Sie entwichen hinauf zum Himmel des Anu - / Die Götter kauern wie Hunde, sie lagern draußen!«[257]

Als die Fluten endlich abebben, haben die Insassen der Arche überlebt, was den Gott Enlil erzürnt: »Eine Seele wäre entronnen? / Überleben sollt' niemand das Verderben!«[258] Ea, der in der sumerischen Mythologie den Beinamen »der alles hervorbringt« führt, weist Enlil zurecht: »O Held, du Klügster unter den Göttern! / Ach, wie machtest Du unüberlegt die Sintflut?! / Seine Sünde leg auf dem Sünder! / Seinen Frevel leg auf dem Frevler! / Lockere, dass nicht ganz abgeschnitten werde; / Ziehe hin, dass nicht getötet werde! / Statt dass eine Sintflut du machst, / Mag ein Löwe aufstehen, die Menschen zu mindern! / Statt dass eine Sintflut du machst, / mag ein Wolf aufstehen, die Menschen zu mindern! / Statt dass eine Sintflut du machst, / Mag eine Hungersnot gesandt werden, das Land zu fällen! / Statt dass eine Sintflut du machst, / Mag Era (= der Pestgott) aufstehen, die Menschen zu erwürgen! / Nicht aber enthüllt' ich der großen Götter Geheimnis! / Den Hochgescheiten ließ ich schaun einen Traum! / So vernahm er der Götter Geheimnis; / Schaffet nun für ihn Rat!«

Derart gescholten, steigt Enlil in die Arche und vergibt Utnapischtim, »dem Hochgescheiten«, der fortan den Göttern gleich »fern an der Ströme Mündung« leben soll[259].

In allen drei Berichten ist die Flut eine von den Göttern über die Menschen verhängte Strafe für deren Verfehlungen. In der biblischen Version wird nicht anders als bei den Sumerern oder den Griechen durch sie die gesamte Menschheit ausgelöscht. Jedes Mal überlebt eine kleine Gruppe von Menschen, ein Paar oder eine Familie, weil einer von ihnen entweder von Gott selbst oder einem Angehörigen der Götterwelt gewarnt wird und eine Arche baut, die es ihm und den von ihm Auserwählten erlaubt zu überleben. Auf das Ende folgt der Neuanfang, auf den Tod die Wiedergeburt.

Das Gilgamesch-Epos unterscheidet sich in nur einem nennenswerten Punkt von den anderen Erzählungen: Der Verursacher, Enlil, wird dafür gerügt, dass er in seinem an sich gerechten Zorn über das Verhalten der Menschen keine Differenzierung vorgenommen hat; die Menschen werden auf ein und dieselbe Weise bestraft, obwohl die Vergehen der Gestraften von Fall zu Fall sehr verschieden gewesen sein dürften.

Der Einwand gegen den Versuch, die Übereinstimmungen zwischen den Mythen dieser drei Kulturen allzu hoch zu bewerten, liegt auf der Hand: Wenn von Juden, Sumerern oder Griechen gesprochen wird, bewegt man sich jeweils in einem Umfeld, das nicht nur geographisch eng umgrenzt ist. Die fraglichen Völker haben direkt am oder nahe des Mittelmeers gelebt, eine Region, die bis heute vielen Historikern als Keimzelle der westlich-abendländischen Kultur gilt. Die Gemeinsamkeiten zwischen den Sintflut-Erzählungen könnten auf Naturkatastrophen zurückgehen, die vor sehr langer Zeit in dieser Region stattfanden. So wurde z. B. die Theorie über den Einschlag eines Meteoriten im Gebiet des heutigen Saudi-Arabien verfolgt, der einen sintflutartigen Tsunami ausgelöst haben könnte. Allerdings scheint belegt zu sein, dass ein solches Ereignis allenfalls Millionen von Jahren vor der Entstehung der Mythen stattgefunden hat. Auch ein Vulkanausbruch auf der griechischen Insel Santorin wurde als möglicher Auslöser einer Sintflut in Erwägung gezogen. Heute geht man jedoch davon aus, dass die letzte Eruption des Vulkans nach der Entstehung zumindest des babylonischen Sintflut-Mythos zu verzeichnen war.

Einige Theorien aus jüngerer Zeit sind noch nicht widerlegt, aber auch nicht bewiesen. Selbst für den überschaubaren Bereich der am Mittelmeer beheimateten Völkern gibt es also keine überzeugende Erklärung für die frappierenden Gemeinsamkeiten ihrer Mythen von der Großen Flut, jedenfalls keine, die Anspruch auf naturwissenschaftliche Nachprüfbarkeit erheben könnte.

Noch irritierender wird der Sachverhalt, wenn man über den Mittelmeerraum hinausschaut. Mythen, die denen der Bibel oder des Gilgamesch-Epos in zentralen Punkten ähneln, gibt es in zahlreichen Kulturen, deren Lebensräume sich über den gesamten Globus erstrecken; zudem liegen die Überlieferungen zeitlich oft sehr weit auseinander. Dennoch ähneln die Motive einander bis ins Detail. Graham Hancock belegt seine Recherchen mit erstaunlichen Zahlen:

»Mehr als 500 Sintflutlegenden sind auf der ganzen Welt bekannt. Bei einer Überprüfung von 86 solcher Legenden (20 asiatischer, drei europäischer, sieben afrikanischer, 46 amerikanischer sowie zehn australischer und pazifischer) gelangte der Experte Dr. Richard Andrees zu dem Schluss, dass 62 keinerlei Verbindung mit den mesopotamischen und hebräischen Berichten hätten.«[260]

In diesem Zusammenhang führt der Autor etliche Beispiele an, die sich von den bereits erwähnten Erzählungen (Deukalion, Gilgamesch und Noah) über Mythen aus Fernost (China, Burma, Thailand) bis hin zu Geschichten der australischen Aborigines erstrecken[261]. Auch Mythen aus Süd- und Mesoamerika fehlen in dieser Auflistung nicht, obwohl man dort von judäisch-christlichen Einflüssen kulturell und geographisch abgeschirmt war (…).«[262]

Eine von Hancocks Quellen ist das *Popol Vuh*, das heilige Buch der Quiché-Maya. Dieses erst im 19. Jahrhundert wiederentdeckte Werk ist eines der wenigen schriftlichen Zeugnisse der Maya, die der Nachwelt überliefert wurden. Es gilt insbesondere als authentisches Dokument für ihre Schöpfungsmythen und die Kosmologie[263].

Das »Buch des Rates« erzählt zu Beginn von mehreren Versuchen der Götter, die Menschen zu erschaffen, wobei sie jeweils unterschiedliche Materialien verwendeten, ehe sie schließlich mit der Schöpfung von Menschen aus Mais Erfolg hatten. Über das Schicksal eines der früheren Menschengeschlechter ist zu lesen:

»Da sprachen die Lose und wahrsagten: ›Eure Gebilde aus Holz werden glücken. Sie werden reden und sich verstehen auf dem Antlitz der Erde.‹ // ›So soll es sein‹, war die Antwort auf diese Rede. // Und sogleich wurden die Wesen aus Holz geschaffen. Sie glichen dem Menschen, sie sprachen wie Menschen und sie bevölkerten die Erde. (…)

Es war nur ein Entwurf, ein Versuch zum Menschen. // Darum vergaßen sie den Schöpfer und den Former, die sie geschaffen hatten und umsorgten. // Das waren die ersten Menschen, zahlreich lebten sie auf der Erde Antlitz. Darauf wurden sie zerstört und vernichtet, diese Gebilde aus Holz, und empfingen den Tod. Eine Flut erweckte das Herz des Himmels, und große Wasser fielen auf das Haupt der Wesen aus Holz.«[264]

Feuersbrünste, Weltenbeben, Todesstürme: Die Gesichter des Untergangs

Die Berichte vom Ende früherer Welten durch eine Sintflut stellen nicht den einzigen Apokalypse-Mythos dar, den Kulturen über den Erdball verteilt gemeinsam haben. Bei vielen Naturvölkern, die ein zyklisches Verständnis von Geschichte teilen, trifft man auf einander wiederum sehr ähnliche Geschichten, die vom Untergang anderer Geschlechter durch Erdbeben, mörderische Stürme, den dauerhaften Untergang der Sonne oder Eiszeiten Zeugnis ablegen. Auch die Anzahl der Zeitalter, die durch Katastrophen beendet wurden, ist erstaunlich ähnlich. Das Popol Vuh berichtet von drei Zerstörungen, wobei das erste Menschengeschlecht durch Wasser vernichtet wurde.

Wie Gilbert bezieht sich auch Hancock bei seinen Ausführungen über die Zeitalter der mesoamerikanischen Kulturen auf eine Handschrift der Azteken, die 1558 entdeckt wurde: die »Leyenda de los Soles«. Das erschwert eine Bewertung der damit verbundenen Deutungen, da es trotz der geographischen Nähe doch erhebliche Unterschiede zwischen den Mythologien beider Völker gibt. Bei den Azteken erfolgte die zweite Zerstörung durch »Winde«, womit wohl Orkane gemeint sind, wie Gilbert und Cotterell vermuten[265]; das dritte Zeitalter fiel dem »Feuer« anheim[266]. Dann folgte jene vierte Schöpfung oder, in der Sprache der Azteken, die »Vierte Sonne«, die auf besonders furchtbare Weise enden sollte: »Die Menschen starben Hungers nach einer Überschwemmung durch Blut und Feuer.«[267]

Gilbert und Cotterell datieren den Beginn dieses vierten Zeitalters auf einen Zeitraum vor 3100 v. Chr. und verknüpfen ihn mit den Legenden um Quetzalcoátl, die »Gefiederte Schlange«. Überlebende der Feuerkatastrophe am Ende der 3. Sonne hätten »unter der Führung eines Quetzalcóatl eine Siedlung namens Tula an(gelegt), vermutlich das spätere Teotihuacán«[268].

Für die Azteken endete die 4. Sonne um 750 n. Chr. Gilbert und Cotterell unterstellen für diese Zeit eine »Verringerung der Sonnenflecken-Tätigkeit« und ein starkes Anwachsen der unmittelbaren Sonnenstrahlung«; beides zusammen habe, zum »Rückgang der menschlichen Fruchtbarkeit« geführt. So hätten die Teotihuaconos schließlich ihre Stadt, deren Blütezeit um 400 endete, aufgegeben und in Brand gesetzt.«[269]

Sollten diese Rechnungen zutreffen, bliebe der Menschheit den Azteken zufolge noch eine sehr viel längere Spanne bis zum Untergang, als die Maya ihr angeblich zugestehen: Da die Vierte Sonne knapp über 4000 Jahre währen soll, würde ihr Ende frühestens um 3300 n. Chr. datieren[270].

Die Problematik, die sich aus einer solchen Vermischung der Mythologien benachbarter Völker ergibt, soll an einem Beispiel erläutert werden. Hancock stellt, vermutlich zutreffend, fest, dass die Azteken ihre Kriege auch führten, um Gefangene zu machen, die sie dem Sonnengott Tonatiuh opferten, um den Untergang der Fünften Sonne möglichst hinauszuzögern. In diesem Zusammenhang zitiert er den Historiker Stuart J. Fiedel:

»Die Azteken glaubten, dass sie, wollten sie die Zerstörung des Universums verhindern, die in der Vergangenheit bereits viermal stattgefunden habe, die Götter unablässig mit Menschenherzen und -blut füttern müssten. (...) ältere Völker (hätten) exakt berechnet, wann eine große Bewegung der Erde der Fünften Sonne ein Ende setzen würde ...« Mit den »älteren« Völkern sind die Maya gemeint, wie aus der folgenden suggestiven Frage hervorgeht: »(...) Mit anderen Worten, entfaltet sich bereits eine wirklich schreckliche geologische Katastrophe, tief im Inneren der Erde, genau, wie die Weisen der Maya sie vorausgesagt haben?«[271]

Damit wird einerseits gesagt, die nächste Katastrophe werde geologische Ursachen haben, also ein Erdbeben oder einen Vulkanausbruch, um zwei Möglichkeiten zu nennen. Auf der anderen Seite werden die Kosmologien der Maya und Azteken als nahezu identisch unterstellt – aber die Maya lebten und leben immer noch im vierten Zeitalter, während die Azteken mit ihren grausamen Opfern das Zeitalter der 5. Sonne verlängern wollten. Wie beides zusammenpassen soll, bleibt unklar.

Geht man über den mesoamerikanischen Raum hinaus, ist festzustellen, dass weit entfernte Völker und Kulturen ebenfalls von vier oder fünf Zeitaltern und entsprechend vielen Zerstörungen unseres Planeten berichten.

Die Griechen glaubten an fünf Zeitalter, die durch »fünf Rassen« geprägt waren. Bei der »Goldenen Rasse«[272] handelte es sich um »Untertanen des Kronos«. »Sie lebten ohne Sorge und Arbeit; (…) Sie alterten nie und tanzten und lachten viel; (…) Sie alle sind nicht mehr. Aber ihre Seelen überlebten sie als Geister glücklicher, ländlicher Zufluchtsorte, als Spender von Glück und Hüter der Gerechtigkeit.«

Es folgte eine »Silberne Rasse, die sich von Brot ernährte. Auch sie war eine Schöpfung der Götter. (…) Sie waren streitbar und unwissend und opferten niemals den Göttern, doch bekämpften sie einander nicht. Zeus vernichtete sie alle.«

Die Menschen der nächsten, der »Bronzenen Rasse« »fanden Freude am Krieg: Sie waren dreist und mitleidslos. Der Schwarze Tod raffte sie alle hinweg.«

Danach existierte eine weitere »Bronzene Rasse«, die »edler und großzügiger« als die vorherige war, »da sie von den Göttern mit sterblichen Müttern gezeugt worden waren. (…) Sie sind Heroen und bewohnen die Elysischen Gefilde.« Schließlich wurde die »Eisenrasse unserer Tage« geschaffen, »wertlose Abkömmlinge der vierten Rasse. Sie ist entartet, grausam, ungerecht, böswillig, unzüchtig, ohne Achtung vor den Eltern und verräterisch.«

Ähnliche Überlegungen hinsichtlich des Geschichtsbildes von Zivilisationen, deren Denken mythisch geprägt war, stellt auch Daniel Pinchbeck an: »Zeiten des Niedergangs und der Auflösung stellten für sie notwendige Phasen innerhalb dieser zyklischen Weltsicht dar. Im Hinduismus zum Beispiel wird unsere gegenwärtige Epoche als die letzte von vier Weltzeitaltern dargestellt, die vereinfacht gesagt den griechischen Zeitaltern entsprechen: Goldenes Zeitalter, Silbernes Zeitalter, Bronzezeit und Eisenzeit. Das heutige Zeitalter heißt Kali Yuga, benannt nach Kali, der Zerstörergöttin und dunklen Mutter, die gewöhnlich auf einer Leiche tanzend dargestellt wird.« Tröstlich sei, dass das Ende des Kali Yuga auch eine Rückkehr zum Goldenen Zeitalter, dem Satya Yuga, bedeutet, wenn Kalis Wut den Ekstasen der Shakti Platz macht.[273]

Erstaunlicherweise finden sich Analogien zu den Weltende-Visionen der präkolumbischen Kulturen sogar in Mythen der nordischen Völker: »Die nord. Kosmologie schließt auch eine Zerstörung der Welt ein, welche die Götter ebenso betrifft wie die Menschen.«[274] In der germanischen Mythologie heißen die Apokalypsen »Ragnarök« und sind durch vier große eschatologische Ereignisse gekennzeichnet: »(…) der Fimbulwinter; der Weltenbrand, mit dem Surtr die ganze Welt vernichtet; das Versinken der Erde in dem von der Midgardschlange aufgepeitschten Ozean; und schließlich die Verdunkelung der Sonne, die durch den Fenriswolf verschluckt wird. Weitere Naturereignisse schließen sich an: die Erde bebt, Felsen stürzen, der Weltenbaum Yggdrasil zittert, die Brücke Bifröst stürzt ein.«

Erneut sind Parallelen zu Untergangsszenarien der Maya und Azteken zu registrieren: Das Versinken der Erde im Ozean erinnert an die »große Flut«, der Weltenbrand an die Vernichtung einer aztekischen Sonne durch Feuer, und der Fimbulwinter zeigt Anklänge an die Furcht vor neuen Eiszeiten. Allerdings weist Simek zu Recht darauf hin, dass »gerade in Nordeuropa die Kälte als kosmische Gefahr autochthon« ist; damit werden Vermutungen zurückgewiesen, es könne sich um Entlehnungen ähnlicher Vorstellungen in »iranisch-manichäischen Mythen« handeln[275].

Die Gemeinsamkeiten mit Mythen von Völkern, die in klimatisch eher milderen Regionen angesiedelt sind, erscheinen dadurch allerdings noch überraschender. Germanen und Mesoamerikaner teilen außerdem die Vorstellung eines dreigeteilten Kosmos mit einer Ober-, Mittel- und Unterwelt, wobei die Mittelwelt von den Menschen bewohnt wird. Zudem stellt in beiden Mythologien ein »Weltenbaum« die Verbindung zwischen den Ebenen her.

Graham Hancock hat noch zahlreiche Belege aus anderen Kulturen zusammengetragen – von den Hopi in Nordamerika über die »awestischen Schriften« aus dem alten Iran und Mythen aus China und Burma bis hin zu den Germanen[276]. Seine Frage am Ende lautet ähnlich wie bei Hapgood:

»Ist es nicht seltsam, dass die gleiche symbolische Sprache wieder und wieder in vorgeschichtlichen Überlieferungen aus so vielen weit verstreuten Regionen der Welt anzutreffen ist? Wie lässt sich das erklären? Handelt es sich um eine riesige, unbewusste Welle interkultureller Telepathie, oder könnten Elemente dieser bemerkenswerten universellen Mythen von einem klugen und zielstrebigen Volk vor langer Zeit mit Absicht geschaffen worden sein?«[277]

An späterer Stelle beruft er sich auf Überlegungen, die Giorgio de Santillana und Hertha von Dechend Ende der 1960er-Jahre in ihrem Buch *Die Mühle des Hamlet*[278] anstellten. Die beiden Hochschullehrer hatten in ihrem Essay über das mythische Denken und die Zeitvorstellungen früherer Völker vermutet, es könne eine hochentwickelte Zivilisation lange vor den uns bekannten gegeben haben. Wie Hancock referiert, bezogen sich laut de Santillana und Dechend zahlreiche mythische Bilder auf »himmlische Ereignisse, und zwar in der verfeinerten technischen Sprache einer archaischen, aber ›sehr anspruchsvollen‹ astronomischen und mathematischen Wissenschaft: ›Diese Sprache ignoriert lokale Glaubensvorstellungen und Kulte. Sie konzentriert sich auf (…) die Zahlenstruktur, auf die Geometrie.«[279]

An dieser Stelle seiner Ausführungen kommt Hancock sehr ausführlich auf die Präzession zu sprechen. Seiner Überzeugung nach verdankt die Menschheit auch dieses Wissen letztlich jener untergegangenen Zivilisation, die so wenige Zeugnisse ihrer Existenz hinterlassen hat. Mit Bedauern registriert der Autor, dass die beiden Gelehrten zwar von einer »Urzivilisation« sprechen, aber regelmäßig ausweichen, wenn es darum geht, zu bestimmen, wo und wann diese gelebt haben soll.

Eine klimatische Revolution vor 11.000 Jahren

Wenn die Erzählungen der Völker, die von Weltuntergängen durch Erdbeben, Eiszeiten, Vulkanausbrüche oder Sintfluten berichten, tatsächlich Ausdruck der gemeinsamen Erfahrung einer globalen Katastrophe sein sollten, dann stellt sich die Frage, wann diese stattgefunden haben soll. Denn »in den letzten 5000 Jahren hat es keine einzige Gelegenheit gegeben, bei der die Menschheit als Ganzes der Gefahr des völligen Untergangs ins Auge geblickt hätte«[280].

Folglich bleiben nur zwei Möglichkeiten, um die gemeinsame Symbolik der Mythen zu erklären: Es handelt sich hierbei entweder um kollektive Phantasien, deren Erklärung irgendwo im Dunkel einer wie auch immer gearteten anthropologischen Erklärung über das Denken von Naturvölkern versanden würde; oder aber die Geschehnisse, auf die all diese Berichte zurückgehen, haben sich in einer grauen Vorzeit zugetragen, die wir als vorgeschichtlich bezeichnen und von der wir nichts wissen können oder wollen. Von Letzterem ist Charles Hapgood überzeugt, der in diesem Zusammenhang darauf hinweist, dass auch die Geschichte von Troja bis zu Schliemanns Ausgrabung der Stadt Ende des 19. Jahrhunderts als Mythos galt[281]:

»Der Leser wird sich natürlich fragen, ob eine Kultur, die sich fast über die ganze Erde erstreckte, wirklich verschwinden kann, ohne andere Spuren zu hinterlassen als diese Karten. Als Antwort sei auf das bekannte Prinzip der menschlichen Psychologie verwiesen: ›Wir finden nur, wonach wir suchen.‹ Damit will ich natürlich nicht sagen, es gäbe keine Zufallsfunde. Aber in der Regel übersehen, übergehen und ignorieren wir Fakten, sofern wir kein Motiv haben, sie wahrzunehmen.«[282]

Sollte es also diese hoch entwickelte Kultur gegeben haben, von deren Existenz Hapgood wie Hancock ausgehen, so müsste sie lange vor dem Zeitalter des Pyramidenbaus in Ägypten ihre Blüte erlebt haben, irgendwann in den letzten 110.000 bis 50.000 Jahren, vermutet Hancock, die seit dem Auftauchen des »Homo sapiens neanderthalensis« verstrichen sind[283]. Laut Hancock fällt dieses Phänomen auffällig mit der sogenannten »Wisconsin-Eiszeit« zusammen, deren Anfänge man auf die Zeit von vor 115.000 Jahren datiert. Danach habe es mehrere

»Ausdehnungs- und Abschmelzphasen« gegeben, »wobei die stärkste Vereisung in die Zeit von 60.000 bis 17.000 v. Chr. fällt. Dieser Prozess hatte seinen Höhepunkt in der so genannten Tazewell-Periode, bei der das Eis um 15.000 v. Chr. seine maximale Ausdehnung erreichte. Um 13.000 v. Chr. waren jedoch Millionen Quadratkilometer Eis geschmolzen – aus Gründen, die man nie hinreichend geklärt hat –, und um 8.000 v. Chr. war die Wisconsin-Eiszeit zu Ende. (…) Das Erscheinen des ›Homo sapiens‹ fiel demnach mit einem langen Zeitraum geologischer und klimatischer Turbulenzen zusammen – einem Zeitraum, der von brutaler Kälte und von Überflutungen gekennzeichnet war. Die vielen Jahrtausende, in denen sich das Eis gnadenlos ausdehnte, müssen entsetzlich für unsere Vorfahren gewesen sein. Aber jene letzten 7000 Jahre der Eisschmelze, vor allem die sehr raschen und umfassenden Tauperioden, waren gewiss noch schlimmer.«[284]

Hancock zufolge vollzog sich in den Jahren »zwischen 11.000 und 9.000 v. Chr.« ein »Massensterben« von Tierarten, das einmalig in der Geschichte sei[285]. Besonders heftig betroffen von »Massenausrottungen« sei Sibirien gewesen; von 34 hier plötzlich vernichteten Tierarten seien »nicht weniger als 28 ›nur an gemäßigtes Klima angepasst‹« gewesen.[286] Allem Anschein nach kam das Unheil über diese Arten von einem Augenblick auf den anderen, sodass man in den Mägen tiefgefrorener Mammuts Jahrtausende später unverdaute Reste von pflanzlicher Nahrung entdeckt habe:

»Wie in einem gespenstischen Anklang an die awestischen Überlieferungen wurde ein Land, das vormals von sieben Sommermonaten geprägt war, beinahe über Nacht in eine Eis- und Schneewüste mit einem zehnmonatigen eisigen Winter verwandelt.«

Es kann sich, sollten diese Hypothesen zutreffen, um keinen allmählichen evolutionären Prozess gehandelt haben, sondern es müssen Kräfte gewirkt haben, die in der Lage waren, weltweite Klimaveränderungen »plötzlich« auszulösen und die sich wiederholen könnten. Fraglich ist nur, wie viel Zeit der Menschheit bliebe, um zumindest für handverlesene Auserwählte Fluchtpunkte im All oder in futuristischen »Archen« zu suchen – wie in Emmerichs »2012«. Oder an verschiedenen Orten auf der Welt, bei denen eine gewisse Aussicht bestünde, z. B. von einer Sintflut nicht total überschwemmt zu werden, für die Nachwelt Spuren des sich abzeichnenden Geschehens zu hinterlassen; das wären dann die »Götterspuren«, von denen Hancock spricht.

Für Hancock ist tatsächlich ein extremer Vulkanismus einer der möglichen Faktoren, die in den Jahrtausenden der Schmelze am Ende der Wisconsin-Eiszeit zu Sintfluten und vergleichbaren Katastrophen, von denen die Mythen der Völker berichten, geführt haben könnten.[287]

Neuere Erkenntnisse der Vulkanismusforschung scheinen diese Überlegungen zu stützen: Wie es aussieht, haben Ausbrüche von Supervulkanen in der Vergangenheit – allerdings einer Vergangenheit, die sehr viel weiter zurückliegt als die hier zur Diskussion stehende Epoche um das Jahr 10.000 v. Chr. – die Erde mehrfach an den Rand des Untergangs gedrängt, gleichzeitig aber die Voraussetzungen für eine Neuentwicklung des Lebens geschaffen[288].

Zur Erinnerung: Der letzte Ausbruch des Yellowstone soll sich vor etwa 650.000 Jahren zugetragen haben – der Nachweis für eine vergleichbar große Katastrophe vor 10.000 bis 12.000 Jahren liegt nicht vor. Unbestritten ist, dass in diesem Zeitraum die Ausbrüche mehrerer »Krakataus« das Leben in mehr oder minder großen Gebieten ausgelöscht haben könnten. Doch Hancocks Thesen würden nur dann ernsthaft untermauert, wenn sich ein Ereignis nachweisen ließe, das mehr als eine nur regionale Katastrophe auszulösen vermocht hätte – wobei regional in diesem Zusammenhang schon einen ganzen Kontinent bezeichnen würde. Selbst das wäre nicht ausreichend.

Abschließend sei auf einen weiteren Widerspruch hingewiesen. Hancock notiert, dass mögliche Einwanderungswellen von Asien nach Amerika über die Beringstraße vor mindestens 35.000 Jahren begonnen haben, aber erst viel später hätten abgeschlossen sein können:

»Diese ›Eiszeitamerikaner‹, die von Sibirien über die Bering-Landbrücke zogen, müssen in der Zeit vor 17.000 bis 10.000 Jahren entsetzliche Bedingungen vorgefunden haben. Damals begannen alle Wisconsin-Gletscher gleichzeitig zu schmelzen, was einen globalen Anstieg der Meeresspiegel um rund 100 Meter sowie nie da gewesene klimatische und geologische Umwälzungen auslöste. 7000 Jahre lang müssen Erdbeben, Vulkaneruptionen und ungeheure Überschwemmungen, unterbrochen von gespenstischen Ruhepausen, den Alltag der Menschen in der Neuen Welt beherrscht haben. Vielleicht erzählen viele ihrer Mythen deshalb so überzeugend von Feuer und Sintfluten, von Zeiten der Finsternis und von der Schaffung und Zerstörung der Sonnen.«[289]

Das wäre vielleicht eine Erklärung für die Ursachen bestimmter Weltuntergangsmythen der Maya oder Azteken, wenn mit »Neue Welt« der gesamte amerikanische Kontinent gemeint sein sollte. Die Frage, weshalb sich gewisse, immer wiederkehrende Muster in mythischen Erzählungen über den ganzen Globus erstrecken, bliebe hingegen weiterhin unbeantwortet. Und sie würde Hancocks Ausgangsüberlegungen widersprechen – denn die verschollene Hochzivilisation, deren »Spuren« er sucht, hatte sich ja angeblich über den ganzen Erdball ausgebreitet. Außerdem leuchtet nicht ein, weshalb die Bewohner der Neuen Welt, wenn denn ihre Mythen auf Grundlage realer Erfahrungen in ihrem begrenzten Lebensraum entstanden wären, alternativ auf das Wissen und die Kenntnisse dieser verschollenen Kultur zugegriffen haben sollten.

Lässt man diese Widersprüche einmal außer Acht, bleibt die Behauptung im Raum stehen, dass sich irgendwann um das Jahr 10.000 geologische und klimatische Veränderungen von gigantischen Ausmaßen eingestellt haben sollen, wenn man dem Geologen John Imbrie glaubt, auf den Hancock sich beruft: »Vor ungefähr 11.000 Jahren fand eine klimatische Revolution statt.«[290] Die Frage nach den Ursachen einer derartigen Revolution, die sich unter Umständen wiederholen könnte, bleibt unbeantwortet.

Evolutions- und Katastrophentheoretiker: Die Suche nach Platons Atlantis?

Ein großer Unterschied existiert zwischen den esoterischen Visionen der Callemans und Argüelles und den Gedankengängen von Journalisten wie Gilbert und Hancock. So abstrus manche ihrer Ideen auch anmuten, sie erheben den Anspruch auf wissenschaftliche Überprüfbarkeit und müssen sich daran messen lassen. Deshalb wiegen Widersprüche innerhalb ihrer Argumentationsführungen erheblich schwerer als im Fall von Theorien, die ohnehin nur funktionieren, wenn man ihre Grundaxiome akzeptiert. Hancock bleibt, zumindest nach außen hin, immer den Regeln rationaler Argumentation verpflichtet. Gilbert hingegen begibt sich am Ende auf ein Feld, auf das man ihm nur mehr folgen kann, wenn man bereit und fähig ist, die Grenzen des rational Nachvollziehbaren zu überschreiten. Spätestens dann, wenn er von Dänikens Theorie des Kulturimports durch Außerirdische mit Argumenten aus dem Bereich der Naturwissenschaften zurückweist, um gleich darauf unter Berufung auf den Mystiker J. J. Hurtak die Möglichkeit zu diskutieren, die Aliens könnten via »Seelenreisen« ihre Kultur auf die Erde gebracht haben[291], ist diese Grenze überschritten.

Alle Vorstellungen und Theorien, die bislang besprochen wurden, kreisen um die wirklichen oder vermeintlichen Prophezeiungen der Maya zum Zeiten- oder Weltenende am 21.12.2012. Was immer an diesem Tag geschehen könnte, es ist – zumindest nach den Regeln und Gesetzen der für uns geltenden Wissenschaften – im besten Fall berechenbar, nicht aber kontrollierbar. Schon gar nicht könnte man irgendetwas dagegen tun. Das Geschehen würde in Form einer Naturgewalt über die Menschheit hereinbrechen. Es sei denn, man versteht Untergangs-»Prophezeiungen« wie Peter Ruppel als »Mahnungen«, die ohnehin nicht wirklich werden sollen, sondern nur den Zweck verfolgen, die Abgemahnten zur Umkehr aufzurufen[292]. Dann jedoch ist jede Bezugnahme auf reale Daten sinnlos. Zynisch argumentiert: Wenn die Aufzeichnungen seismischer Aktivitäten im Yellowstone-Park den Ausbruch des Vulkans für 2012 ankündigen sollten, könnten wir jeglichen Aufruf zu einem bewussteren Umgang mit der Natur

Übersichtskarte der Maya-Siedlungen auf der Halbinsel Yucatán

Lithographie eines Maya-Tempels in Uxmal von Frederick Catherwood (1840)

Feier anlässlich der Tag-und-Nacht-Gleiche an der Kukulkan-Pyramide in Chichén Itzá (Mexiko)

Links: Das Caracol-Observatorium in Chichén Itzá

Rechts: Die Pyramiden von Teotihuácan, Blick von der Mondpyramide Richtung Sonnenpyramide und Straße der Toten

Oben: »El Palacio«, Palenque

Unten: Sonnenstein – Kalenderstein der Azteken, Basalt, Anthropologisches Museum von Mexico City

in Maya-Relief des Gottes Kukulkan im British Museum wurde ursprünglich in Chichén Itzá gefunden und stammt vermutlich aus dem 8. Jahrhundert.

Tempel der Inschriften in Palenque

getrost ignorieren und unbeschwert auf dem Vulkan tanzen. Nicht zuletzt aus diesem Grund kann man sich eine ernsthafte Auseinandersetzung mit den esoterischen Heilslehren schenken.

Eine andere Frage ist, ob sich Katastrophen tatsächlich wissenschaftlich voraussagen lassen. Hier ist die Rede von Katastrophen »globaler Ausmaße«. Wodurch könnten sie verursacht werden? Eine Antwort gibt der – wiederum umstrittene – Theoretiker Immanuel Velikovsky: durch eine plötzliche und nicht vorhersehbare Verlagerung der Erdachse, die Cotterell und Gilbert zufolge durch Einwirkungen von Sonnenstürmen auf den Magnetismus der Erde hervorgerufen werden könnte. Was in einem solchen Fall geschähe, beschreibt Velikovsky mit dramatischen Bildern:

»Ein Beben hätte in diesem Moment die Erde erzittern lassen. Luft und Wasser hätten sich infolge ihrer Trägheit weiter bewegt. Über die Erde wären Sturmwinde hinweggebraust und über Kontinente wäre die See hereingestürzt, (…) Hitze würde entwickelt, Gestein würde schmelzen, Vulkane würden ausbrechen (…). Aus den Ebenen würden sich Gebirge erheben (…). Seen würden umgekippt und ausgeleert, Flüsse ihre Betten verlegen; grosse Landstriche mitsamt ihren Bewohnern würden ins Meer rutschen. Wälder würden verbrennen (…). Meere würden zu Wüsten, ihr Wasser weggelaufen. Und würde es zusammen mit der Achsenverlagerung zu einer Veränderung der tagesbestimmenden Rotationsgeschwindigkeit kommen – würde sie langsamer –, dann zöge sich das durch die Fliehkraft in den Äquatorialozeanen festgehaltene Wasser zu den Polen zurück, und Sturmfluten und Orkane würden von Pol zu Pol rasen, vom Äquator die Kämme des Himalaja hinauf und die Dschungel Afrikas hinunter (…). Die Verlagerung der Achse würde auch überall das Klima verändern, Korallen in Neufundland und Elefanten in Alaska hinterlassend, Feigenbäume im Norden Grönlands und üppige Wälder in der Antarktis. Im Falle einer jähen Achsenverlagerung würden viele Arten und Gattungen von Land- und Meerestieren vernichtet, und Kulturen – wenn vorhanden – würden in Ruinen verwandelt.«[293]

Cotterell und Gilbert sehen in diesen Szenarien »eine verblüffende Ähnlichkeit mit dem Ende eines jeden der vier Zeitalter in der Mythologie der Maya« – und sie prophezeien »um das Jahr 2012« Katastrophen von vergleichbaren Ausmaßen[294]. Der Zusammenhang mit dem Maya-Kalender wird über die These hergestellt, dass deren Zeitvorstellungen auf Beobachtungen von Sonnenfleckenzyklen basierten. Die Vorstellung, dass dieses mittelamerikanische Volk die Auswirkungen von Sonnenfleckenaktivitäten und Sonnenwinden erkannt und berechnet haben sollte und sein Kalendersystem auf Zyklen schwächerer oder stärkerer Sonnenfleckentätigkeiten hin ausgerichtet hätte, mutet abenteuerlich an und die Rechenmodelle der Autoren gehen nicht auf.

Damit soll nicht gesagt werden, ein Kataklysmus wie von Velikovsky beschrieben sei gänzlich ausgeschlossen. Auch wenn die Thesen des Autors von *Erde in Aufruhr*, das erstmals in den 1950er-Jahren erschien, in der wissenschaftlichen Welt auf wenig Zustimmung trafen, konnte der Katastrophentheoretiker eine große Leserschaft für seine Bücher gewinnen.

Vor dem Hintergrund, dass die modernen Gesellschaften im Zuge einer umfassenden Digitalisierung des täglichen Lebens besonders anfällig sind für Sonneneinwirkungen auf den Magnetismus der Erde, sollte man Warnungen nicht einfach in den Wind schlagen. Unter der Überschrift »Wie Sonnenstürme bei uns für Chaos sorgen können« berichtete das *Hamburger Abendblatt* am 11. Mai 2009 von Forschungen des Wissenschaftlers Dr. Volker Bothmer, der am Institut für Astrophysik der Universität Göttingen lehrt.

»Welche gesellschaftlichen und ökonomischen Folgen ein starker Sonnensturm haben kann, untersuchten US-Wissenschaftler im Auftrag der amerikanischen Regierung. Das Szenario, das die US National Academy of Science (NAS) kürzlich vorstellte, könnte einem Weltuntergangsfilm entstammen: Bis zu 80 Prozent der Stromnetze der USA könnten infolge eines starken Solarsturms ausfallen, Millionen Menschen wären binnen Sekunden ohne Strom und ohne Trinkwasser. Die Reparatur der Systeme würde mehr als zwölf Monate dauern. (…) Zudem würden der Handel, das Transport-, Kommunikations- und Navigationssystem zusammenbrechen, der Flugverkehr zum Erliegen kommen, Dutzende Satelliten ausfallen.«[295]

Unbestreitbar wären die Folgen katastrophal, es würden volkwirtschaftliche Schäden von gigantischen Ausmaßen entstehen. Wissenschaftler wie der Astrophysiker Bothmer verfolgen jedoch andere Ziele als die Untergangspropheten: Sie weisen darauf hin, dass die Abhängigkeit des modernen Lebens von digitalen Steuerungsmedien Gefahren in sich birgt, gegen die möglichst frühzeitig Maßnahmen ergriffen werden sollten.

Velikovskys Schilderungen der Folgen eines Kataklysmus ähneln den Beschreibungen Hancocks über Ereignisse während der Wisconsin-Eiszeit. Die verheerendsten Katastrophen sollen laut Hancock am Ende der großen Schmelze stattgefunden haben, also um das Jahr 10.000 v. Chr. Diese Zeit spielt auch in den Beweisführungen von Gilbert und Cotterell eine nicht unwesentliche Rolle – es ist die Epoche, in der ihrer Auffassung nach das sagenhafte Atlantis Platons untergegangen sein soll. Erneut werden recht akrobatische Gedankengänge vollzogen, um einen Bezug zu den Maya herzustellen. Der Mythos von Atlantis ist letztlich für Gilbert und Cotterell das Bindeglied zwischen ihrer Theorie einer durch Sonnenfleckenaktivitäten verursachten gigantischen Katastrophe, der mysteriösen Herkunft des kulturellen Wissens der Maya und den Parallelen, die sich in den Kosmologien von Ägyptern und Maya feststellen lassen. Die Autoren ziehen ähnliche Schlüsse wie Hapgood und Hancock: Es gibt eine verschollene Hochkultur, der die späteren Kulturen große Teile ihres Wissens zu verdanken haben. Allerdings bestehen große Unterschiede hinsichtlich deren Situierung. Gilbert und Cotterell vermuten, Atlantis habe »in der Region der Westindischen Inseln gelegen (…), wo sich zahlreiche Inseln befinden und die Gewässer ziemlich seicht sind. Plausibel erscheint immerhin die Hypothese, der ›Untergang‹ von Atlantis sei in Wirklichkeit eine Überschwemmung gewesen; die könnte auf ein Ansteigen des Meeresspiegels zurückgeführt werden, verursacht durch ein Abschmelzen der Polkappen um das Jahr 10500 v. Chr., als die letzte Eiszeit zu Ende ging«[296].

Die Datierung stimmt auffällig mit den Erläuterungen Hancocks überein, doch obwohl sich die Autoren nachweislich kennen, nimmt keiner explizit auf den anderen Bezug. Es ist nicht auszuschließen, dass sie unabhängig voneinander zu ähnlichen Ergebnissen gelangt sind, was allerdings ein bemerkenswerter Zufall wäre.

Zur Stützung ihrer Thesen hinsichtlich des Untergangs von Atlantis bemühen Gilbert und Cotterell den »schlafenden Propheten«[297] Edgar Cayce, ein US-amerikanisches Medium, das in der ersten Hälfte des 20. Jahrhunderts mit seinen in Trancezuständen formulierten Wahrsagungen und Visionen weltweite Bekanntheit erlangte. Zu den Themen, über die sich Cayce mehrfach äußerte, zählten auch »Erinnerungen« an das Ende der Hochkultur von Atlantis, das sich 10.500 v. Chr. vollzogen habe[298]. Man werde, hatte Cayce geweissagt, Spuren von Atlantis vor der Küste des Bimini-Atolls, in der Nähe der Pyramiden von Gizeh sowie auf der Halbinsel Yucatán finden– wobei in der Nähe des Bimini-Atolls Ende der 1960er Jahre tatsächlich einige mysteriöse Funde gemacht wurden, die Cayces Visionen untermauern könnten (was sie für Gilbert und Cotterell tun).

Unter Bezugnahme auf neuere Theorien, denen zufolge die Sphinx von Gizeh »möglicherweise« annähernd 12.000 Jahre alt sei, sowie auf Platons Bericht von einer Sintflut, die sich ca. 9500 v. Chr. zugetragen habe, gelangen die Verfasser der Prophezeiungen zu dem Schluss, dass zwischen 11.000 und 9000 v. Chr. Überlebende des Untergangs von Atlantis »nach Ägypten und Yucatán ausgewandert sind«.

Um die Kernthesen in der Argumentationsführung kurz zu rekapitulieren: Gegen Ende der letzten großen Eiszeit kam es zu einer Naturkatastrophe, in deren Gefolge die hochentwickelte Zivilisation von Atlantis vernichtet wurde. Überlebende Atlanter haben sich unter anderem nach Ägypten und Yucatán gerettet und den Eingeborenen dieser Regionen ihr Wissen mitgebracht. Dazu gehörten astronomische Kenntnisse, die in den Kalender der Maya Eingang gefunden haben. Zudem verdanken die Maya den Atlantern Einsichten über Konstellationen am Sternenhimmel, die für Erde und Menschheit gefährlich sind. Somit konnten die Kalenderpriester genaue Vorhersagen treffen, wann die nächsten Male Unheil droht. Für Dezember 2012 steht wieder einmal solch eine verhängnisvolle Konstellation an:

»Der Beginn des letzten Mayazeitalters war die Geburt der Venus, des Quetzalcóatlsterns am 12. August 3114 v. Chr. Am letzten Tag des Zeitalters, dem 22. Dezember 2012, treten die kosmischen Zusammenhänge zwischen Venus, Sonne, den Plejaden und Orion wieder in Erscheinung. Denn so, wie die Venus zum ersteren Zeitpunkt tatsächlich ›geboren‹ wurde – wobei die Plejaden mit ihrem Meridiandurchgang in der Morgendämmerung diese ›Geburt‹ ankündigten –, so ›stirbt‹ sie dann symbolisch. (…) (es) lässt sich errechnen, dass kurz vor Sonnenuntergang am 22. Dezember 2012 die Venus am westlichen Horizont untergeht und gleichzeitig die Plejaden am östlichen Himmel aufgehen.«

Nun wird Edgar Cayce zu Rate gezogen, der nicht nur in die Vergangenheit blicken, sondern auch die Zukunft vorhersagen konnte. Eine seiner Prophezeiungen besagte, Atlantis werde eines Tages wieder auftauchen und auf der anderen Seite würden »große Gebiete an der Ost- und Westküste Amerikas unter dem steigenden Meeresspiegel ebenso verschwinden (…) wie damals Atlantis«. Das Auftauchen von Atlantis aus dem Meer würde des weiteren Europa vom Golfstrom abschneiden, was eine dramatische Abkühlung der Alten Welt nach sich zöge.

Ob das dann die Apokalypse wäre, sei dahingestellt, aber für Gilbert und Cotterell steht fest: »All diese Prophezeiungen stehen in Einklang mit der Vorstellung der Maya, dass das gegenwärtige Zeitalter im Jahre 2012 seinen Untergang erlebt.« Durch Cotterells Theorie der Sonnenfleckenzyklen gebe es nun zusätzlich eine wissenschaftliche Begründung der Richtigkeit dieser Visionen. Bliebe noch zu fragen, ob auch das Wissen um Sonnenflecken von den Atlantern nach Yucatán gebracht wurde – und wenn ja, warum dann nicht auch nach Ägypten?

Man könnte über die Auswüchse in diesen Gedankengängen der Autoren amüsiert den Kopf schütteln, da den Maya und auch den Lesern schon einiges an Phantasie zugemutet wird. Andererseits ist es nicht völlig unverständlich, dass solche Visionen viele Menschen zu ängstigen vermögen, weil sie scheinbar durch Ereignisse wie die Überflutung von New Orleans 2005 bestätigt werden. Ab einem gewissen Punkt hören solche Phantastereien jedoch auf, komisch zu sein. Zudem beschwören sie die Gefahr herauf, den gar nicht einmal so kleinen »wahren« Kern, aus dem sie gewachsen sind, vollends in Vergessenheit geraten zu lassen.

Die Theorie der Erdkrustenverschiebung

Charles Hapgood hat darauf hingewiesen, dass die Erzählungen Homers über Troja lange Zeit als Mythos ohne historischen Hintergrund angesehen wurden. Das hat sich durch die Entdeckungen Heinrich Schliemanns in den 1870er-Jahren geändert. Genauso könnte die Archäologie selbstverständlich irgendwann Beweise finden, dass es sich bei Platons Bericht über Atlantis um mehr als eine Fiktion handelt. Prinzipiell ist auch nichts gegen Gedankenspiele einzuwenden, die Bewohner des sagenhaften Kontinents hätten womöglich eine Zivilisation entwickelt, die weit fortgeschrittener war als die abendländische Kultur noch im 18. Jahrhundert. Zu dieser Überzeugung gelangte auch Charles Hapgood angesichts der Weltkarten alter Seefahrer[299]. Es gibt auch Gründe, einen Kataklysmus, der den Untergang eines ganzen Kontinents ausgelöst haben könnte, auf die Epoche der großen Eiszeit zu datieren, die vor ungefähr 10.000 Jahren endete; dass diese Epoche durch verstärkten Vulkanismus und eine Vielzahl von Erdbeben geprägt war, scheint unumstritten zu sein. Theoretisch vorstellbar ist es demnach schon, dass eine Zivilisation wie vom Erdboden verschluckt wurde, ohne nennenswerte Spuren zu hinterlassen. Die Wissenschaften verlangen dafür aber Beweise, die sich bislang nicht erbringen ließen. Der Gegenbeweis lässt sich nicht führen – jedenfalls nicht überzeugend für jene, die an die Existenz von Atlantis glauben *wollen*.

Die Schwierigkeiten, den Konstrukten von Gilbert und Cotterell zu folgen, haben andere Ursachen: Die Autoren häufen zu viele Spekulationen an, von denen jede für sich fragwürdig ist, und setzen die eine umstrittene These ein, um die andere zu stützen. Zu behaupten, Überlebende aus Atlantis hätten den Maya ihr Wissen über den Kosmos vermacht, und dies mit den Visionen eines Mediums zu untermauern, ist unhaltbar. Nicht minder abwegig ist der Gedanke, die Maya hätten Sonnenfleckenzyklen erkannt und deren Einwirkungen auf den Magnetismus der Erde so weit voraus berechnet, dass sie für den Dezember 2012 den Weltuntergang vorhersagen konnten.

Generell wäre es voreilig, Katastrophentheorien, die nicht dem wissenschaftlichen Mainstream zuzurechnen sind, als völlig absurd abzutun. Ein weiteres Beispiel ist Hapgoods Theorie der Erdkrustenverschiebung, die von den Naturwissenschaften bis heute als unrealistisch verworfen wird. Immerhin aber verfasste Albert Einstein ein wohlwollendes Vorwort für Hapgoods Buch. Diese Theorie stellt nicht nur für Hancock das letzte Teil in dem Puzzle seiner Suche nach der verschollenen Hochzivilisation der Vorgeschichte dar, sondern inspirierte auch Hollywood-Regisseur Emmerich zu seinem neuen Film. Da auch astronomische Fakten in diesem Kontext eine Rolle spielen, schließt sich gewissermaßen der Kreis.

Was ist unter Charles Hapgoods Theorie einer plötzlichen Erdkrustenverschiebung genau zu verstehen? Einstein meint im Vorwort zu Hapgoods Buch *Earth's Schifting Crust* von 1958 dazu:

»Zahlreiche empirische Daten belegen, dass überall dort, wo man die Erdoberfläche genauer untersucht hat, immer wieder plötzliche Klimaschwankungen aufgetreten sind. Nach Hapgood lässt sich das erklären, wenn die scheinbar feste Erdkruste sich von Zeit zu Zeit über den zähflüssigen, plastischen und möglicherweise sogar flüssigen inneren Schichten verschiebt. Zu solchen Verschiebungen könnte es auf Grund relativ kleiner, auf die Erdkruste wirkender Kräfte kommen, die aus dem Drehmoment der Erde resultieren, und diese Verschiebungen könnten ihrerseits zu Verschiebungen der Rotationsachse der Erdkruste führen. In den Polargebieten wird ständig Eis abgelagert, das sich nicht symmetrisch im Umkreis der Pole verteilt. Die Erdrotation wirkt auf diese asymmetrisch verteilten Massen ein und erzeugt eine Zentrifugalkraft, die sich auf die feste Erdkruste überträgt. Wenn die so entstandene, ständig wachsende Zentrifugalkraft einen bestimmten Wert erreicht, führt sie zu einer Verschiebung der Erdkruste gegenüber dem übrigen Erdkörper, und dadurch verschieben sich die Polargebiete in Richtung Äquator.«[300]

Earth's Shifting Crust erschien einige Jahre vor dem Buch über die *Weltkarten*. Wenn Hapgood die zuvor entwickelten Gedanken später aufgreift, dann vor allem deshalb, weil diese Theorie eine Erklärung dafür liefern könnte, weshalb die Karten am Ausgang des Mittelalters bereits die Umrisse der erst 1818 wiederentdeckten Antarktis skizzieren konnten und warum sie Details darstellen, die aus einer Zeit stammen müssten, in der zumindest Teile des »Weißen Kontinents« noch eisfrei waren. Aus diesem Sachverhalt zog Hapgood den Schluss,

»dass die Antarktis sich zu den Zeiten, als es dort wärmer war, nicht am Südpol befunden hat«[301]. Hapgood äußert nicht direkt die Vermutung, die verschollene Kultur, der die Karten zu verdanken sind, sei zu dieser Zeit in der Antarktis angesiedelt gewesen, aber der Schluss liegt natürlich nahe. Hancock, der Hapgood viel zu verdanken hat, sollte Jahrzehnte später genau diese These aufstellen.

In *Earth's Shifting Crust* ging es Hapgood laut eigener Aussage um den Versuch einer Erklärung, wie sich die letzte große Eiszeit ereignet haben könnte. Die entscheidende zu beantwortende Frage lautete, »ob die durch die Eiskappe bewirkten Zentrifugalkräfte ausreichten, um die Erdkruste in Bewegung zu setzen. (…) In der Antarktis z. B. liegt der Schwerpunkt der Eiskappe wegen der Form des Kontinents fast 500 Kilometer vom Pol entfernt. Da die Erde sich dreht, führt diese exzentrische Verteilung der Masse zu einer Zentrifugalkraft, die horizontal auf die Erdkruste einwirkt und sie in Richtung des Äquators verschieben könnte.«

Die Konsequenzen dieser Verschiebung wären weitreichend: Nordamerika wurde dem Gedankenspiel Hapgoods zufolge in Richtung Äquator gedrückt, Südamerika wäre ebenfalls entsprechend weiter nach Süden gewandert; umgekehrt hätte die Erdkrustenverschiebung große Teile Ostasiens näher an den Nordpol getrieben. Weshalb der Prozess schließlich endete, lässt sich nach Hapgood leicht erklären: In einem ersten Schritt würden die auf die Erdkruste einwirkenden Zentrifugalkräfte mächtig zunehmen, dann jedoch wieder abflauen, da das Eis schmilzt, je weiter es sich in Gebiete mit gemäßigtem Klima bewegt. Insgesamt vermutete Hapgood eine Verschiebung der Erdkruste um ca. 3000 Kilometer nach Süden – was bedeuten würde, dass sich die Antarktis vor diesem Ereignis 3000 Kilometer weiter nördlich und somit »außerhalb des Polarkreises in der gemäßigten Zone« befand. Wenn hier eine hoch entwickelte Zivilisation beheimatet gewesen wäre, läge sie heute natürlich unter dem »ewigen Eis« begraben.

Die zentralen Fragen liegen auf der Hand: Kann sich solch ein Vorgang tatsächlich so schnell ereignen, dass von dieser Kultur keine anderen Zeugnisse außer Seekarten überdauert haben? Kann sich eine Erdkrustenverschiebung wiederholen – möglicherweise schon in nächster Zukunft? Welche äußeren Einwirkungen könnten einen solchen Prozess auslösen? Könnten extreme Sonnenstürme, die auf verstärkte Sonnenfleckenaktivitäten in den Jahren bis 2012 zurückzuführen sind, derart verheerende Wirkungen zeitigen? Fatalerweise sind die Ideen von Maurice Cotterell so absurd nicht, wie sie zum Teil anmuten – es lohnt sich, sie auf ihre Wahrscheinlichkeit hin zu prüfen, auch wenn man die phantastischen und zirkulären Schlüsse nicht nachzuvollziehen vermag.

Die Sonne – das Verhängnis des Blauen Planeten?

Graham Hancock berichtet in *Die Spur der Götter*, er hätte am Ende seiner jahrelangen Recherchen, wohin die geheimnisvolle Kultur, denen Ägypter wie Maya so viel zu verdanken hätten, auf Nimmerwiedersehen verschwunden wäre, kurz vor der Resignation gestanden: Keine Theorie sei in der Lage gewesen zu erklären, dass ein ganzer Kontinent untergeht, ohne Spuren zu hinterlassen. Dann habe ihn ein Brief des kanadischen Forscherpaares Rose und Rand Flem-Ath erreicht, die ihm ein Manuskript ihres Buches *When the Sky fell* zugesandt hätten. Die Autoren nehmen Bezug auf Hapgoods Theorie der Erdkrustenverschiebung und versuchen sie durch neuere Erkenntnisse zu stützen.

Hancock, der den Eindruck erweckt, als sei er erst durch dieses Schreiben von 1993 auf Hapgoods Theorien gestoßen, zitiert aus *When the Sky fell*, wobei die folgenden Passagen stark an Beschreibungen erinnern, die Immanuel Velikovsky als mögliche Folgen einer plötzlichen Umkehrung des Erdmagnetismus skizziert:

»Die Folgen einer Bewegung der gesamten Erdkruste sind gewaltig. Die Kruste wirft sich über dem Mantel in Falten, und die Welt wird von unglaublichen Erdstößen und Fluten heimgesucht. Der Himmel scheint einzustürzen, während die Kontinente stöhnend ihre Lage verändern. Tief im Ozean erzeugen Erdbeben riesige Wellen, die gegen die Küsten branden und sie überschwemmen. Einige Landmassen werden in wärmere Breiten, andere in die Polarzonen getrieben und sind dort der erbarmungslosen Kälte ausgesetzt. Durch die schmelzenden Eismassen steigen die Wasserspiegel der Weltmeere. Alle Lebewesen müssen sich anpassen, weiterziehen oder sterben … Wenn eine Erdkrustenverschiebung unsere heutige Welt mit ihren vernetzten Kulturen heimsuchte, würden Jahrtausende zivilisatorischen Fortschritts wie dünne Spinnweben von unserem Planeten gefegt werden. Wer in der Nähe von hohen Bergen wohnte, hätte eine Chance, den Flutwellen zu entgehen, müsste aber die Errungenschaften der Zivilisation hinter sich lassen.«[302]

Das wäre der eine Teil der Erklärung, den man allerdings auch schon bei Hapgood nachlesen konnte: Durch eine plötzliche Erdkrustenverschiebung werden Regionen quasi über Nacht von polaren in gemäßigte Zonen verschoben und umgekehrt. Auf diese Weise ließe sich begründen, weshalb in den Mägen der gefrorenen Mammuts in Sibirien Reste ihrer letzten Nahrung entdeckt wurden: Die durch diese Prozesse hervorgerufene Eiszeit im Osten Asiens hätte sich schneller vollzogen als die Verdauungsprozesse im Inneren der riesigen Tiere. Ebenso könnte eine Kultur, unter Umständen Platons Atlantis, über Nacht unter dem antarktischen Eis verschwunden sein, wie Hancock schlussfolgert[303].

Wie gesagt, das alles war nicht neu im Vergleich zu den ursprünglichen Theorien von Hapgood. Das Autorenduo Flem-Ath weist jedoch auf Faktoren hin, die sich frappierend mit Theorien überschneiden, von denen bereits die Rede war. Unter Bezugnahme auf Einsteins Vorwort konstatieren sie: »Als Einstein diese Worte schrieb (1953), hatte man die astronomischen Hintergründe der Eiszeiten noch nicht erkannt. Wenn die Umlaufbahn der Erde mehr als ein Prozent von einem perfekten Kreis abweicht, steigt der Einfluss der Schwerkraft der Sonne, so dass sie einen stärkeren Zug auf den Planeten mit seinen dicken Eisschichten ausübt. Deren Gewicht drückt gegen die Erdkruste, und dieser enorme Druck löst in Verbindung mit der stärkeren Neigung der Erde eine Verschiebung der Kruste aus.«[304]

Die Überlegungen der kanadischen Forscher lassen sich anscheinend perfekt mit dem Gedanken verknüpfen, dass Sonnenstürme einen gefährlichen Einfluss auf den Erdmagnetismus ausüben könnten. Wie bereits erwähnt, ist die Erde keine wirkliche Kugel, sondern eine Ellipse; ebenso entspricht ihr Umlauf um die Sonne keinem perfekten Kreis, sondern verläuft ebenfalls leicht elliptisch. Das hat offenbar zur Folge, dass in bestimmten Zyklen die Entfernung unseres Planeten und seines Magnetfeldes zur Sonne und ihren Strahlungen minimale Abweichungen aufweist; aber diese minimalen Abweichungen können Wirkungen von unvorstellbaren Ausmaßen hervorrufen. Wenn die maximale Abweichung der Erdumlaufbahn von einem Kreis mit einer Phase starker Sonnenfleckenaktivitäten und durch sie ausgelöster Sonnenwinde bzw. -stürme zusammentrifft, kann dadurch eine für das Leben auf unserem Planeten äußerst bedrohliche Situation entstehen.

Hancock weist darauf hin, dass sich nach neuesten wissenschaftlichen Untersuchungen »die Magnetpolarität der Erde in den vergangenen 80 Millionen Jahren über 170 Mal umgekehrt hat«; simpel ausgedrückt hieße das, der Süd- wurde zum Nordpol und umgekehrt. Der Geologe S. K. Runcorn, auf den Hancock sich beruft, ging davon aus, »dass das Magnetfeld der Erde mit der Rotation des Planeten zusammenhängt«. Die unvermeidliche Schlussfolgerung daraus sei, dass »sich auch die Rotationsachse der Erde verändert hat. Anders ausgedrückt, der Planet hat sich herumgewälzt und die Lage der geographischen Pole verändert. Runcorn setzt offenbar eine komplette Drehung um 180 Grad voraus, wobei die Erde buchstäblich taumeln würde. Die gleichen paläomagnetischen Veränderungen würden jedoch stattfinden, wenn sich die Erdkruste *über* die geographischen Pole verschöbe. Beide Ereignisse hätten für die Zivilisation und alles Leben auf der Erde unvorstellbar grässliche Konsequenzen.«[305]

Mehrere Fragen stellen sich im Kontext dieser komplizierten Zusammenhänge dem Laien: Hat Hapgood behauptet, eine Verschiebung der Erdkruste um ca. 3000 Kilometer würde zugleich auch eine Umkehrung des Erdmagnetismus hervorrufen? Bewirkt die Umkehrung des Erdmagnetismus durch Einflüsse von Sonnenstrahlen die Erdkrustenverschiebung? Oder bewirken Sonnenstrahlungen auf das »flüssige« Erdinnere einen derartigen Druck auf die Erdkruste, dass diese sich tatsächlich zur Hälfte um die eigene Achse dreht? Anders gesagt: Ist ein solcher Prozess als plötzliches Naturereignis vorstellbar oder vollzieht er sich in »minimalen« Etappen? In 80 Millionen Jahren soll es zu insgesamt 170 Umkehrungen der magnetischen Pole gekommen sein – eine Zahl, die zunächst beängstigend klingt. Wenn man jedoch nachrechnet, gelangt man zu dem Ergebnis, dass sich diese Umkehrungen im Schnitt etwa alle 470.600 Jahre vollzogen haben.

Gilbert kommt in seinem später veröffentlichten Buch abschließend noch einmal auf diese Zusammenhänge zu sprechen. Erneut gerät dies zu einer eigenartigen Vermischung von seriösen Erwägungen mit waghalsigen Spekulationen, die in ernsthaften Ratschlägen münden, wie sich die Menschheit für den Fall des Untergangs wappnen könnte.[306] Tröstlich ist, dass die Apokalypse so total nicht sein kann, denn dann würde es wenig helfen, wenn man für den Fall der Fälle »einen oder zwei Sack Getreide, Dosennahrung und trockene Nudeln« zu Hause eingelagert hat. Sicherer wäre man vielleicht noch, hätte man seinen Wohnsitz zuvor an den Titicaca-See oder den Drakensberg in Südafrika verlegt, da hier die Chancen des Überlebens besonders groß sein sollen. Aber vielleicht sind ja bis 2012 auch einige Wohnungen im Schwarzwald frei geworden. Wem der Schwarzwald nicht zusagt, der muss eben bei einem der Maya- oder Hopi-Schamanen nachfragen, auf die sich nicht nur Graham Hancock, sondern auch Adrian Gilbert zuletzt beziehen. Möglicherweise haben sich die Apokalyptiker aber auch total verrechnet und wir erleben im Jahr 2012 überhaupt keinen Untergang, weil sich bereits im Oktober 2011 der von Carl Johan Calleman prognostizierte Bewusstseinssprung der Menschheit ereignet hat?

Sieht man von den absurden Folgerungen einmal ab, bleibt folgendes festzuhalten: Von der Sonne, ohne die kein Leben auf unserem Blauen Planeten möglich wäre, gehen gleichzeitig auch große Gefahren aus. Es scheint bewiesen zu sein, dass die »Sonnenaktivität einen tiefgreifenden Einfluss auf das Klima« auf der Erde hat[307]. Desgleichen können Sonnenstürme und Umkehrungen des Magnetismus der Pole der Sonne extreme Auswirkungen auf unser alltägliches Leben haben, umso mehr, als wir immer stärker von der Steuerung durch digitale Medien abhängig sind, die von Sonnenstrahlungen beeinflusst werden. Auf all diese Sachverhalte weist Gilbert zu Recht hin. Und sollte die These zutreffen, Klimaveränderungen würden stärker von »kosmischen Strahlungen« und Sonneneinflüssen als von durch den Menschen bedingte Faktoren abhängen, würden viele Diskussionen der letzten Jahrzehnte über Umweltschutz, Verminderung des CO_2-Ausstoßes, Kyoto-Protokoll usw. in einem anderen Licht erscheinen. Sicher würde die Konsequenz nicht lauten, wir machen einfach weiter wie bisher, aber die Menschheit müsste zugeben, dass die Entwicklung des Lebens auf der Erde nicht nur von ihr allein abhinge. Das würde auch schon eine nicht unerhebliche Korrektur des Bildes bedeuten, das man sich in der abendländischen Kultur vom Mensch-Natur-Verhältnis gemacht hat, ohne dass man dazu auf die Lehren von Naturvölkern zurückgreifen müsste. Der Schluss würde lauten: Wir können gewisse Prozesse in der Natur beschleunigen oder verlangsamen, aber ändern können wir sie nicht. Das wäre ein Eingeständnis, gegen das niemand ernsthafte Einwände erheben dürfte.

Wenn Gilbert jedoch im selben Argumentationszug die Intifada in Palästina und den 11. September 2001 ebenfalls auf »kosmische Ereignisse« zurückführen will, fällt es schwer, ihm weiterhin zu folgen. In all diesen Entwicklungen auch noch eine Erfüllung der Prophezeiungen zu sehen, die man im »Buch der Offenbarungen« nachlesen kann[308], ist definitiv inakzeptabel.

Roland Emmerichs »2012«: »Nur« eine spannende Geschichte

Seit dem Science-Fiction-Schocker »Independence Day«, der von einer Invasion Außerirdischer auf der Erde erzählt, gilt der deutsche Starregisseur Roland Emmerich als Spezialist für spektakuläre Endzeitfilme. Mit »The Day after Tomorrow« ließ er wenige Jahre später einen weiteren Klassiker des Genres folgen, der sich allerdings von »ID 4« in einer zentralen Hinsicht unterschied: Hier greifen nicht düstere, fremde Mächte die Erde an und drohen unsere Zivilisation auszulöschen, sondern es ist die Natur selbst, die den Menschen angreift – durch das Ausbrechen einer neuen Eiszeit. Die Vision der Apokalypse gründete auf einer naturwissenschaftlichen Theorie – und sie traf auf einen Zeitgeist, der geprägt war durch die nicht unbegründete Furcht Katastrophen. Jedoch handelte es sich »nur« um einen Film, der eine ebenso faszinierende wie spannende Geschichte erzählte. Emmerichs Absicht bestand in erster Linie darin, die Zuschauer zu unterhalten. Dass der Plot in einer Zeit, in der erbittert über Klimawandel und Treibhauseffekte diskutiert wird, zugleich wichtige Botschaften vermittelt, ist unbestritten. Die Theorie über die möglichen Ursachen einer neuen Eiszeit, von der im Film die Rede ist, liefert Begründungen, die das Geschehen wahrscheinlich wirken lassen. Einen Anspruch auf »Wahrheit« erhebt sie nicht.

Die ersten Szenen von Emmerichs »2012« kündigen eine Endzeitvision an, die alles bisher im Kino Gesehene in den Schatten zu stellen verspricht. Vielleicht stellt dieser Film so etwas wie den Abschluss des Katastrophengenres dar: Mit Bildern von Flutwellen, die Himalaya-Berge überwinden, der in sich zusammenstürzenden Christus-Figur oberhalb von Rio de Janeiro oder Felsbrocken, die wie Trümmer von Meteoriten durch den Yellowstone-Park fliegen, liefert »2012« Schreckensvisionen, die schwer zu übertreffen sein dürften. Abermals wird das gruselige Geschehen wissenschaftlich begründet – Emmerich bezieht sich auf Charles Hapgoods Theorie der Erdkrustenverschiebung. Sie bewegt sich im Bereich des »Möglichen« und eignet sich deshalb ideal für die Begründung fiktionalen Geschehens, das so – wahrscheinlich und hoffentlich – nicht wirklich werden wird.

Nach dem Ende ist vor dem Ende …

Die Prophezeiungen der Maya und das magische Datum 2012 beschäftigen weltweit Millionen von Menschen – und daran wird sich vermutlich in den kommenden Jahren nichts ändern. Viele Visionen eines drohenden Untergangs knüpfen an Theorien an, die sich nicht ohne Weiteres als Phantastereien verwerfen lassen. Aber dass sie ein mehr oder minder großes Quäntchen Wahrheit enthalten, heißt noch lange nicht, dass die Menschheit 2012 tatsächlich mit dem Ende rechnen muss. Sollte sich jedoch im Erdinneren, wie Hancock meint, eine »schreckliche geologische Katastrophe« ankündigen[309], wäre es äußerst gewagt zu behaupten, sie würde sich punktgenau zum Tag der Wintersonnenwende 2012 einstellen. Vor allem aber: Was könnte die Menschheit in einem solchen Fall unternehmen, außer dem hoffnungslosen Versuch, sich in Sicherheit zu bringen? Wenn Katastrophen kosmisch bedingt sind, gibt es kein Mittel gegen sie, womit sich dann auch sämtliche Appelle zur Abkehr vom Bewusstsein der westlichen Gesellschaft erübrigt hätten. Dann würden auch die oft zitierten Lehren der Schamanen und Weisen der Naturvölker nicht mehr fruchten.

In *Maya 2012* weist Peter Ruppel darauf hin, das eigentliche Ziel von Prophezeiungen bestehe in Appellen: »Man sollte die alte Prophetenregel nicht vergessen. Eine Prophezeiung, die in Erfüllung geht, ist eine schlechte Prophezeiung. Die ist ganz einfach deshalb so, weil eine Prophezeiung vor allem eine Warnung an die Betroffenen sein soll, ihr Verhalten zu ändern, um Schlimmeres zu verhüten.«[310] Dagegen ist an sich nichts zu sagen, aber dann sollte man sich auch vor Prophezeiungen von Prozessen hüten, die sich nicht abwenden lassen. Genau in diesen Widerspruch verfallen jedoch viele moderne Verkünder des Untergangs.

Den Maya kann man diesen Vorwurf nicht machen, denn sie haben nirgendwo belegbar geweissagt, was am Ende des aktuellen Zeitalters geschehen wird. Doch sie haben der Nachwelt Rätsel überliefert, die Stoff für spannende Geschichten bieten, z. B. für Wissenschaftskrimis wie Hancocks *Spur der Götter*, ein Buch, das man ebenso mit Genuss lesen kann wie Pinchbecks *Die Rückkehr der gefiederten Schlange* – auch wenn man die Schlüsse v. a. des zuletzt genannten Autors nicht teilen vermag. Pinchbeck liefert gute Argumente, über das Selbstverständnis unserer Kultur nachzudenken. Und das ist bitter nötig – nur helfen naive Beschwörungen eines aus allen nur greifbaren Philosophien und Religionen zusammengewürfelten Naturverständnisses nicht weiter.

Epilog

ROLAND EMMERICHS »2012«

und das Kino der Katastrophen

Jo Müller (rechts) im Gespräch mit Hollywood-Regisseur Roland Emmerich

»Der jüngste Tag« und die Geschichte der Doomsday-Filme

Die Erde bebt. Los Angeles liegt in Trümmern. Ein Super-Vulkan explodiert, die Staubwolke verdunkelt die Welt. Dann kommt die zerstörerische Wucht des Wassers zum Einsatz. Alles wird erbarmungslos überflutet. Das Ende unseres Planeten ist gekommen, so wie es die Maya vor Tausenden von Jahren vorhergesagt haben, pünktlich zum Jahr 2012.

In Roland Emmerichs neuestem Katastrophen-Spektakel geht die Erde unter – aber ohne dass finstere, okkulte Mächte ihre Hände im Spiel hätten. Weder sind teuflische Flüche noch mörderische Aliens an der Vernichtung der Welt schuld. Es ist die Natur selbst, die zurückschlägt. Mit aller Gewalt. Ohne dass es Wissenschaftler zu verhindern vermögen. Die Sonne gibt eine so starke Strahlung ab, dass das Innere der Erde schmilzt. Die Erdkruste verliert dadurch ihren Halt. Fürchterliche Naturkatastrophen sind die Folge, die in ihrem Zusammenspiel eine alles zerstörende Wirkung entfalten.

Der Regisseur bezieht sich in seinem Science-Fiction-Thriller auf die Theorie der Erdkrustenverschiebung. »2012« reflektiert einen Zeitgeist, der durch globalen Pessimismus und düstere Endzeitvisionen geprägt ist, gespeist durch die weltweite Wirtschaftskrise, die von Wissenschaftlern vorhergesagte Klimaveränderung und immer häufiger auftretende Naturkatastrophen.

Wie die Kinogeschichte stets von Neuem gezeigt hat, erfreuen sich cineastische Katastrophen-Szenarien gerade in Zeiten der Krise größter Beliebtheit. Roland Emmerichs Endzeit-Schocker entfaltet seine Wirkung nicht nur durch seine eindrucksvollen Desaster-Szenen, sondern auch dadurch, dass er es schafft, seiner Story einen realistischen Anstrich zu geben, weil sie sich auf eine – wenn auch umstrittene – wissenschaftliche Theorie bezieht. Nach ähnlichem Prinzip funktionierte bereits der Katastrophenthriller von 2004, »The Day After Tomorrow«. Darin wird die Geschichte des Klimatologen Jack Hall (Dennis Quaid) erzählt, auf dessen Warnung vor der globalen Ausbeutung der Naturressourcen und dem damit einhergehenden katastrophalen Klimawandel niemand hört. Hall hält sogar in Jahrzehnten oder Jahrhunderten eine neue Eiszeit für möglich. Was Hall und der Rest der Welt nicht ahnen: Das Desaster wird schon wenige Wochen später beginnen. Innerhalb kürzester Zeit überschlagen sich die Ereignisse: Tornados, Hagelstürme oder gigantische Flutwellen sorgen weltweit für schreckliche Zerstörungen. Doch all diese Schrecknisse sind nur Vorboten der großen, alles zerstörenden neuen Eiszeit.

Die Story des Films schildert, wie der Klimatologe sich auf den Weg macht, um seinen Sohn in der Eiswüste von New York City zu suchen und vor dem sicheren Tod zu bewahren. Emmerich lässt die große Katastrophe über die Menschheit hereinbrechen und schildert sie aus der Perspektive einer überschaubaren Gruppe von Menschen: Der globale Terror wird durch Einzelschicksale für den Zuschauer erfahrbar gemacht. So zeichnet sich der Film nicht nur durch grandiose Special Effects aus – brillant ist zum Beispiel die gigantische Flutwelle, die New York überrollt –, sondern er handelt auch von einer Vater-Sohn-Beziehung, die zu Beginn durch Distanz geprägt ist und sich im Kontext der Ereignisse verändert: Die Eiszeit hat den Vater und seinen Sohn gewissermaßen wieder vereint.

Das alles entspricht dem klassischen Strickmuster des Desaster-Genres. Ebenso wie der dramaturgische Kernpunkt, das Zusammentreffen einer Gruppe wildfremder, vom Charakter und dem sozialen Status her völlig unterschiedlicher Menschen, die durch eine Extremsituation zusammengeschweißt werden. Je nachdem, wie die Einzelnen sich für die Gruppe engagieren, werden sie am Ende bestraft, geläutert oder gerettet. Zu dieser Genre-Ensemble-Schablone gehört der beratungsresistente Dauernörgler genauso wie der hemmungslos Selbstsüchtige – für sie hat das Drehbuch meist kein erfreuliches Ende zu bieten. Andererseits gibt es aber auch positive Figuren, wie eine, die zu Beginn charakterliche Schwächen zeigt, durch die schreckliche Situation aber über sich hinauswächst. Oder eine, die von Vornherein ihr Engagement mehr auf die Gesellschaft als auf sich selbst ausgerichtet hat. Sie dürfen überleben oder wenigstens einen aufopferungsvollen Heldentod sterben.

Das Genre, in dem es im Gegensatz zu Horrorfilmen nicht um innere, sondern äußere Ängste geht, ist so alt wie das Kino selbst, bot es doch den Machern seit jeher die Möglichkeit, dem Zuschauer Furcht einzuflößen und gleichzeitig filmische Schauwerte zu bieten. Nicht zufällig war das Kino ursprünglich eine Jahrmarktsattraktion. Ähnlich wie bei einer Achterbahn- oder Geisterbahnfahrt kann auch der Besucher eines Katastrophenfilms sich erschrecken lassen, ohne selbst in Gefahr zu geraten. Er kann miterleben, wie die Welt untergeht, doch danach verlässt er das Lichtspieltheater und genießt ein gutes Abendessen, bei dem er über das fiktive Unheil diskutieren und vom Realismus der Zerstörungsbilder schwärmen kann.

In Katastrophenfilmen werden gesellschaftliche Albträume heraufbeschworen, aber auch gebannt. Sie schüren unsere Ängste vor dem zerstörerischen Potential des technischen Fortschritts, sie zelebrieren den Kollaps unserer sozialen und politischen Systeme, den Niedergang unserer Zivilisation. Aber obwohl das Desaster lustvoll in oft tricktechnisch perfekten Bildern gefeiert wird, wiegt das Genre den Zuschauer irgendwie in Sicherheit, indem es ihm gleichzeitig suggeriert, dass es stets einen Ausweg gibt und er sich darauf verlassen kann, dass am Ende hilfreiche Kräfte wirken, die es möglich machen, die Katastrophe zu verarbeiten und einen Neuanfang zu wagen. Manchmal handelt es sich bei diesen Kräften paradoxerweise um genau diejenigen Menschen, die eigentlich das Unheil verursacht haben: Wissenschaftler, Politiker oder das Militär.

Nicht selten bieten die schrecklichsten Weltunterganszenarien am Ende doch Hoffnung, indem sie uns zu verstehen geben, dass zumindest einige Menschen überleben und die Existenz der Spezies sichergestellt wird. Die globalen Zerstörungsphantasien werden also gleichzeitig zu globalen Rettungsvisionen. Zur Spielregel gehört deshalb auch, dass sich ein klassischer Film dieses Genres nicht zu nahe an die Ängste der Zuschauer herantasten sollte. So wären ein kollabierendes Wirtschaftssystem, eine desaströse Inflation oder eine weltweite Depression nicht wirklich der Stoff, aus dem die kassenträchtigen Kinoalbträume geboren werden.

Sicherlich lassen sich manche Katastrophenfilme als moderne Versionen des Untergangs von Atlantis, des Turmbaus zu Babel oder des Jüngsten Gerichts lesen und auf der Subtext-Ebene entsprechend interpretieren. Indes dürfte, zumal beim derzeit populären Desasterkino, eher die spielerische Lust an der dargestellten Destruktion im Vordergrund stehen. Die Filme dieses Genres sind stets auch ein Dokument des tricktechnischen Know-hows ihrer Entstehungszeit. Es darf nicht unterschätzt werden, dass heutzutage durch die rasante Entwicklung auf dem Sektor digitaler Effekte – bei denen spektakuläre Neuerungen im Monatsrhythmus erscheinen – die Filme auch als Spielplatz für Visual-Effects-Künstler dienen können. Sie bekommen die Möglichkeit, neueste Soft-und Hardware-Entwicklungen kassenträchtig zu demonstrieren. Das Warum erscheint hierbei wesentlich weniger wichtiger als das Wie. Die eigentliche Attraktion des heutigen Katastrophenfilms ist sein detailfreudiger Realismus. Es scheint ein regelrechter Wettkampf stattzufinden, welches Trickstudio digitale Wassermassen, Staubwolken oder Explosionen noch realistischer erscheinen lassen kann.

Welche unglaublichen, geradezu revolutionären Fortschritte auf dieser Ebene in den vergangenen Jahren gemacht wurden, zeigt sich jedem, der die seinerzeit sensationellen Tricks von James Camerons legendärem Katastrophenspektakel »Titanic« von 1997 mit denen eines zeitgenössischen Films wie »Transformers« vergleicht.

So vielfältig die Anforderungen des Genres für die Macher in tricktechnischer Hinsicht sind, so vielfältig gestalten sich auch die Themenkomplexe. Das Katastrophenkino erzählt sowohl von den kleinen persönlichen Desastern als auch von der globalen Zerstörung. Die Kinogeschichte zeigt, dass zu allen Zeiten besonders reale Vorkommnisse einen großen Reiz auf die Kinomacher ausübten. Schon einer der ersten Genrefilme überhaupt, Mario Caserinis »Die letzten Tage von Pompeji«, brachte 1913 die Zerstörung der antiken Stadt auf die Leinwand. Egal, ob die Explosion des Luftschiffs »Hindenburg«, der Untergang der »Titanic«, das Erdbeben von San Fransisco 1906 oder der Terroranschlag bei den Olympischen Spielen von München 1972: All diese wirklichen Tragödien wurden in Kinoalbträume verwandelt und verlangten ein gewisses Maß an Akkuratesse von den Produzenten, Regisseuren oder Schauspielern, orientierten sie sich doch an nachprüfbaren Tatsachen. Jede Abweichung vom realen Geschehen musste dramaturgisch oder künstlerisch vertretbar und vermittelbar sein.

Eine weitere Spielart des Katastrophenkinos ist die Kategorie »Rache der Natur«. In dieser Sparte erlebt der Zuschauer, wie sich die Elemente gegen den Menschen verschwören: Erde, Feuer, Luft, Wasser werden zur tödlichen Bedrohung, verwandeln sich in alles vernichtende Monster. Beispiele hierfür sind »Unternehmen Feuergürtel«, »Der Untergang Japans«, »Erdbeben«, »Volcano« oder »Die letzte Flut«.

Zu dieser Art Öko-Katastrophenfilm gehören auch die Tierhorrorschocker. Abermals spielt die Natur verrückt: In Steven Spielbergs Kinomeilenstein »Der weiße Hai« sorgt ein mordlustiger Fisch bei Badenden für Angst und Schrecken; in »Die Meute« mutieren Hunde zu Menschen fressenden Bestien; in »Der tödliche Schwarm« wüten teuflische Killerbienen und in »Grizzly« ein schlecht gelaunter Meister Petz.

In diese Kategorie fallen auch jene Filme, die von fiktiven Tieren handeln. So symbolisiert auch »Godzilla« – sowohl in der ersten Kinoversion von Inoshiro Honda als auch in der Neuverfilmung von Roland Emmerich – die Revolte der Natur: Godzilla macht kaputt, was ihn kaputt macht.

Ähnlich ist auch das Wüten des Ungeheuers von »Cloverfield« aus dem Jahr 2008 zu sehen: Niemand weiß wirklich, woher es stammt, aber wie es scheint, ist das Militär verantwortlich. Das Monster steigt aus den Fluten des Hudson und schlägt New York kurz und klein.

Der Begriff der »Natur« kann selbstverständlich weiter gefasst und durch »Kosmos« ersetzt werden. Auch von ihm geht eine Bedrohung aus, was Filme wie »Meteor«, »Deep Impact« oder »Armageddon« hinlänglich bewiesen haben. Während viele Vertreter des Genres von nachvollziehbaren, »normalen« Katastrophen wie Flugzeugunglücken (»Airport«) oder Hochhausbränden (»Flammendes Inferno«) erzählen, übertragen andere unsere realen Ängste in die Zukunft und berichten vom Untergang der Zivilisation oder der Welt – die Doomsday-Filme.

In George Pals Science-Fiction-Klassiker »Der jüngste Tag« von 1951 nähern sich zwei Himmelskörper der Erde und sorgen für deren Zerstörung. Nur wenige Menschen können dem Weltuntergang in einem Raumschiff zu einem anderen Planeten entfliehen und einem neuen Anfang entgegenschweben.

Ein ähnliches Szenario entwickelt auch »Knowing – Die Zukunft endet jetzt« (2009): Ein Wissenschaftler entdeckt durch Zufall in einer mysteriösen Zahlenfolge Angaben über kommende Desaster. Der gegen Ende hin etwas wirre Plot enthüllt schließlich, dass das Ende der Menschheit gekommen ist und nur wenige überleben dürfen, jene, die von Außerirdischen auserwählt wurden und nun von ihnen in eine andere Welt gebracht werden.

Der Doomsday kann freilich auch durch den Ausbruch einer Viren-Epidemie geschehen – wie in Wolfgang Petersens Ebola-Story »Outbreak« von 1995. Ebenso können bakteriologische Kampfstoffe die Menschen in Panik versetzen. Der nihilistische Endzeit-Thriller »Crazies« von George Romero schildert, wie eine ganz normale amerikanische Kleinstadt wegen des Absturzes einer Militärmaschine dem Untergang geweiht ist. Das Flugzeug hat einen unbekannten Stoff freigesetzt, der Menschen in Monster verwandelt. Einen Ausweg gibt es nicht, denn der Präsident hat einer Bomberbesatzung den Befehl erteilt, die Kleinstadt zu zerstören.

Von Romero stammt auch die Filmserie um die »Zombies«, die davon erzählt, wie unsere Zivilisation zusammenbricht, weil die Toten aus ihren Gräbern zurückkehren.

Fast selbstverständlich spiegelt sich auch die Angst vor der Bombe im Desasterkino. Die Filme, die dieses Thema aufgreifen, beschäftigen sich auf unterschiedliche Art und Weise damit, z. B. als Thriller wie »Der Anschlag«. Hier lassen Terroristen (im Buch islamistische Extremisten, im Film Neonazis) einen Atomsprengkopf beim US-Superbowl in Baltimore explodieren; die Dreharbeiten zu diesem Film fanden übrigens kurz vor den Terroranschlägen des 11. September statt.

Die Alternative ist eine Weltuntergangsvision wie in »The Day After« von 1983. Dort werden die Folgen eines Atombombenabwurfs auf Kansas geschildert – ein typisches Produkt aus der Zeit des Nato-Doppelbeschlusses und der damit verbundenen Ängste.

Die Handlung mancher Filme setzt erst Jahre nach der Katastrophe ein, diese »Postdoomsday«-Werke schildern eine Zeit nach der Apokalypse. Dabei spielt es zumeist keine große Rolle, ob der Untergang durch Atombomben, Meteore oder bakteriologische Kampfstoffe hervorgerufen wurde, sondern wie die Menschen in dieser Nach-Nuklearen-Welt miteinander umgehen, wie sie versuchen, ihre Menschlichkeit zu bewahren oder wie sie in zerstörerische Barbarei zurückfallen. Ob die »Mad Max«-Trilogie, »Tank Girl« oder »28 Days Later« – immer werden Welten geschildert, in denen unser vertrautes Sozial- und Moralsystem keine Geltung mehr hat.

Auch wenn es Katastrophenfilme zu jeder Zeit gab, erlebte das Genre seinen ersten großen Boom in den 1950er-Jahren. Das Science-Fiction-Kino entwarf in dieser Zeit seine spektakulärsten Weltuntergangsszenarien. Die meisten dieser Filme reflektierten sowohl die grassierende Angst vor atomarer Vernichtung als auch – vor allem im US-Kino – die gefühlte Bedrohung durch den Kommunismus. Selbstverständlich mussten diese Ängste in kinogerechte Form gegossen werden. So verwandelten sich die Kommunisten auf der Leinwand in glotzäugige Monster, die friedliche Amerikaner – und nebenbei die gesamte Welt – in Angst und Schrecken versetzten.

Byron Haskins »Kampf der Welten« schildert, wie mörderische Marsmännchen die Erde besuchen, Menschen atomisieren und Städte in Schutt und Asche legen. Am Ende sterben sie, weil sie irdische Bakterien nicht gewöhnt sind. Wobei der Film eindeutig suggeriert, dass eigentlich religiöser Glaube sie vernichtet hat. Die Menschen haben sich in der Kirche versammelt und beten für ihr Seelenheil und um Vergebung, als auch schon das erste Raumschiff vom Himmel fällt und einen verwesenden Marsianer herausplumpsen lässt.

Während »Kampf der Welten« sichtlich Gefallen an den eigenen Special Effects fand, fiel Don Siegels Invasionsschocker »Die Dämonischen« deutlich weniger verspielt und wesentlich düsterer aus. Die Alien-Invasion findet leise, schleichend, fast unsichtbar statt. Außerirdische Samenkörner ergreifen Besitz von den Menschen und verwandeln sie in seelenlose Marionetten. Nach und nach mutieren sämtliche Einwohner einer Kleinstadt zu gefühlskalten Massenwesen. Keinem anderen Film gelang es, die Ängste, die während der antikommunistischen Hysterie der McCarthy-Ära herrschten, eindringlicher einzufangen.

Vielleicht war »Die Dämonischen« sogar der beste und wirkungsvollste Science-Fiction-Film dieser Dekade. Die Originalgeschichte »The Body Snatchers« von Jack Finney wurde später noch mehrfach verfilmt – zuletzt von Oliver Hirschbiegel in seinem skandalös schlechten Machwerk »Invasion«, das trotz Nicole Kidman und Daniel Craig zu den größten Kinogurken der letzten Jahre zählen dürfte.

Ein weiteres typisches 1950er-Jahre-Produkt, »Invasion vom Mars« von William Cameron Menzies, schildert, wie ein kleiner Junge die Landung eines außerirdischen Raumschiffs beobachtet. Als er seinen Eltern davon berichtet, wollen diese ihm zuerst nicht glauben. Sein Vater will den Behauptungen schließlich auf den Grund gehen und kommt von seiner Erkundungstour auf unheimliche Weise verändert zurück. Eine merkwürdige Gefühlskälte geht von ihm aus. Die Marsianer scheinen ihn und andere unter ihre geistige Kontrolle zu zwingen. Am Ende kann die Invasion doch noch verhindert werden. Das Raumschiff der Aliens explodiert, die Welt ist wieder sicher.

»Invasion vom Mars« ist ein kleiner Kult-Klassiker des Trashkinos, weil er u. a. durch die Fellkostüme der Alien-Statisten nicht selten unfreiwillig komisch wirkt. Der Splatter-Neuversion von »Kettensägen-Massaker«-Regisseur Tobe Hooper aus den 1980er-Jahren fehlte es indes am Charme des Schundigen.

Ein Science-Fiction-Film, der nicht auf die Alien-Metapher zurückgriff, um die Angst vor einer kommunistischen Weltmacht auf die Leinwand zu bannen, war »Invasion gegen USA«. Der Film beginnt in einer Bar, in der ein Reporter mit verschiedenen Gästen über die allgemeine Wehrpflicht diskutiert. Die meisten stehen dieser Idee skeptisch bis ablehnend gegenüber. Dann jagt plötzlich im Fernsehen eine Sondermeldung die nächste: Ein unbekannter Feind greift Alaska an. Atombomben werden abgeworfen. Die Angreifer landen in Kalifornien und machen alles dem Erdboden gleich. Die Invasion ist nicht aufzuhalten. Da kommen die Barbesucher plötzlich zu sich und alles stellt sich als Phantasmagorie heraus – allerdings als eine sehr erschreckende. Ihre ablehnende Haltung gegenüber der Wehrpflicht hat sich geändert. Die braven Durchschnittsamerikaner haben erkannt, dass es notwendig ist, zu den Waffen zu greifen, um »God's Own Country« vor dem Reich des Bösen zu schützen. Dieser unverblümte

Propaganda-Film für das US-Militär reflektiert sowohl die Hysterie während des Kalten Krieges als auch McCarthys Hetzjagd gegen alles Unamerikanische. Da der Film seine kriegshetzerische Botschaft aber zu direkt transportiert und sich zu wenig um die Unterhaltungsebene kümmert, verfehlte er weitgehend seine Wirkung auf das Publikum.

Neben der Paranoia der Amerikaner vor kommunistischer Unterwanderung wurde auch eine andere, globalere Angst im Katastrophen- und Science-Fiction-Kino der 1950er- und 1960er-Jahre behandelt und verarbeitet: die Furcht vor der Atombombe, vor dem totalen nuklearen Holocaust. Selbstverständlich geschah auch das meist in entsprechend populärer, »phantastischer« Verpackung. In »Panik in New York« weckt ein Atombombenversuch in der Arktis ein schlafendes Urzeitmonster. Der gigantische Saurier stapft nach und durch New York, demoliert Häuser und Autos. In einem Vergnügungspark in Coney Island, liefert es sich einen letzten Kampf mit Wissenschaftlern und Militär; eine Atomgranate macht ihm schließlich den Garaus. Genau die Wissenschaftler, die es in die Welt gebracht haben, sorgen nun für seine Zerstörung. Auf diese Weise versucht der Film klar zu machen, dass nicht die Atombombe an sich schlecht ist, sondern man nur darauf achten muss, sie richtig einzusetzen, dann wird sie der Menschheit Segen bringen.

Weitere Monsterfilme dieser Art folgten. In »It Came from Beneath The Sea« sorgt ein gigantischer Tintenfisch für Panik. Als er nach San Francisco kommt, zerstört er die Golden Gate Bridge. Am Ende wird er mit einem Nuklear-Torpedo ins Jenseits befördert.

Auch das japanische Kino ließ sich stark von »Panik in New York« inspirieren und brachte den Monsterfilm-Klassiker »Godzilla« hervor. Inoshiro Honda ließ verständlicherweise das Ungeheuer nicht in einer amerikanischen, sondern einer japanischen Großstadt los. Als Symbol für das Atombombentrauma des Landes sorgt Godzilla für eine gigantische Vernichtungsorgie. In Tokio zerstört das Untier Autos, Züge, Hochhäuser, bis es am Ende besiegt wird – einmal mehr von einem cleveren Wissenschaftler.

Während sich der Film dramaturgisch an ähnliche Genre-Filme

aus den USA anlehnte, unterschied er sich in tricktechnischer Hinsicht gewaltig von den Vorbildern. Während bei »Panik in New York« oder »It Came from Beneath the Sea« Miniaturungeheuer mit Hilfe der von Ray Harryhausen perfektionierten Stop-Motion-Technik zum Leben erweckt wurden, steckten die Macher von »Godzilla« einfach einen Schauspieler in ein Gummikostüm und ließen ihn als Monster durch eine Spielzeuglandschaft trampeln.

Das Kino entwickelte unterdessen auch andere Monsterszenarien, um die Angst vor nuklearer Technologie in aufregende Bilder zu kleiden. Im Gegensatz zu den turmhohen Ungeheuern aus »Panik in New York« und »Godzilla« verunsicherten zuweilen wesentlich realistischere Monster die Leinwand. Gordon Douglas' »Formicula« schildert, wie durch radioaktive Strahlung, die bei Atombombenversuchen in der Wüste von Neu Mexiko frei wird, harmlose Ameisen zu mörderischen Rieseninsekten mutieren. In den Abwasserkanälen von Los Angeles kommt es schließlich zum gruseligen Showdown. Natürlich gibt es auch hier ein Happy End: Mithilfe von Feuer wird den Monsterameisen das Lebenslicht ausgeblasen.

Der Film war ein großer kommerzieller Erfolg, vermutlich auch deshalb, weil er es schaffte, die Story sehr realistisch, nahezu dokumentarisch zu erzählen. Das Grauen schlägt hier nicht in einer dunklen, verregneten Gasse zu, sondern in einer sonnendurchfluteten Wüstenlandschaft. Die lebensgroßen Modelle der Ameisen wirken selbst heute noch erstaunlich überzeugend.

Wie nicht anders zu erwarten, fand auch dieser Kinoerfolg seine Nachahmer. Einer der Besseren darunter war Jack Arnolds Billig-Film-Klassiker »Tarantula«, in dem eine monströse Spinne auf Menschenjagd geht.

Einige Regisseure des phantastischen Films übten sich in dem Versuch, den damaligen Atom-Zeitgeist in nahezu hyper-reale Katastrophenszenarien zu packen. Sie versuchten sogar, die Zeit nach dem nuklearen Krieg zu schildern. Joseph Loseys »Sie sind verdammt« handelt von Kindern, die radioaktiv verseucht sind und in einer hermetisch abgeschlossenen Höhlenwelt leben. Sie sind Teil eines wissenschaftlichen Experiments und sollen für das Überleben der Spezies Mensch sorgen. Nachdem die Erde durch einen Atomkrieg unbewohnbar geworden ist, so der Plan, sollen die Kinder eine neue Zivilisation gründen.

Dieser britische Film gilt auch heute noch als Ausnahmeerscheinung, präsentiert er doch seine düstere Sozial- und Zukunftskritik auf unspektakuläre, aber menschlich hochdramatische Weise.

Auch »Das letzte Ufer« von Stanley Kramer behandelt das Thema Atomkrieg auf eher dezente als spekulativ-unterhaltsame Weise. Der 1959 gedrehte Film spielt im Jahre 1964. Auf der nördlichen Halbkugel ist der Atomkrieg ausgebrochen, die tödliche radioaktive Wolke zieht Richtung Süden. Die Geschichte wird aus der Sicht der Besatzung eines amerikanischen Atom-U-Boots geschildert, das im Hafen von Melbourne liegt. Die Gruppe bereitet sich auf die Fahrt zurück nach Amerika vor, in der Hoffnung, dass dort noch nicht alles zerstört ist. Als sie jedoch ankommen, müssen sie entdecken, dass der radioaktive Niederschlag ihre Heimat in eine menschenleere Wüste verwandelt hat. Es gibt keine Hoffnung mehr. Für niemanden. Die einen begehen Selbstmord, andere warten auf das Ende – ein zwar nicht immer überzeugendes, weil etwas langatmiges, aber durch seine melancholische Grundstimmung und sein bitteres Ende durchaus bewegendes Kinostück: ein Film, der ohne großen Special-Effects-Aufwand versucht, das Thema Atomkrieg und seine Folgen darzustellen und sich in seiner Erzählweise darauf konzentriert, detailliert zu schildern, wie die wenigen Überlebenden mit den letzten Tagen ihres Seins umgehen. Im Gegensatz zu den klassischen Vertretern des Science-Fiction-Genres, bei denen es sich zu jener Zeit eher um Billigproduktionen handelte, konnte dieses Werk zudem mit veritablen Stars wie Gregory Peck, Fred Astaire, Anthony Perkins oder Ava Gardner aufwarten. Dies war zugleich ein Vor- wie auch ein Nachteil, denn immer wieder läuft der Film Gefahr, mehr um seine berühmten Akteure zu kreisen als um das Thema.

Sidney Lumet brachte einige Jahre später eine ähnlich seriöse und dokumentarisch angehauchte Endzeitvision ins Kino, »Angriffsziel Moskau«. Ausgelöst durch einen Fehlalarm wird die US-Verteidigungsmaschinerie in Gang gesetzt. Flugzeuge mit Atombomben an Bord machen sich Richtung Moskau auf. Da der Funkverkehr gestört wird, können sie nicht mehr zurückgerufen werden. Außerdem misslingen sowohl die Versuche der Amerikaner als auch jene der Russen, die Bomber abzuschießen. Um die Sowjets davon abzuhalten, einen alles zerstörenden Gegenschlag zu führen, bietet der US-Präsident die Zerstörung New Yorks durch die eigene Luftwaffe an.

»Angriffsziel Moskau« ist ein beklemmender, im Reportagestil inszenierter Katastrophen-Thriller; doch obgleich es Sidney Lumet gelang, einen packenden zeitgenössischen Film um ein brisantes Thema zu realisieren, konnte er es hinsichtlich seiner Wirkung nicht mit Stanley Kubricks unübertroffenem Meisterwerk »Dr. Seltsam, oder wie ich lernte die Bombe zu lieben« aufnehmen, einem Film, der im Prinzip die gleiche Story erzählt, allerdings ohne jeglichen Realismus zu bemühen. Im Gegenteil: Kubrick erzählt vom Ende der Welt in Form einer messerscharfen Satire und kommt so der grimmigen, zynischen Verhaltensweise bornierter Machtpolitiker und dem Wahnwitz nuklearen Wettrüstens wesentlich näher als es eine realistische Schilderung jemals vermöchte. Unvergesslich sind die Szenen, in denen Dr. Seltsam verzückt von seinen Überlebens- und Herrenmenschen-Theorien erzählt und seine Hand sich stets von selbst zum Hitlergruß erheben möchte. Oder wenn er sich am Schluss, als der nukleare Holocaust nicht mehr aufzuhalten ist, aus seinem Rollstuhl erhebt mit den Worten: »Mein Führer, ich kann wieder gehen.«

Zu den Mitgliedern des Kubrickschen Bestiariums zählen ferner ein intelligenzfreier Pilot, Major Kong, der mit Cowboyhut auf dem Kopf auf einer Bombe dem Weltuntergang entgegenreitet, ein General namens Buck Turgidson, der Kaugummi kauend im War Room sitzt und zwischendurch mit seiner Geliebten telefoniert, schließlich der Kommandant eines Luftwaffenstützpunkts, General Jack D. Ripper, der die mit Wasserstoffbomben bewaffneten Flugzeuge gegen die Sowjetunion überhaupt erst losschickt, weil er glaubt, die Russen würden amerikanische Körpersäfte vergiften. Am Ende hat er sein Ziel erreicht: Die Weltuntergangsmaschinerie wird in Gang gesetzt, die Atombomben explodieren. Das alles unterlegt der hämische Genius Kubrick mit einer Schnulze: »We'll meet again«. Keine Frage, kein

Film davor oder danach entlarvte den Wahnsinn atomarer Kriegsführung präziser als diese urkomische Doomsday-Comedy.

Selbstverständlich gab es in den 1960er-Jahren auch wesentlich bekömmlichere und naivere Weltuntergangsfilme. Irwin Allen, ein Spezialist für Katastrophenfilme, erzählt in »Unternehmen Feuergürtel« von einem Atom-U-Boot, dessen Besatzung beim Wiederauftauchen entdeckt, dass das Polareis schmilzt und der Himmel Feuer gefangen hat. Es stellt sich heraus, dass der Van-Allen-Gürtel, der unseren Planeten in einer Höhe von 500 Kilometern umgibt, in Flammen steht. Einmal mehr gelingt die Rettung in letzter Sekunde: Eine Atomrakete sprengt den tödlichen Feuergürtel.

Wesentlich glaubwürdiger ist »Der Tag, an dem die Erde Feuer fing«. Eine Serie von Naturkatastrophen sucht die Erde heim. In New York herrscht Schnee- und Eischaos, die Sahara ist überschwemmt. Ein Reporter findet den Grund für dieses Unheil heraus: Zwei Kernwaffenexplosionen zur gleichen Zeit an verschiedenen Orten haben die Welt aus ihrer Bahn geworfen. Mit rasender Geschwindigkeit nähert sie sich der Sonne.

Auch bei »Ein Riss in der Welt« sorgt eine Atomexplosion für ein Desaster. Eine Gruppe von Wissenschaftlern glaubt nämlich, dass sich gewaltige Energiereserven durch eine Bombenexplosion im Inneren der Erde erschließen lassen. Die unerwartete Folge ist, dass ein gewaltiger Riss in der Erdkruste entsteht, der sich rasant ausbreitet und die Erdkugel zu zerstören droht. Nur eine erneute Explosion kann die weitere Ausbreitung verhindern. Wieder einmal!

Auch Ende der 1960er- und Anfang der 1970er-Jahre erzählten nicht wenige Regisseure vom Untergang entweder der Welt oder unserer Zivilisation. Unvergesslich ist die böse Schlussüberraschung von »Planet der Affen«, der eine ferne Welt der Zukunft zeigt, in der die Primaten regieren und die Menschen wie Vieh behandelt werden. Nur der Astronaut Taylor (Charlton Heston) und ein Mädchen können den mörderischen Affen entkommen. Sie gelangen in die »Verbotene Zone« und entdecken durch Zufall das furchtbare Geheimnis: Der Planet der Affen befindet sich nicht irgendwo weit draußen in der

Unendlichkeit des Alls – es ist die Erde selbst: Wir sehen die Überreste der Freiheitsstatue im Sand stecken.

Auch in Richard Fleischers »Jahr 2022 … die überleben wollen« wird eine Welt am Abgrund geschildert. Bevölkerungsexplosion, Rohstoffknappheit, Umweltverschmutzung und Nahrungsmangel haben überall zum Zusammenbruch der sozialen und politischen Systeme geführt, die Macht liegt in den Händen multinationaler Konzerne. Unterstützung erhält derjenige, der freiwillig aus dem Leben scheiden will: Ihm werden kurz vor dem Ableben wunderschöne Naturbilder gezeigt – Flora und Fauna, die es in Wirklichkeit nicht mehr zu sehen gibt. Doch dann führen die Nachforschungen eines Polizisten hinter das schreckliche Geheimnis des allmächtigen Lebensmittelkonzerns »Soylent Green«, der behauptet, die von ihm hergestellte Einheitskost bestehe aus Plankton; aber das ist eine fatale Lüge. Schockierend ist die Schlussszene, wenn Charlton Heston, der den Polizisten spielt, schwer verletzt abtransportiert wird und schreit: »Soylent Green ist Menschenfleisch!«

Heston verkörperte auch die Hauptrolle in dem nicht weniger düsteren »Omega Man«, basierend auf Richard Mathesons Endzeit-Geschichte »I am Legend«, die früher schon mit Vincent Price und im Jahr 2008 noch einmal mit Will Smith in der Hauptrolle verfilmt wurde. Nach einem vernichtenden bakteriologischen Krieg streift ein Biologe durch Los Angeles, um weitere Überlebende zu suchen. Dabei liefert er sich heftige Auseinandersetzungen mit Menschen, die durch die Bakterien in Monster verwandelt wurden und sich zu einer Sekte, der »Familie«, zusammengeschlossen haben. Sie alle können kein Tageslicht ertragen, haben sich gegen die Wissenschaft verschworen und einem religiösen Fanatismus unterworfen. Ihr Ziel ist es, alle gesunden Überlebenden zu vernichten. Am Ende fallen die Verseuchten über den Biologen her und töten ihn. Das Serum, das er entwickelt hat, befindet sich allerdings in den Händen anderer Überlebender – ein kleiner Hoffnungsschimmer bleibt.

Die 1970er-Jahre waren dominiert von Katastrophenfilmen klassischer Machart, Filmen, die Angst und Schrecken nicht in die Zukunft projizierten, sondern in der Gegenwart stattfinden ließen. Zu den

Kassenknüllern dieser Zeit gehören »Erdbeben« (in der Hauptrolle erneut Charlton Heston), »Flammendes Inferno«, »Höllenfahrt der Poseidon« oder »Stadt in Flammen« – ausnahmslos Kinospektakel, die gängige Genremuster verwendeten und sich v. a. auf ihre teilweise tatsächlich spektakulären Trickeffekte konzentrierten. Nicht umsonst erhielt »Erdbeben« einen Special-Effects-Oscar.

So eindrucksvoll die Schauwerte dieser Filme zweifelsohne waren, zeigten sie sich auf inhaltlicher Ebene eher von einer ermüdend klischeehaften Seite. Ständig wurde die immer gleiche Geschichte erzählt – von sich allmählich ankündigenden und nicht selten durch menschliches Versagen oder menschliche Gier verursachten Katastrophen, die schließlich unaufhaltsam ausbrechen. Die Errungenschaften modernster Technik werden zum Spielball einer unbarmherzigen Natur. In ihrer dramaturgischen Formelhaftigkeit glichen sich diese Filme wie ein Ei dem anderen, schilderten sie die schrecklichen Vorkommnisse doch stets aus der Perspektive einer kleinen Gruppe bunt zusammengewürfelter Charaktere, dargestellt von einem angesehenen Star-Ensemble, damit die Produzenten den Kassenerfolg nicht einzig von den Trickeffekten abhängig machen mussten. Mit Hilfe bekannter Namen versuchten sie, auf Nummer sicher gehen, und meist ging diese Rechnung auch auf.

Am Ende der klassischen 1970er-Jahre-Katastrophenfilme sorgte eine moralische Botschaft für Trost und Segen; so wurde vor menschlicher Hybris gewarnt und gleichzeitig ein Rezept fürs Überleben ausgestellt, nicht selten verbunden mit einem Aufruf zu Tugendhaftigkeit und Sittsamkeit. Deren Fehlen ist oft für die Katastrophe mitverantwortlich. In »Stadt in Flammen« machen ein paar Halbwüchsige ihre ersten Rauchversuche, einer wirft seine Kippe ins Gras, weil ihm übel wird, und sorgt damit für ein mörderisches Flammenmeer.

Waren Hollywoods Katastrophenfilme der 1970er-Jahre auch eine Art popkultureller Reflektion auf die Erschütterungen der US-Gesellschaft durch Watergate und Vietnam, so entsprang die Renaissance des Desasterkinos in den 1990er-Jahren eher der digitalen Revolution in den Trick-Fabriken. Wiederentdeckt wurden bei diesem Boom sowohl die Alien-Invasionsfilme der 1950er-Jahre als auch die klassischen Katastrophen-Szenarien der 1970er – nur eben tricktechnisch wesentlich überzeugender. Ein Meilenstein in dieser Hinsicht war James Camerons postapokalpytischer Science-Fiction-Thriller »Terminator II« von 1992, in dem auf meisterhafte Weise der neuentwickelte Morphing-Effekt zum Einsatz kam, der es mit digitaler Hilfe ermöglicht, ein Bild in ein anderes zu verwandeln. Mit dieser Technik gelang es Cameron, einen Killer-Cyborg auf die Leinwand zu bringen, der mühelos seine Gestalt verändern und jeden Aggregatszustand annehmen konnte. Durch diese Fähigkeit entwickelte er als Bösewicht ein immenses Schauerpotential. Schließlich war es nie möglich zu sagen, ob der mörderische Terminator Teil des Fußbodens, eine Flüssigkeit oder ein Mensch ist.

Es folgten Katastrophenfilme aller Art, um die Möglichkeiten der neuen digitalen Tricktechnik zu demonstrieren. Klassische »Natur-schlägt-zurück«-Thriller wie »Dante's Peak«, »Volcano« oder »Twister« wechselten sich ab mit Zukunftsvisionen, in denen gigantische Asteroiden oder Meteoriten die Erde bedrohen – zum Beispiel in »Armageddon« oder »Deep Impact«. Nicht zu vergessen sind in diesem Zusammenhang die tödlichen Alien-Invasoren in Emmerichs Kinohit »Independence Day« oder in Tim Burtons ausgeflippter Comic-Farce »Mars Attacks«. Auch James Camerons »Titanic« muss hier genannt werden, sicher ein Höhepunkt des Katastrophenfilms im digitalen Zeitalter, was nicht nur im Hinblick auf seine damals bahnbrechenden Effekte gilt, sondern auch wegen seiner gut konstruierten Geschichte. Camerons ebenso einfacher wie brillanter Einfall bestand darin, im Gegensatz zur üblichen Ensemble-Dramaturgie das wohlbekannte Schiffsunglück aus der Perspektive eines (fiktiven) Liebespaares, gespielt von Kate Winslet und Leonardo DiCaprio, zu erzählen. Deren individuelles Schicksal machte den Untergang des Luxusdampfers persönlicher, erschreckender und nachvollziehbarer als in den früheren Filmen. Die Akkuratesse, mit der Cameron das Sinken des Luxusliners auf die Leinwand bannte, dürfte zudem nicht unwesentlich zum sensationellen Erfolg des Films beigetragen haben. Kein Katastrophenfilm konnte und kann es mit ihm, was den Oscarsegen angeht, aufnehmen: »Titanic« wurde mit 11 Academy Awards ausgezeichnet.

Das reale Desaster vom 11. September 2001 bedeutete verständlicherweise zunächst einmal das Aus für das Katastrophenkino. Die überaus realen Bilder des Terroranschlags auf das New Yorker World Trade Center muteten an, als seien sie eine Hollywoodvision. Erschreckend schienen sich hier fiktive Kinobilder in tödliche Wirklichkeit zu verwandeln. Das drei Jahre vorher entstandene Kinodrama »Ausnahmezustand« handelt von einem realistisch geschilderten Terroranschlag islamistischer Fundamentalisten in New York. Der Thriller »Der Anschlag«, wenige Monate vor 9/11 gedreht, schildert einen Bombenanschlag auf ein vollbesetztes Football-Stadion.

Nach hitzigen Diskussionen über die Wirkungsweise martialischer Kinoalbträume feiert das Katastrophen-Genre inzwischen wieder fröhliche Urstände, fast so, als sei der Terroranschlag nie passiert, aber auch als mehr oder weniger direkte Reflektion. Sogar das historische Ereignis selbst wurde inzwischen auf die Leinwand gebracht, in Oliver Stones leider enttäuschendem und vor Patriotismus geradezu explodierendem »World Trade Center«.

Paul Greengrass Echtzeit-Thriller »Flug 93« ging da schon eher unter die Haut. Erzählt wird erschütternd realistisch von den letzten Stunden im Leben der Terroristen und ihrer Opfer an Bord eines der 9/11-Flugzeuge, das sein Ziel nicht erreichte, weil es von den Fluggästen zum Absturz gebracht worden war.

Selbst Spielbergs Neuversion von H. G. Wells klassischer Endzeitvision »Krieg der Welten«, in der gigantische Marsmaschinen für ein gewaltiges Massaker sorgen, ist als Nachhall auf den weltverändernden Terroranschlag zu werten: Viele Zerstörungsbilder sind Reflexionen auf die zerstörten Twin Towers. Ohne Zweifel ist selbst in dem semidokumentarischen Monsterschocker »Cloverfield« der Hauch des 11. September zu spüren: Der abgetrennte Kopf der Freiheitsstatue, der durch die Straßen von New York rollt, dürfte daran keinen Zweifel lassen.

Ein Film, der wie kein anderer die globale Angst in der Post-9/11-Ära einfängt ist, ist ausgerechnet ein Fortsetzungsfilm: »Batman – The Dark Knight«. Christopher Nolans zweiter »Batman« ist ein Geniestreich, der von einer Welt handelt, die im Chaos versinkt. Batmans Gegenspieler Joker symbolisiert die allumfassende Terrorangst des Al-Kaida-Zeitalters: Er strebt weder nach Ruhm, Macht oder Mammon, sondern liebt die Zerstörung an sich, suhlt sich im Elend anderer und bezieht seine Lebensenergie aus dem mörderischen Chaos, das er stiftet. Er ist die fleischgewordene Bedrohung westlicher Werte. Obwohl er am Ende von Batman gefangen genommen werden kann, ist er trotzdem nicht zu besiegen, denn er hat sein böses Gedankengut inzwischen überall verbreitet. Nicht einmal mit einem vom »dunklen Ritter« gestarteten großen Lauschangriff ist ihm beizukommen.

Da zur allgemeinen Furcht vor terroristischen Anschlägen inzwischen auch die Angst vor einer das Sozialgefüge zerstörenden Wirtschaftskrise gekommen ist, dürfte in den nächsten Jahren das Katastrophenkino weiter boomen. Wenn man bedenkt, dass außerdem der 21. Dezember 2012 näherrückt …

Die Prophezeiungen der Maya und das Ende der Welt. Interview mit Roland Emmerich zu seinem Film »2012«

Kanada, Herbst 2008. Starrregisseur Roland Emmerich steckt mitten in den Dreharbeiten zu seinem 200 Millionen Dollar teuren Endzeitspektakel »2012«. Für wenige Wochen verlässt er die Studios in Vancouver, um die Außenaufnahmen für seinen Film zu drehen. Die finden in der Wildnis statt, in der Nähe von Kamloops, einem Paradies für Outdoor-Fans. Berge. Wälder. Flüsse. Klapperschlangen. Mit einem gigantischen Mitarbeiterstab, Kameracrews und Special-Effects-Spezialisten, die überall auf dem Gelände verteilt sind oder in Helikopern über dem Set schweben, entstehen hier die spektakulärsten Action- und Explosionssequenzen seines neuesten Werks. Obwohl der Zeitplan extrem eng ist und das Filmteam jeden Tag mit dem Wetter – vor allem mit Wolken, die die Sonne verdunkeln – zu kämpfen hat, zeigt sich der Erfolgsfilmer jeder Zeit als Herr der Lage. Hat stets einen trocken-ironischen Spruch auf den Lippen, wenn etwas schief geht und sogar Zeit für ein langes Interview.

JM: Vor einigen Jahren gab es eine TV-Dokumentation über Sie mit dem Titel »Master of Desaster«. Stellt Ihr neuer Film »2012«, in dem die ganze Welt durch einen gigantischen Tsunami, eine riesige Flutwelle vom Untergang bedroht wird, gewissermaßen der Abschluss einer Trilogie dar, die mit »Independence Day« begann und in »The Day after Tomorrow« seine Fortsetzung fand?

RE: Nun, eigentlich wollte ich nach »Day after Tomorrow« gar keinen Desasterfilm mehr drehen. Aber als wir dann die Idee zu »2012« hatten, Harald Kloser (der Co-Autor des Drehbuchs) und ich, da wurde mir schnell klar: Doch, einmal musst du es noch machen. Dafür war die Idee einfach zu gut. Denn es handelt sich um die Neuerzählung einer der ältesten Geschichten der Menschheit überhaupt: die Geschichte von der Sintflut, die jegliches Leben auf der Welt auslöschen kann. Versionen dieser Geschichte gibt es überall auf der Welt. Zu allen Zeiten haben die Menschen offenbar in der Angst gelebt, morgen könne alles vorbei sein, irgendeine Katastrophe könne sie auslöschen.

Diese Befürchtungen haben auch heute viele Menschen. Und nicht ganz grundlos, wenn man sich anschaut, welche Schäden ein Erdbeben oder ein Tsunami anrichten kann. Beispiele dafür gab es in den letzten Jahren ja genug. Ist das ein Grund dafür, dass Desaster- oder Endzeitfilme so beliebt sind?
Sicher. Desaster-Movies sind in bestimmter Hinsicht zeitlos, weil sie an reale Ängste anknüpfen, die Menschen haben. Aber es kommt noch etwas hinzu: Meistens ist es so, dass in Endzeit- oder Katastrophenfilmen ein ganz normaler Mensch plötzlich zum Helden wird, genauer noch: werden muss. Er wird gezwungen zu kämpfen, einfach um zu überleben. Und bei diesen Helden handelt es sich eben nicht um Secret Agents, nicht um Superhelden. Sondern es ist jemand wie du und ich.

Das erinnert mich an James Camerons »Titanic«. Über diese Katastrophe hatte es zuvor schon viele Filme gegeben, aber keiner war annähernd so erfolgreich. Liegt das nicht daran, dass die Geschichte ganz anders erzählt wurde – aus der Perspektive eines fiktiven Liebespaars?
Ich denke schon, die Geschichte war einfach stark. Und im Kino geht es immer zunächst darum, eine Geschichte zu erzählen. In unserem Fall handelt es sich, wie schon gesagt, um eine der ältesten Geschichten überhaupt. Von der Sintflut erzählen Mythen in fast jeder Kultur – die Bibel natürlich, das »Gilgamesch«-Epos der Sumerer, das »Popol Vuh« der alten Maya ... Überall trifft man auf diese Vision, dass eine große Flut kommt und die Menschen dadurch bestraft werden für etwas, was sie getan oder auch unterlassen haben.

In »2012« ist aber von einer Strafe oder einem Fluch nicht die Rede. Vielmehr wird die Katastrophe durch natürliche Ursachen ausgelöst. Man kann sagen, der Film erklärt die große Flut naturwissenschaftlich, oder?
Ja, in unserem Film passiert es »einfach so«. Ich glaube nicht unbedingt daran, dass es so etwas gibt, das man als Fluch beschreiben könnte, dass irgendjemand die Menschheit mit einem solchen Ereignis bestraft. Das war die Sichtweise der Bibel und der Mythen, und sicher gibt es auch heute noch viele Menschen, die sich im Fall solch einer Bedrohung der Religion zuwenden würden. Dagegen ist auch nichts

zu sagen. Spannender finde ich aber die Frage: Was soll man tun, wenn sich eine Katastrophe ereignet und jeder damit auf seine Weise fertig werden muss. Die Personen in unserem Film werden nicht bestraft, sondern das Geschehen kommt einfach so über sie. Das ist natürlich nicht immer so. Viele Filme zeichnen sich dadurch aus, dass jemand, der sich falsch verhält, bestraft wird und im schlimmsten Fall stirbt. Das Kino war in dieser Hinsicht von Anfang an sehr moralisch und ist es auch heute noch.

Sie nehmen diese moralische Komponente ganz raus?
Das kann man so nicht sagen. Auch bei uns sterben einige der handelnden Personen, darunter einige, die sich falsch verhalten, die sich irgendetwas haben zuschulden kommen lassen. Aber es sterben auch gute Menschen, die nichts Böses, nichts Verwerfliches getan haben. Bei einer realen Naturkatastrophe würde das ja nicht anders sein, da würden die Guten und die Bösen auch gemeinsam untergehen.

Auch bei den Maya gibt es die Geschichte von der Sintflut. Und in ihrem legendären Kalender spielt das Jahr 2012 eine zentrale Rolle. Vermutlich kennen Sie diese Zusammenhänge schon lange. Waren die Prophezeiungen der Maya der Auslöser für die Filmidee?
Nicht wirklich. Es stimmt, ich weiß vom Maya-Kalender schon sehr lange, auch, dass er 2012 endet. Aber damals, als ich zum ersten Mal davon gehört habe, da hat sich noch niemand groß Gedanken darüber gemacht. Da war dieses Datum noch ganz weit weg. Das sieht heute anders aus, uns bleiben ja nur noch drei Jahre. Allerdings glaube ich nicht daran, dass 2012 die Welt untergeht. Für uns stand, wie schon gesagt, die Idee zur Geschichte am Anfang. Stell dir vor, dieser Fall würde tatsächlich eintreten: Die Regierungen der Welt, das heißt natürlich die der mächtigsten Staaten, wüssten, dass so etwas wie eine Sintflut oder ein Monster-Tsunami bevorsteht – würden sie es den Menschen sagen oder nicht? Meine Überzeugung ist, dass sie die Gefahr der Öffentlichkeit gegenüber verschweigen und sich nach Wegen und Mitteln umschauen würden, zunächst einmal sich selbst und ein paar Vertraute zu retten. In unserem Film geht es um zwei Helden. Der eine ist über die drohende Gefahr informiert und ringt damit, ob

er dieses Wissen weitergeben soll. Der andere kommt dem Geheimnis zufällig auf die Spur und begibt sich auf die Suche nach den Archen. Von dieser Spannung lebt die Geschichte, nicht allein, aber doch in großem Maße.

Aber warum heißt der Film dann »2012«? Sobald man diese magische Jahreszahl anspricht, lässt sich kaum noch verhindern, dass jeder an den Kalender und an die Untergangsprophezeiungen der Maya denkt.
Die Verbindung gibt es natürlich, und sie ist auch gewollt. Am Anfang aber hatten wir die Idee, die Theorie der Erdkrustenverschiebung von Charles Hapgood zum Hauptthema des Films zu machen, die einen Erklärungsansatz für das Entstehen einer Sintflut liefert. Dann haben wir recherchiert und sind auf Bücher gestoßen, die diese Theorie mit den Prophezeiungen der Maya in Zusammenhang bringen. Und da bist du dann ganz schnell beim Jahr 2012. Wenn du dieses Datum bei Google eingibst, erhältst du Wahnsinnszahlen an Klicks. Es gibt Millionen von Menschen, die wirklich glauben, dass 2012 das Ende der Welt kommt. Die treffen sich zum Teil schon heimlich und halten zusammen Ausschau nach Orten, die ihnen die besten Überlebenschancen bieten. Dorthin wollen sie sich dann 2012 begeben.

Und wie sieht das bei Ihnen aus? Haben Sie sich schon einen Fluchtpunkt ausgesucht? Ich habe gelesen, dass es im Hochschwarzwald Aussicht aufs Überleben gibt.
Meinen Informationen nach ist der Drakensberg in Südafrika der sicherste Fluchtpunkt, ich habe die Reise schon gebucht (lacht). Aber im Ernst, ich glaube nicht wirklich, dass 2012 etwas dergleichen geschieht. Aber die Verbindungen zwischen unserer Filmidee und den Maya-Prophezeiungen lagen so nahe, dass wir eigentlich gar nicht anders konnten. Eigentlich hat Harald die Idee gehabt, irgendwann hat er mich ganz aufgeregt angerufen und gefragt: »Warum nennen wir den Film nicht ›2012‹?« »Das ist doch ein Blödsinn«, habe ich spontan erwidert, »dann ist der Film doch schon 2013 veraltet.« Nach kurzem Nachdenken habe ich mir aber gesagt: Kubricks »2001« ist ja auch nicht veraltet, selbst heute noch nicht. Warum also nicht? Und Sie haben völlig recht, wenn man einen Film »2012« nennt, dann lenkt

man damit die Aufmerksamkeit der Zuschauer zwangsläufig auf die Maya und ihre Untergangsvisionen.

Es handelt sich also eher um eine Anspielung auf die Maya? Oder spielen deren Untergangsprophezeiungen im Film eine tragende Rolle?
Das nicht. Die Maya waren immer sehr beschäftigt mit ihrem möglichen Untergang. Es gibt Theorien, denen zufolge es damit zusammenhing, dass ihre Bevölkerungszahl zu bestimmten Zeiten sehr schnell gewachsen ist und der Dschungelboden in Yucatán nicht genügend Nahrung hergegeben hat, um sie alle zu ernähren. Sie haben anscheinend nicht verstanden, dass der Boden nicht mehr ertragreich genug ist, wenn man ihn überbewirtschaftet. Dadurch hat es angeblich häufiger Missernten und Hungersnöte gegeben, sodass viele Menschen schlicht und einfach verhungert sind. So könnte diese Furcht erwachsen sein, dass der Untergang bevorsteht. So weit ich weiß, ist diese Theorie mittlerweile sehr umstritten. Aber es steht fest, dass sie sich stark mit dem Tod beschäftigt haben. Und dass sie glaubten, die Erde sei in der Vergangenheit bereits mehrere Male untergegangen und neu geschaffen worden. Das ist eine Vorstellung, die in meinen Augen schon etwas Bestechendes hat.

Heißt das, wir können aus dem Untergang der Maya bzw. aus deren Vorstellungen über das Ende eines Zeitalters etwas lernen? Könnte uns ein ähnliches Schicksal ereilen?
Ja, immer wenn man zurückschaut, kann man in gewisser Weise auch sehen, was in der Zukunft geschehen könnte. Ich habe immer schon geglaubt, dass sich Geschichte ständig wiederholt. Die Erde, die menschliche Gattung hat in der Vergangenheit mehrere Untergänge erlebt, und es hat auch viele größere Naturkatastrophen gegeben, von denen wir heute nichts mehr oder nur sehr wenig wissen. Es gibt ja einige Wissenschaftler und Journalisten, die fest davon überzeugt sind, dass es in der Vergangenheit Katastrophen gegeben hat, die ganze Zivilisationen zerstört haben. Wer das glaubt, und ich gehöre zu diesen Leuten, der gelangt zu der Überzeugung, dass man daraus etwas für die Zukunft lernt, z. B. dass man als Mensch immer für den Tag leben sollte, immer in dem Bewusstsein, dass morgen schon alles zu Ende sein

könnte. Nebenbei gesagt haben die Maya ganz ähnliche Vorstellungen von der Geschichte gehabt: Sie sprechen von vier oder fünf Zyklen der Menschheit und der Erde, an deren jeweiligem Ende die völlige Zerstörung, aber eben auch eine Wiedergeburt der Welt stand. Das gehört für mich zu den spannendsten Elementen ihrer Kultur. Übrigens endet der fünfte Zyklus 2012, möglicherweise ohne Wiedergeburt.

Sie haben eben die Theorie der Erdkrustenverschiebung erwähnt. Die stammt von Charles Hapgood, einem Forscher, der nicht unumstritten und zudem ziemlich unbekannt ist, zumindest in Europa. Können Sie etwas mehr zu dieser Theorie sagen?

Ja, Professor Hapgood, das ist eine sehr interessante Persönlichkeit. Er war Wissenschaftler, aber er hat nicht Geologie oder verwandte Fächer gelehrt, sondern Geschichte, wenn ich mich richtig erinnere. Irgendwann ist Hapgood zufällig auf sehr alte Landkarten gestoßen, besser Seekarten, die aus dem Mittelalter stammten. Verrückt an diesen Karten war, dass sie die Umrisse von Kontinenten zeigten, die man zu dieser Zeit noch gar nicht kennen konnte. Diese Karten sind außerdem sehr wahrscheinlich von noch sehr viel älteren Vorlagen kopiert worden. Natürlich hat sich Hapgood da einige Fragen gestellt: Wie konnte es sein, dass im Mittelalter jemand wusste, wie Antarktika aussieht? Genauer: Wie die Antarktis aussehen würde, wäre sie nicht komplett vom Eis bedeckt. Als wäre sie ein Kontinent, auf dem Leben herrschte, es Berge, Flüsse und Seen gab. Das müsste vor der letzten Eiszeit gewesen sein. Aber wer hätte nach allem, was wir heute wissen, zu dieser Zeit solche Land- und Seekarten erstellen können?

Das war der Ausgangspunkt seiner Forschungen, über das Mysterium dieser alten Karten hat er ein Buch geschrieben. Aber dabei blieb es nicht. Hapgood hat sich, wie viele vor und nach ihm, die Frage gestellt, wie es geschehen kann, dass ein ganzer Kontinent plötzlich gefriert und völlig vom Eis bedeckt ist. Daraus hat er seine Theorie entwickelt, dass eine plötzliche Verschiebung der Erdkruste eine Verschiebung der Pole verursachen könnte. In einem solchen Fall würden Gebiete, die eben noch in gemäßigten Zonen lagen, innerhalb kürzester Zeit in Polarzonen verschoben werden und alles Leben wäre auf einen Schlag beendet.

Über diese Theorie der Erdkrustenverschiebung hat Hapgood ein zweites Buch geschrieben. Die Fachgelehrten haben nur die Köpfe geschüttelt und erklärt, ein solcher Vorgang sei völlig unvorstellbar. Aber Hapgood hat das Manuskript zu diesem Buch auch an Albert Einstein geschickt, und der hat es mit großem Interesse gelesen und sogar ein Vorwort dazu verfasst. Das sollte zu denken geben.

Wenn ich das richtig verstanden habe, wird diese Erdkrustenverschiebung durch den Einfluss der Sonne auf das Erdinnere bewirkt.
Wir haben uns mit einem Wissenschaftler über diese Theorie unterhalten, der solche Vorgänge für völlig ausgeschlossen erklärt hat. Trotzdem triffst du immer wieder auf Theorien, denen zufolge Sonnenstrahlungen auf das Erdinnere einwirken und Katastrophen auslösen können. Übrigens haben ja auch die Maya geglaubt, dass die Erde durch die Sonne zerstört wird. Die Maya waren hervorragende Astronomen, sie saßen oben auf ihren Pyramiden wie in Observatorien und haben die Sterne beobachtet. Wenn man sich diese faszinierenden Pyramiden anschaut, gerät man ins Staunen; die große Pyramide in Chichen Itzá wirkt wie ein riesiger Sonnenkalender.

Aber das ist alles sehr kompliziert. Ich glaube auch nicht, dass es wirklich so wichtig ist, ob die Sonne hierfür verantwortlich ist und auf welche Weise. Wir haben für unsere Geschichte eine mögliche Erklärung gesucht, wie eine Sintflut entstehen kann. Eigentlich können nur riesige Tsunamis so etwas bewirken, und genau das zeigen wir in »2012«. Solche Monster-Tsunamis entstehen durch unglaublich starke Erd- und Seebeben, und die würden im Fall einer plötzlichen Erdkrustenverschiebung tatsächlich entstehen. Aber wie gesagt, uns geht es in erster Linie um die Story. Wenn Hapgoods Theorie auch nicht anerkannt und eine Erdkrustenverschiebung wie in ihr beschrieben eher unwahrscheinlich ist, so ist sie andererseits auch nicht völlig ausgeschlossen. Im Film bemühen wir uns darum, das Entstehen der großen Flut so wahrscheinlich, so glaubhaft wie möglich darzustellen, wobei wir das alles nicht immer todernst nehmen.

Sind mit »nicht todernst nehmen« Szenen wie jene gemeint, in der am Beispiel einer Orangenschale zu erklären versucht wird, wie die Erdkrustenverschiebung funktioniert?
Na ja, ganz ernst ist das natürlich nicht gemeint. Aber es ist mehr als nur ein Gag. Das Problem ist ja: Wie willst du anderen, die sich noch nie mit diesen Themen befasst haben, die Theorie von Charles Hapgood erklären? Harald ist dann irgendwann auf die Idee mit der Orange gekommen: »Das funktioniert wie bei einer Orange, die Schale, das ist die Kruste, und die verschiebt sich über dem Inneren der Frucht. So musst man sich das auch bei der Erdkruste vorstellen.« Auf den ersten Blick ist das ein gutes, anschauliches Beispiel, man muss nur außer Acht lassen, dass die Orangenschale sich natürlich nie verschieben lassen würde. Diese Kruste müsstest du erst abschälen und dann wäre das Innere freigelegt. Aber wenn du diese Tatsache ignorierst, lässt sich die Erdkrustenverschiebung so nachvollziehbar erklären. Deshalb haben wir die Vorgänge dann auch in einem Zeichentrickfilm genau so dargestellt, einem Film, der in »2012« eine wichtige Rolle spielt, wenn es darum geht, den Akteuren etwas zu verdeutlichen, was außerhalb ihrer Vorstellungskraft liegt.

Eine andere komische Szene ist die, in der diverse Leute angesichts der tödlichen Gefahr darüber witzeln, ob man sich nun in Kürze am Nord- oder am Südpol befindet.
Ja. Wie gesagt, die Fachwissenschaftler bestreiten, dass an Hapgoods Theorie etwas dran ist, zumindest was die Geschwindigkeit und die Konsequenzen betrifft, die Hapgood für den Fall einer Erdkrustenverschiebung unterstellt. Aber genau diese kritischen Punkte enthalten viele Elemente, die für unsere Geschichte einfach phantastisch sind. Wenn sich die ganze Erdkruste plötzlich verschiebt, dann verschieben sich auch die Pole. Dass sie sich bewegen, steht ja außer Frage, auch, dass der geographische und der magnetische Pol nicht identisch sind. Aber dass so etwas innerhalb kürzester Zeit geschehen kann, wird von der Wissenschaft bestritten. Für uns haben sich daraus Chancen ergeben, die wir natürlich nicht ungenutzt lassen wollten. So bedrohlich ein Film auch sein mag, es bedarf immer auch einiger »Fun«-Momente, Szenen, in denen du das eigentlich fürchterliche Geschehen mit

einem Augenzwinkern abmilderst. Und so machen wir uns einen Spaß daraus, dass der Nordpol plötzlich bei Wisconsin liegt. Aber durch die Polumkehrung ist es eigentlich jetzt der Südpol. Und wenn diese Diskussion aufkommt, dann wird der Zuschauer wahrscheinlich und hoffentlich auch mal kurz auflachen und sich klar machen: Wir sehen einen Film, das alles hier ist nicht wirklich. Aber es könnte vielleicht doch eintreten.

Ich glaube, so richtig ernst nehmen wollen die Zuschauer so einen Film auch nicht, weil unglaublich viele Menschen darin sterben. Von daher ist es gut, dass man Humor zeigt, dass es Verschnaufpausen zum Lachen gibt. Das gehört gewissermaßen zu dem zwischen Machern und Publikum verabredeten Spiel dazu.

Sie sagen, Sie glauben nicht an Weltuntergangstheorien. Worin liegt dann die Motivation für Ihre Filme?
Bei »The Day after Tomorrow« hab ich schon daran geglaubt, dass die Aussage des Films sehr wichtig ist. Hier ging es um die globale Erderwärmung, ein Thema, das wir nicht ignorieren können und auch nicht sollten. Natürlich war mir jederzeit bewusst, dass ein Supersturm, wie er im Film beschrieben wird, nie aufkommen könnte. Aber es handelte sich um eine wahnsinnig gute Geschichte, und daraus ist ein Film entstanden, der viele Menschen beeinflusst hat, nicht nur Filmemacher. Auch im aktuellen Fall kommt es für mich letzten Endes nicht so sehr auf die Theorie an, wie eine Katastrophe von solch verheerenden Ausmaßen zustande kommen könnte; wichtiger ist für mich die Aussage des Films, die Bewertung der Reaktionen von Menschen, die sich völlig unvorbereitet mit diesen Geschehnissen auseinandersetzen müssen. In diesen Reaktionen zeigt sich schließlich, was wirklich wichtig im Leben ist. Und wirklich wichtig ist, dass man versucht, ein besserer Mensch zu sein. Dass man sich gegenseitig hilft. Das mag jetzt sehr moralisch klingen, aber letztlich ist dies die Grundaussage unseres Films.

Ähnlich wie bei »2012« basierte ja auch »Day after Tomorrow« auf einer Theorie, die etwas abseits vom Mainstream der Wissenschaft liegt. Ist das Zufall oder Absicht? Welche Faszination üben solche Theorien auf Sie aus?

Das erste Mal, dass ich etwas über dieses Thema gelesen habe, war schon in den 1980er-Jahren. Und zwar in einem Buch von zwei amerikanischen Autoren, die ziemlich wüste Ideen von sich gegeben haben. Aber ich hatte immer schon ein Faible für Theorien, die etwas abseits von der Hauptrichtung der seriösen Wissenschaft liegen. Die verrückten Ideen ziehen mich anscheinend magisch an. Und das liegt sicher auch daran, dass man gute Geschichten und Filme aus diesen Theorien entwickeln kann. Auch »Da Vinci Code« ist ja keine reine Erfindung von Dan Brown, sondern fußt auf einem Buch, das um 1990 herum erschienen ist und in dem nach möglichen Nachkommen von Jesus und Maria Magdalena gefahndet wird. Theologen, aber auch Historiker haben diese Theorie für absurd erklärt und vielleicht ist sie das ja auch; aber sie hat die Vorlage für eine spannende Geschichte geliefert.

Das war bei »Day after Tomorrow« nicht anders, die Theorie war eigentlich hanebüchen, aber sie hat etwas über unsere Zeit ausgesagt. Im Kern war zuletzt doch etwas absolut Wahres dran. Deshalb habe ich damals auch sofort die Rechte an diesem Buch mit dem Titel *The coming of the Global Superstorm* gekauft. Darin gab es verschiedene Szenarien, die mir ausgesprochen gut gefallen haben, z. B. die Szene, in der die Amerikaner mit den Mexikanern darüber verhandeln, dass diese ihre Grenze wieder öffnen. Das war einfach eine Wahnsinnsidee, eine von denen, die mir zusätzlich Kraft geben, wenn ich so einen Film mache. Bei »2012« war es ähnlich: Der Film erzählt die biblische Arche-Noah-Geschichte in moderner Sichtweise – das heißt, die Flut wird nicht von Gott geschickt, sondern hat natürliche Ursachen. Und dann musst du den Zuschauern erklären, wie es in heutiger Zeit zu einer Sintflut kommen kann. Wahrscheinlich nicht durch 40 Tage Dauerregen. Aber theoretisch schon durch Erdbeben, Seebeben und Tsunamis, die überall stattfinden, da entsteht ein Ripple-Effekt, der für kurze Zeit tatsächlich die Welt unter Wasser setzen könnte. Diese eine Idee von Hapgood, aus der dann alles andere hervorgeht, hat mich fasziniert, ob man nun daran glaubt oder nicht.

»2012« ist mit einem 200-Millionen-Dollar-Budget ausgestattet, das ist eine unvorstellbare Summe. Benötigt man solche Budgets heute, um einen

Katastrophenfilm zu drehen? Und ist es heute schwieriger als früher, einen erfolgreichen Film zu realisieren, weil die Ansprüche des Publikums in den letzten Jahren so stark gestiegen sind?
Im Gegenteil, eigentlich ist es heutzutage relativ einfach, Katastrophenfilme zu drehen, weil Hollywood Computertools zur Verfügung hat, die ein Irvin Allen nicht hatte, der musste alles noch mit Modellen umsetzen. Wir können dagegen mittlerweile Sachen darstellen, von denen man noch vor wenigen Jahren nicht zu träumen gewagt hätte, und das wird immer besser. »2012« hätte man vor fünf, sechs Jahren so nicht realisieren können. Von daher haben sich für mich die Arbeitsbedingungen erheblich verbessert. Ich kann heute fast problemlos Bilder, Visionen umsetzen, die zu Zeiten von »Independence Day« undenkbar gewesen wären, ja selbst bei »The Day after Tomorrow« noch. Die Messlatte wird im Grunde genommen von Film zu Film höher gelegt. Aber das ist richtig so, denn die Zuschauer gehen schließlich auch wegen des Spektakels ins Kino. Sicher, in erster Linie wollen sie eine gute Geschichte erzählt bekommen, aber sie wollen auch etwas fürs Auge und die anderen Sinne geboten bekommen, nennen wir das ruhig mal ein visuelles Spektakel. In »Earth Crack 10« kann man zum Beispiel erleben, wie Kalifornien im Meer verschwindet und es ist einfach aufregend, diese Bilder zu sehen. In unserem neuen Film versuchen wir, den Leuten eine ganze Palette von aufregenden Bildern zu bieten, wir zeigen nicht nur eine, sondern mehrere Katastrophen mit entsprechenden Bildern: Es gibt Erdbeben, eine riesige Flutwelle, einen Vulkanausbruch – aber alles wird durch die Geschichte motiviert und zusammengehalten, das ist sehr wichtig. Und am Ende gibt es zusätzlich noch Science-Fiction-Elemente, wenn der Zuschauer Schiffe sieht, die aussehen wie Raumschiffe und ihre eigentliche Bestimmung erst zeigen, wenn sie ins Wasser gelassen werden. So etwas haben die Zuschauer zuvor noch nie gesehen, das gehört zu einem visuellen Spektakel dazu.

Wird es nach »2012« überhaupt noch Katastrophenfilme geben können, wenn Sie die Messlatte so hoch legen?
Es wird immer wieder Neues geben, das liegt in der Natur der Sache. J. J. Abrams hat verkündet, dass er ein Remake von »Erdbeben« drehen

will. Vielleicht sollten wir ihm ein Preview von »2012« schicken, dann lässt er das womöglich sein. (lacht)

Sie sprechen von einem »visuellen Spektakel«. Wie definiert sich für Sie die Gewichtung zwischen der Geschichte und den Bildern? Was ist zuerst da? Was ist wichtiger?
Früher waren es womöglich die Bilder, die für mich im Vordergrund standen. Aber seit zwei, drei Filmen gehe ich weniger von den Bildern aus als vielmehr von der Geschichte. Natürlich müssen sich Bilder einstellen, wir machen ja schließlich Filme; aber es ist trotzdem so, dass ich verstärkt versuche, etwas auszudrücken, dem Zuschauer eine Aussage mit auf den Nachhauseweg zu geben. Sicher hatten auch die früheren Filme eine Aussage, dennoch haben sich die Akzente zuletzt verschoben. Aber ich weiß auch, dass die Bilder gewissermaßen von alleine kommen, wenn die Geschichte stimmt. Das ist vielleicht mein größtes Talent, dass sich Bilder zur der Geschichte einstellen und ich nicht verzweifelt nach ihnen suchen muss.

Ein letztes Mal möchte ich doch noch auf das magische Datum »2012« zurückkommen. Auch wenn Sie selbst nicht daran glauben, dass schon in nächster Zukunft alles vorbei sein wird – wie sieht das bei den Zuschauern aus?
Glauben oder nicht glauben, das ist so eine Sache. Im Zuge der Recherchen habe ich ein Buch gelesen, das hätte ich besser nicht getan. Denn beim Lesen ist mir doch ein wenig anders geworden. Der Autor, ein Wissenschaftsjournalist, hat alles Mögliche über die Prophezeiungen der Maya und das Jahr 2012 zusammengetragen und ist zu dem Schluss gekommen, dass sich 2012 schon etwas Bedrohliches ereignen könnte. Da ging es in erster Linie um die astronomischen Erkenntnisse der Maya. Aber es ist ein Unterschied, ob man anerkennt, dass solche Prophezeiungen nicht völlig aus der Luft gegriffen sind, oder ob man wirklich an das Ende der Welt glaubt. Das aber tun unglaublich viele Menschen, es gibt eine ganze Internetgemeinde, Millionen von Menschen, die ernsthaft daran glauben. Wie schon gesagt, wenn man im Internet »2012« eingibt, erhält man unendlich viele Treffer. Oder bei Amazon findest du zum Suchwort »2012« sehr viel mehr Literatur

als zu vielen Themen, die erheblich wichtiger sind. Andererseits gibt dir so etwas beim Filmemachen auch das Gefühl, dass du ein Thema aufgegriffen hast, das die Menschen tatsächlich interessiert. Das hat mich übrigens stark an ID4 erinnert, wo ich beim Schreiben zu »Aerea 51« recherchiert und bemerkt habe, dass weltweit sehr viele Menschen felsenfest davon überzeugt sind, es gebe Aliens und sie seien auch bereits auf der Erde gelandet.

Und wie erklären Sie sich die große Faszination, die vom Thema »2012« ausgeht? Ist das die Angst vor dem Ende der Welt, verbunden vielleicht mit einer gewissen Lust am Untergang? Oder ist es ein Zeichen für den grundsätzlichen Hang zum Pessimismus, der in Zeiten wie den heutigen, die von Katastrophen und Krisen geprägt sind, noch einmal kräftig angeheizt wird?

Ich denke schon, dass das große Interesse an den Maya, ihren Apokalypse-Visionen und dem Jahr 2012 sehr viel mit unserer heutigen Zeit zu tun hat. Das wird bei dem Film nicht anders sein. Meiner Ansicht nach ist der Zeitgeist heute so, dass die Menschen nicht unbedingt positiv denken. Pessimismus oder gar Angst sind ein Nährboden für Verschwörungstheorien oder Weltuntergangsprophezeiungen. Das wird dem Erfolg unseres Films, auf den wir natürlich hoffen, gewiss nicht abträglich sein. Aber so eine Grundstimmung in der Gesellschaft trägt vielleicht auch dazu bei, dass gewisse Appelle zu einem besseren Miteinander, die wir mit der Geschichte von »2012« transportieren wollen, auch eher Gehör finden.

Anmerkungen

1 Hapgood, Die Weltkarten der alten Seefahrer, S. 264f.
2 Pinchbeck, Die Rückkehr der Gefiederten Schlange, S. 16
3 Ebda., S. 15
4 Ebda., S. 26
5 Ebda., S.27 Auf ähnliche Anschauungen wird man in diesem Buch öfter treffen, nur werden sie leider selten auf einem auch nur annähernd vergleichbaren intellektuellen Niveau formuliert.
6 Davis Guggenheim (Director): Eine unbequeme Wahrheit. Mit Al Gore. Paramount Home Entertainment 2007
7 Hancock, Die Spur der Götter, S. 252
8 Hancock weist auf Edvard Munchs Gemälde »Der Schrei« und eine Erzählung von Arno Schmidt hin.
9 Tony Mitchell (Director), Supervulkan, 2004
10 U 4-Text der DVD Supervulkan
11 Weitere Informationen über Vulkanismus siehe www.vulkane.net
12 Gilbert, 21. Dezember 2012, S. 325
13 Calder/Svensmark, Sterne steuern unser Klima
14 Auf dem Sprung in eine heiße Ära. Interview mit James Lovelock zu dessen 90. Geburtstag, General-Anzeiger Bonn, 25./26. Juli 2009
15 Ebda.
16 S. den Artikel von Angela Grosse: Wie Sonnenstürme bei uns für Chaos sorgen. In: www.abendblatt.de/ratgeber/wissen/article1008921/Wie-Sonnenstuerme-bei-uns-fuer-Chaos-sorgen
17 Schele/Freidel, Die unbekannte Welt der Maya, S. 10f.
18 Vgl. hierzu Eva Eggebrecht, Spurensuche. Zur Entdeckung der Maya durch die Wissenschaft, in: Grube, Gottkönige im Regenwald, S. 307–411. Eine Übersicht zur frühen Maya-Forschung findet sich bei Riese, Die Maya, S. 12 f., und Thompson, Maya, S. 60–65
19 Ebda., S. 403
20 Riese, Die Maya, S. 13
21 Belege zur Rückständigkeit finden sich z. B. bei Thompson, Die Maya, S. 29
22 Der Begriff »Mesoamerika« bezeichnet nach Schele und Freidel »zugleich mit den geographischen Gegebenheiten das Verbreitungsgebiet einer vorkolumbianischen Kulturtradition, deren Merkmale ein 260-Tage-Kalenderjahr, eine Religion mit klar definierten Gottheiten und der Blutentnahme als zentraler liturgischer Handlung, der Maisanbau, die Verwendung von Kakao als Getränk und Zahlungsmittel, das Spiel mit einem Kautschukball, Faltbücher, Pyramidenbauten und Plazas sowie das Gefühl einer gemeinsamen kulturellen Identität waren« (S. 15 f.).
23 Riese, Die Maya, S. 15
24 Thompson, Die Maya, S. 309
25 Wimmer, Die Maya. Weber der Zeit, S. 117
26 Thompson 1950, Maya Hieroglyphic Writing, zit. nach Schele/Freidel, Die unbekannte Welt, S. 29
27 Grube, Maya – Gottkönige, S. 11
28 Mit esoterisch geprägten Theorien sind hier in erster Linie all jene Schriften gemeint, die direkt oder indirekt von Autoren wie José Argüelles oder Johan Carl Calleman beeinflusst sind. Dazu gehört das Buch von Magda Wimmer ebenso wie Birgit Feliz Carrascos Band »2012 – Die große Zeitenwende«. Auch »2012 – Die Rückkehr der gefiederten Schlange« von Daniel Pinchbeck reiht sich hier ein, wenngleich Pinchbeck erheblich differenzierter argumentiert als Wimmer und Carrasco und seine Ausführungen zu einer ernsthaften Auseinandersetzung Anlass geben.
29 Diese These vertreten u. a. Linda Schele und Ellen Miller in dem Essay »Die moderne

Erfindung der alten Maya« (Auszug aus dem Buch *The Blood of the Kings*), der in der deutschen Ausgabe von Diego de Landas Bericht aus Yucatán (S. 234–266) abgedruckt ist: »Statt dessen wurde die Idee von den friedlichen, theokratischen und undynastischen Maya zum philosophischen Paradies für die Autoren des kriegerischen säkularen 20. Jahrhunderts.« (S. 248)

30 Zur Geschichte der Entschlüsselung der Maya-Schrift durch die Forschung vgl. z. B. den Essay »Schrift und Sprachen der Maya« von Nikolai Grube, in: Die Welt der Maya, S. 215–238. Eine komprimierte Zusammenfassung liefert B. Riese in »Die Maya«, S. 16.

31 vgl. Grube, Schrift, S. 220f.

32 Die Angaben zum Jahr des Autodafés variieren, oft ist zu lesen, es habe erst 1562 stattgefunden.

33 de Landa, Bericht, S. 53

34 Ebda., S. 160f.

35 Nachwort des Übersetzers Carlos Rincón, Bericht, S. 281

36 Ebda., S. 282

37 vgl. Rincon, S. 281f.

38 vgl. Eggebrecht, in Grube, Gottkönige, S. 402. Bourbourg hat sich auch als Entdecker und Übersetzer des »Popol Vuh«, des Heiligen Buches der Quiché-Maya, einen Namen gemacht. Das Buch gilt als »wichtiger Schlüssel zum Verständnis der klassischen Maya-Mythologie« (ebda.).

39 Thompson, Die Maya, S. 64

40 Grube, Schrift und Sprachen, in: Eggebrecht u. a., Die Welt der Maya, S. 221

41 vgl. Thompson, Die Maya, S. 299f.

42 Schele/Miller, Die moderne Erfindung, S. 262f.

43 Ein Beispiel ist die Radiokarbon-Datierungsmethode, die 1946 von Willard Frank Libby entwickelt wurde und in vielen Fällen eine präzise Datierung archäologischer Funde ermöglicht.

44 s. Riese, Die Maya, S. 9ff.

45 Schele/Freidel, Die unbekannte Welt, S. 62

46 Die folgenden Passagen referieren Schele/Freidel, S. 46–50

47 S. Riese, Die Maya, S. 11

48 Schele/Freidel, Die unbekannte Welt, S. 49

49 Freidel, Krieg – Mythos und Realität, in: Eggebrecht u. a., Die Welt der Maya, S. 161

50 Schele/Freidel, Die unbekannte Welt, S. 50

51 Vgl. Riese, Die Maya, S. 20

52 S. z. B. Grube, Maya, Gottkönige, S. 14

53 Dieses und die folgenden Zitate s. Riese, Die Maya, S. 21–25

54 Grube, Maya – Gottkönige, S. 14

55 Schele/Miller, Die moderne Erfindung, S. 251

56 Schele/Freidel, Die unbekannte Welt, S. 83f.

57 Nikolai Grube weist darauf hin, dass die Einteilung von Epochen »zu einer Zeit vorgenommen wurde, als die Zivilisation der Maya ausschließlich mit der klassischen Periode und ihren Errungenschaften assoziiert wurde« (Maya – Gottkönige, S. 15) und deshalb unter dem Vorbehalt steht, dass jederzeit neue Erkenntnisse zu neuen Gliederungen führen könnten.

58 Dies und das folgende s. Riese, Die Maya, S. 37

59 Schele/Miller, Die moderne Erfindung, S. 250

60 Grube, Maya – Gottkönige, S. 11f.

61 Dieses und die letzten Zitate nach Schele/Miller, Die moderne Erfindung, S. 250ff.

62 S. auch Grube, Maya – Gottkönige, S. 15f.

63 Dieses Zitat und die folgenden s. Riese, Die Maya, S. 40f.

64 Grube, Maya – Gottkönige, S. 16

65 Riese, Die Maya, S. 42

66 Schele/Miller, Die moderne Erfindung, S. 254
67 Ebda., S. 256
68 Simon Martin, Unter einem tödlichen Stern – Krieg bei den klassischen Maya, in: Grube, Maya – Gottkönige, S. 175
69 Vgl. Riese, Die Maya, S. 44; Thompson, Die Maya, S. 255
70 Schele/Miller, Die moderne Erfindung, S. 259
71 Vgl. hierzu auch Thompson, Die Maya, S. 163f., der diese Thesen auf Grundlage neuerer Erkenntnisse bereits deutlich in Frage stellt. Von einer »rückständigen« Landwirtschaft kann nach aktuellem Wissensstand nicht die Rede sein. S. z. B. Grube, Maya – Gottkönige, S. 11
72 S. hierzu Ruppel, Maya 2012, S. 45
73 N. Grube und S. Martin, Die dynastische Geschichte der Maya, in: Grube, Maya – Gottkönige, S. 171
74 Riese, Die Maya, S. 102f. – Siehe auch die Übersichtskarte in Grube, Gottkönige, S. 169. Die Daten weichen z. T. geringfügig von den bei Riese genannten Zahlen ab. Siehe auch Ruppel, Maya 2012, S. 42, der letzte Datumseinträge für sechs ausgewählte Städte verzeichnet: Chichén Itzá 998 n. Chr., Calacmul 909 n. Chr., Tikal 869 n. Chr., Palenque 799 n. Chr., Quiriga 810 n. Chr., Copan 822 n. Chr.
75 Vgl. Riese, Die Maya, S. 104
76 Ebda., S. 104f.; vgl. auch Thompson, Die Maya, S. 185ff.
77 Dieses und die folgenden Zitate: Riese, Die Maya, S. 110ff.
78 Schele/Miller, Die moderne Erfindung, S. 237
79 S. Riese, Die Maya, S. 129
80 Rincón, S. 268
81 Ebda., S. 267
82 Diese Ausführungen orientieren sich an Norbert Elias, Über den Prozess der Zivilisation, Bd. 1, S. 89–131
83 Schele/Miller, Die moderne Erfindung, S. 237f.
84 Thompson, Die Maya, S. 298
85 Rincón, Nachwort zu »Bericht aus Yucatán«, S. 278
86 Thompson, Die Maya, S. 64f.
87 Von Jean-Jacques Rousseau bis Karl May stellte der »edle Wilde« einen beliebten Gegenentwurf zur westlichen Zivilisation dar, wobei die Utopien meist sehr wenig mit der Realität der »Wilden« zu tun hatten.
88 Vgl. Schele/Miller, Die moderne Erfindung der Maya, S. 245
89 Thompson, Die Maya, S. 111f.
90 Ebda., S. 30
91 Riese, Die Maya, S. 44
92 S. ebda., S. 46
93 Vgl. Schele/Miller, Die moderne Erfindung, S. 249f
94 Riese, Die Maya, S. 46f.
95 Vgl. ebda., S. 50f.
96 Schele/Freidel, Die unbekannte Welt, S. 22; Grube, Maya – Gottkönige im Regenwald
97 Grube, Schrift und Sprache, in: Eggebrecht u. a., Die Welt der Maya, S. 234
98 Diese und die folgenden Zitate nach Schele/Freidel, Die unbekannte Welt, S. 77 bis 86
99 Martin, Unter einem tödlichen Stern, in: Grube, Maya – Gottkönige, S. 175
100 vgl. Freidel, Krieg – Mythos und Realität, in: Eggebrecht u. a., Die Welt der Maya, S. 172f.
101 Vgl. ebda., S. 163
102 Martin, Unter einem tödlichen Stern, in: Grube, Maya – Gottkönige, S. 179
103 Vgl. de Landa, Bericht aus Yucatán, S. 81ff.
104 Vgl. Schele/Miller, Die moderne Erfindung, S. 243: Die Autorinnen weisen auf Zeichnungen von Alfred Maudslay hin, in denen entsprechende Details einfach ausgelassen wurden.
105 Thompson, Die Maya, S. 264

106 Dies und das Folgende vgl. ebda., S. 262ff.
107 Grube, Schrift, in: Eggebrecht u. a., Die Welt der Maya, S. 238
108 Thompson, Die Maya, S. 30
109 Grube, Schrift, in: Eggebrecht u. a., Die Welt der Maya, S. 236
110 Schele/Freidel, Die unbekannte Welt der Maya, S. 61f.
111 S. den Untertitel »Das geheime Wissen einer untergegangenen Zivilisation« des Buches *Die Prophezeiungen der Maya* von Gilbert und Cotterell.
112 Vgl. Grube, Schrift, in: Eggebrecht u. a., Die Welt der Maya, S. 236
113 Schele/Freidel, Die unbekannte Welt, S. 69. Speziell der Tzolkin spielt in zahlreichen esoterischen Deutungen des Maya-Kalenders die entscheidende Rolle, v. a. bei José Argüelles und Johann Calleman.
114 Riese, Die Maya, S. 48
115 Schele/Freidel, Die unbekannte Welt, S. 69
116 Ebda., S. 71
117 Ruppel, Maya 2012, S. 66. Ruppels Buch ist hilfreich, wenn man sich schnell und präzise über Fakten zur Maya-Kultur orientieren will, da der Autor auch schwierige Sachverhalte anschaulich darstellt. Das Problem liegt darin, dass er einer esoterischen Richtung anhängt und der Übergang von einer Darstellung der Fakten zu sogenannten »geistigen« Deutungen schwer zu bemerken ist, wenn man sich nicht eingehend mit dem Thema befasst hat.
118 Ebda.
119 Vgl. ebda., S. 52
120 Schele/Freidel, Die unbekannte Welt, S. 71f.
121 Ebda., S. 73
122 Ebda., S. 68
123 Ebda., S. 73
124 Vgl. Ruppel, Maya 2012, S. 62f.
125 Vgl. ebda., S. 40ff.
126 S. Schele/Freidel, Die unbekannte Welt, S. 74
127 Ebda., S. 73f.
128 Ebda., S. 74
129 S. Ruppel, Maya 2012, S. 138
130 Schele/Freidel, Die unbekannte Welt, S. 74.
131 Ebda., S. 511, Anm. 39
132 S. Ruppel, Maya 2012, S. 139
133 Ebda., S. 141
134 Schele/Freidel, Die unbekannte Welt, S. 511, Anm. 39
135 Gilbert, 21. Dezember 2012, S. 9
136 Däniken, Der Tag an dem die Götter kamen
137 Däniken, Erinnerungen an die Zukunft, in: Botschaften und Zeichen aus dem Universum, S. 92
138 Vgl. Riese, Die Maya, S. 87. Eine ausführliche Darstellung zu Pacal findet sich in Schele/Freidel, Die unbekannte Welt der Maya, S. 251–254
139 S. Schele/Freidel, Die unbekannte Welt, S. 254
140 Vgl. Däniken, Botschaften, S. 112–118
141 Riese, Die Maya, S. 50
142 Schele/Freidel, Die unbekannte Welt, S. 51–90
143 Ebda., S. 511f. (Anm. 39)
144 Schele/Freidel, Die unbekannte Welt, S. 52
145 Ebda.
146 Vgl. ebda., S. 50
147 Ebda., S. 67f.
148 S. www.roland-emmerich-2012.de
149 Dimde, Nostradamus 2009 – Werbetext auf Amazon.de

150 Dimde, Apokalypse 2011, S. 11
151 Risi, Machtwechsel auf der Erde, Klappentext
152 van der Worp u. a., Das Planet X Survival Handbuch, Klappentext
153 Vgl. z. B. Gilbert, 21. Dezember 2012, S. 326–330, wo Ereignisse wie die Intifada oder der 11. September 2001 mit der Offenbarung des Johannes und der »Öffnung eines Sternentors über der Hand des Orion« in einen möglichen Kausalzusammenhang gestellt werden.
154 Feliz Carrasco, 2012. Die große Zeitenwende, S. 43
155 Zelikovics, Zeitenwende 2012, Amazon-Werbetext
156 Lenssen, Der Ruf der Mayas, S. 17
157 Wimmer, Die Maya – Weber der Zeit, S. 126f.
158 Ebda., S. 129
159 Ebda., S. 131
160 Lenssen, Der Ruf der Mayas, S. 15
161 Goethe, Urworte orphisch
162 Vgl. hierzu das Standardwerk von Zimmermann, Das Weltbild des jungen Goethe
163 Carrasco, Zeitenwende 2012, S. 202 f.
164 S. Werbetext zu Carl Johan Calleman, Der Maya Kalender und die Transformation des Bewusstseins: Der Maya-Kalender »ist kein Kalender im üblichen Sinne, sondern er zeigt den Energiefluss an, der hinter allem irdischen Geschehen steht. Er ist deshalb kein Zeit-Kalender, sondern ein energetischer Kalender.«
165 Pinchbeck, Rückkehr der Gefiederten Schlange, S. 300
166 Ebda.
167 Ebda., S. 288f.
168 Schele/Freidel, Die unbekannte Welt, S. 489f.; vgl. auch die ausführlichen Erläuterungen im Kapitel »Die Kosmologie der Maya«, ebda., S. 53–67
169 Pinchbeck, Die Rückkehr der Gefiederten Schlange, S. 289f.
170 Vgl. hierzu Ruppel Maya 2012, S. 143–147, der diese Zusammenhänge sehr anschaulich darstellt, allerdings am Ende zu recht gewagten Schlüssen kommt.
171 Ebda., S. 145
172 Ebda., S. 146. In Ruppels Buch steht 1.827.000 Tage, hier handelt es sich vermutlich um einen Zahlendreher.
173 Pinchbeck, Die Rückkehr der Gefiederten Schlange, S. 290
174 www.kgsberlin.de/archiv/display_entry/art42937/. (Kgs-Berlin – Ein Magazin für Gesundheit und bewusstes Leben«. Kgs steht für »Körper Geist Seele«)
175 Ebda.
176 So Argüelles in einem Gespräch mit Pinchbeck, in: Die Rückkehr der gefiederten Schlange, S. 270
177 Ebda., S. 272
178 Argüelles, Der Maya Faktor, zit. nach Pinchbeck, Die Rückkehr der gefiederten Schlange, S. 273
179 S. Argüelles, Der Maya Faktor. Teil 1, in: http://kgs-hamburg.de
180 Vgl. Pinchbeck, Die Rückkehr der Gefiederten Schlange, S. 283f.
181 Ebda., S. 286
182 Ebda., S. 282
183 www.calleman.com
184 Vgl. Callemans Ausführungen auf www.indalosia.de/carl_johan_calleman
185 Ruppel, Maya 2012, S. 147, Hervorhebung von KH und JM.
186 Ebda., S. 161
187 Pinchbeck, Die Rückkehr der Gefiederten Schlange, S. 9
188 Vgl. Carrasco, S. 79–86 So können dann auch noch die Visionen des Comte de Saint Germain für die vorhergesagte »Zeitenwende 2012« angeführt werden. Der französische Adlige lebte im 18. Jahrhundert, aber ihm werden »frühere Inkarnationen als Apostel Matthäus, als Christoph Kolumbus oder als Merlin in Verbindung mit König Artus zugeordnet«. Für

2012 hat Saint Germain die Bereitstellung des »Licht(s) der spirituellen Meisterschaft« angekündigt – mit der Folge, dass sich »eine neue Schwingung (...) über die Erde ausbreitet und das goldene Zeitalter« anbricht (S. 82).

189 Hancock, Die Spur der Götter, S. 110

190 Gilbert, 21. Dezember 2012, S. 325

191 Ebda., S. 326f.

192 vgl. ebda., S. 274–277

193 J. Eric Thompson, Die Maya. Aufstieg und Niedergang einer Indianerkultur, S. 29

194 Gilbert, 21. Dezember 2012, S. 317

195 Tatsächlich hat Calleman eine solche Prognose gestellt: Siehe Pinchbeck, Die Rückkehr der Gefiederten Schlange, S. 294f.

196 Thompson, Die Maya, S. 286

197 Diese und die folgenden Ausführungen sowie sämtliche Zitate vgl. ebda., S 256–287

198 Ebda., S. 273; Hervorhebungen durch KJH und JM

199 Vgl. Däniken, Der Tag, an dem die Götter kamen, S. 144

200 Schon 1970 erschien ein Sammelband mit dem Titel *Waren die Götter Astronauten?*, in dem sich Wissenschaftler kritisch mit den Thesen Dänikens auseinandersetzen.

201 Vgl. Däniken, Der Tag, an dem die Götter kamen, S. 134

202 S. v. a. Ruppel, Maya 2012. Auch Gilbert schreibt in »21. Dezember 2012« mehrfach von einem Programm, mit Hilfe dessen er Sternenkonstellationen berechnet habe.

203 Däniken, Der Tag, an dem die Götter kamen, S. 135

204 Ebda., S. 142

205 Ebda., S. 143

206 Vgl. Thompson, Die Maya, S. 270f.

207 Däniken, Der Tag, an dem die Götter kamen, S. 144

208 Ebda., S. 145f.

209 Gilbert, 21. Dezember 2012, S. 281f.

210 Vgl. hierzu Gilbert/Cotterell, Die Prophezeiungen, S. 45f.

211 Eva Eggebrecht, Spurensuche – Zur Entdeckung der Maya durch die Wissenschaft, in: Grube, Gottkönige, S. 397–411

212 Ebda., S. 411

213 S. Gilbert/Cotterell, Die Prophezeiungen, S. 40

214 Ebda.

215 Eggebrecht, Spurensuche, in: Grube, Gottkönige, S. 410f.

216 So lautet auch der Titel eines Buches des deutschen Wissenschaftsjournalisten C. W. Ceram.

217 Thompson, Die Maya, S. 79f.

218 Ebda., S. 80

219 Gilbert/Cotterell, Die Prophezeiungen, S. 20

220 Dieses und die folgenden Zitate ebda., S. 181ff.

221 S. Gilbert, 21. Dezember 2012, S. 278ff.

222 Gilbert/Cotterell, Die Prophezeiungen, S. 183

223 Ebda., S. 185. Diese und folgende Ausführungen s. ebda., S. 185 bis 197

224 Ruppel, Maya 2012, S. 144f.

225 Thompson, Die Maya, S. 273

226 Vgl. Kap. 3 dieses Buches: Ruppel rechnet mit 25.625 Jahren. Die Zahl 25.800 wird am häufigsten genannt, doch eine genaue Festlegung scheint nicht möglich zu sein.

227 S. www.wikipedia.de

228 Ganz sicher kann man sich diesbezüglich nicht sein, weil die Flut der Veröffentlichungen zum Maya-Kalender unüberschaubar ist; es ist also nicht auszuschließen, dass die Autoren die eine oder andere Theorie übersehen haben.

229 Vgl. Gilbert/Cotterell, Die Prophezeiungen, v. a. Kapitel 3, S. 62–83

230 Dieses und folgende Zitate s. ebda., S. 64–76f.

231 Gilbert, 21. Dezember 2012, S. 324f.
232 Vgl. hierzu auch Gilbert/Cotterell, Die Prophezeiungen, S. 230
233 Ebda., S. 78
234 Vgl. ebda., S. 79, der Druckfehler (hier ist von 197 Jahren die Rede) wurde korrigiert.
235 Ebda., S. 80ff.
236 Gilbert und Cotterell referieren selber die negativen Reaktionen von Wissenschaftlern, mit denen der »Solarastrologe« gesprochen hat; das führt jedoch nicht zu einer Infragestellung ihrer spekulativen Theorie.
237 Ebda., S. 94
238 Schele/Freidel, Die unbekannte Welt, S. 75
239 Vgl. ebda., S. 648–655
240 Gilbert/Cotterell, Die Prophezeiungen, S. 83
241 Schele/Freidel, Die unbekannte Welt, S. 650
242 Gilbert/Cotterell, Die Prophezeiungen, S. 228
243 Ebda., S. 226 f.
244 Ebda., S. 230
245 Ebda.
246 Hapgood, Weltkarten, S. 263
247 Hancock, Spur der Götter, Klappentext
248 Von Däniken, Erinnerungen an die Zukunft, in: Botschaften, S. 29
249 Das Buch erschien erstmals 1966 unter dem Originaltitel »Maps of the Ancient Sea Kings«.
250 Hapgood, Die Weltkarten, S. 60
251 Hancock, Spur der Götter, S. 16
252 Ebda., S. 159
253 1. Mose, 6, 5-7
254 Ebda., 7, 16-24
255 Dieses und die folgenden Zitate nach Ranke/Graves, Griechische Mythologie, Band I, S. 122f.
256 Gilgamesch-Epos, S. 93
257 Ebda., S. 97
258 Ebda., S. 100
259 Ebda., S. 100f.
260 Hancock, Die Spur der Götter, S. 218
261 Vgl. ebda., S. 210–224
262 Ebda., S. 214
263 S. hierzu die Erläuterungen von Linda Schele in: Die unbekannte Welt der Maya, S. 64ff.
264 Popol Vuh, S. 35f. »(…) da sie nicht dachten, da sie nicht mit dem Schöpfer und dem Former sprachen, die sie geschaffen hatten, darum wurden sie getötet, wurden sie ertränkt.« Ebda.
265 Gilbert/Cotterell, Die Prophezeiungen der Maya, S. 244
266 Ebda., S. 246
267 Leyenda de los Soles, zit. nach Hancock, Die Spur, S. 108
268 Gilbert/Cotterell, Die Prophezeiungen, S. 246
269 Ebda., S. 247
270 Dies träfe zumindest nach Hancocks Angaben zu den Zeitaltern zu.
271 Ebda., S. 109f.
272 Folgende Ausführungen nach Ranke-Graves, Griechische Mythologie, Band I, S. 29
273 Pinchbeck, Die Rückkehr der Gefiederten Schlange, S. 20 f.
274 Folgende Ausführungen nach Simek, Lexikon der germanischen Mythologie, S. 340
275 Ebda., S. 102
276 Vgl. Hancock, Die Spur der Götter, S. 210–234
277 Ebda.,, S. 231
278 Vgl. ebda., bes. Kapitel 28/29, S. 260–280

279 Zit. nach Hancock, Die Spur der Götter, S. 279
280 Ebda., S. 241
281 Hapgood, Die Weltkarten der alten Seefahrer, S. 264
282 Ebda., S. 268f.
283 Hancock, Die Spur der Götter, S. 243
284 Ebda., S. 244f.
285 Ebda., S. 247
286 Dieses und das folgende Zitat ebda., S. 249 f.
287 Ebda., S. 250ff.
288 S. PM Magazin 06/2009 sowie www.vulkanismus.net
289 Hancock, Die Spur der Götter, S. 257
290 Zit. nach ebda., S. 253
291 S. Gilbert, 21. Dezember 2012, S. 292–299
292 S. Ruppel, Maya 2012, S. 158
293 Velikovsky, Erde in Aufruhr, S. 145f.
294 Gilbert/Cotterell, Die Prophezeiungen, S. 237
295 Angela Grosse, Hamburger Abendblatt: www.abendblatt.de/ratgeber/wissen/article1008921/Wie-Sonnenstuerme-bei-uns-fuer-Chaos-sorgen.html
296 Gilbert/Cotterell, Die Prophezeiungen der Maya, S. 256
297 S. Gilbert, 21. Dezember 2012, S. 234ff.
298 Dieses und die folgenden Zitate s. Gilbert/Cotterell, Die Prophezeiungen der Maya, S. 257–262
299 S. Hapgood, Die Weltkarten der alten Seefahrer, S. 263
300 Zit. nach Hapgood, Weltkarten, S. 259. Einstein hat der Theorie zwar nicht zugestimmt, doch lässt sein Vorwort keinen Zweifel daran, dass er die Überlegungen des Autors für seriös hält: »Ich denke, diese erstaunliche und sogar faszinierende Idee verdient ernsthafte Aufmerksamkeit bei allen, die sich für die Theorie der Erdentwicklung interessieren.«
301 Dieses und die folgenden Zitate siehe ebda., S. 256–260.
302 Flem-Ath, When the Sky fells, zit. nach Hancock, Die Spur der Götter, S. 509f.
303 Hancock, Die Spur der Götter, S. 512f.
304 Flem Ath, zit. nach Hancock, Die Spur der Götter, S. 511f.
305 Hancock, Die Spur der Götter, S. 527
306 Vgl. Gilbert, 21. Dezember 2012, S. 331–334
307 Ebda., S. 324
308 Vgl. ebda., S. 325ff.
309 Hancock, Die Spur der Götter, S. 110
310 Ruppel, Maya 2012, S. 158

Literatur

Argüelles, José: Der Maya-Faktor: Ein Pfad über die Technologie hinaus. Verlag M. Bender, 2001/2007

Argüelles, José: Der Maya-Faktor. Teil 1. In: http://kgs-hamburg.de

Arnim, Sigmund C./Hammerstein Carl H.: Der Dimensionssprung 2013. Aufstieg mit Hindernissen. Mittenwalde: Indigo Buchverlag, 2008

Aschenbrenner, Klaus: Das neue Bild von Atlantis. Beweise für die erste Hochkultur der Menschheit. Greiz: König, 2. Aufl. 2007

Bandini, Pietro: Der heilige Kalender der Maya. Zeitmythos und Zukunftsprophezeiung einer geheimnisvollen Kultur. München: Heyne, 1998

Bauval, Robert/Gilbert, Adrian: Das Geheimnis des Orion. Nach mehr als 4000 Jahren wird das Geheimnis der Pyramiden gelöst. München: Knaur, 1996

Bibel, Die. Nach der Übersetzung Martin Luthers. Mit Apokryphen. Stuttgart: Deutsche Bibelgesellschaft, 1999

Braden, Gregg: Im Einklang mit der göttlichen Matrix. Wie wir mit allem verbunden sind. Burgrain: Koha, 2007

Brenner, Harald: Weltraumwetter. Sonnenstürme und ihre Auswirkungen. In: www.swr.de/odysso

Bröers, Dieter: (R)Evolution 2012. Ist die Sonne unser Schicksal? Steht die Menschheit vor einem Evolutionssprung? München: Scorpio, 2009

Calder, Nigel/Svensmark, Henrik: Sterne steuern unser Klima: Eine neue Theorie zur Erderwärmung. Düsseldorf: Patmos, 2008

Calleman, Johan Carl: Der Maya Kalender und die Transformation des Bewusstseins. Rosenheim: EU Umweltakademie, 2007

Calleman, Johan Carl: The Mayan Calendar. In: www.indalosia.de/carl_johan_calleman.htm

Castaneda, Carlos: Die Lehren des Don Juan. Ein Yaqui-Weg des Wissens. Frankfurt a. M.: Fischer, 1973

Ceram, C. W.: Der erste Amerikaner. Das Rätsel des vor-kolumbischen Indianers. Reinbek b. Hamburg: Rowohlt, 1972

Däniken, Erich von: Botschaften und Zeichen aus dem Universum. Die erfolgreichsten Bücher in einem Band. München: Goldmann, 9. Aufl. 1996

Däniken, Erich von: Der Tag, an dem die Götter kamen. 11. August 3114 v. Chr. München: C. Bertelsmann, 1984

Däniken, Erich von: Die Götter waren Astronauten. Eine zeitgemäße Betrachtung alter Überlieferungen. München: Goldmann, 3. Aufl., 2003

Dimde, Manfred: Apokalypse 2011. Die Vision des Nostradamus. München: Knaur, 2006

Eggebrecht, Eva: Spurensuche – zur Entdeckung der Maya durch die Wissenschaft. In: Grube (Hrsg.): Maya – Gottkönige im Regenwald, S. 397–411

Eggebrecht, Eva und Arne/Grube, Nikolai (Hrsg.): Die Welt der Maya. Archäologische Schätze aus drei Jahrtausenden. Ausstellungskatalog. Mainz: Philipp von Zabern, 1994

Elias, Norbert: Über den Prozess der Zivilisation. Soziogenetische und psychogenetische Untersuchungen. Erster Band: Wandlungen des Verhaltens in den weltlichen Oberschichten des Abendlandes. Frankfurt a. M.: Suhrkamp, 1997

Feliz Carrasco, Birgit: 2012. Die große Zeitenwende. Wie die Prophezeiungen der Mayas Chancen für neues Denken und Sein eröffnen. München: Knaur, 2009

Freidel, David A.: Krieg – Mythos und Realität. In: Eggebrecht u. a. (Hrsg.): Die Welt der Maya, S. 158–176

Gilbert, Adrian: 21. Dezember 2012. Das Ende unserer Welt? Ein neuer Blick auf die Prophezeiungen der Maya. Rottenburg: Kopp 2007

Gilbert, Adrian/Cotterell, Maurice: Die Prophezeiungen der Maya. Das geheime Wissen einer untergegangenen Zivilisation. München: Econ, 1998

Gilgamesch-Epos, Das. Stuttgart: Reclam 1958, 2008

Grosse, Angela: Wie Sonnenstürme bei uns für Chaos sorgen. In: www.abendblatt.de/ratgeber/wissen/article1008921/Wie-Sonnenstuerme-bei-uns-fuer-Chaos-sorgen.html
Grube, Nikolai (Hrsg.): Maya. Gottkönige im Regenwald. Köln: h. f. ullmann, 2006
Grube, Nikolai: Schrift und Sprachen der Maya. In: Eggebrecht u. a. (Hrsg.): Die Welt der Maya, S. 215–238
Grube, Nikolai: Die Hieroglyphenschrift – das Tor zur Geschichte. In: Grube (Hrsg.): Maya – Gottkönige im Regenwald, S. 114–127
Grube, Nikolai/Martin, Simon: Die dynastische Geschichte der Maya. In: Grube (Hrsg.): Maya – Gottkönige im Regenwald, S. 149–171
Gutberlet, Ingmar: Der Maya-Kalender: Die Wahrheit über das größte Rätsel einer Hochkultur. Bergisch Gladbach: Lübbe Verlagsgruppe, 2009
Hancock, Graham: Die Spur der Götter. Das sensationelle Vermächtnis einer verschollenen Hochkultur. Bergisch Gladbach: Gustav Lübbe Verlag, 1995
Hand Glow, Barbara: 2012 – Der Maya Code. Beschleunigte Zeit und das Erwachen des Weltgeistes. Hanau: Amra, 2009
Hapgood, Charles H.: Die Weltkarten der alten Seefahrer. Die Entdeckung der Antarktis vor 6000 Jahren und Amerikas vor Kolumbus (1966). Frankfurt a. M.: Zweitausendeins, 2002
Holey, Johannes: Bis zum Jahr 2012. Der Aufstieg der Menschheit … mit praktischen Anleitungen. Fichtenau: Ama Deus, 2000
Jones, Mary D.: Die Welt nach 2012: Zeitalter der Erleuchtung oder das Ende aller Tage? München: Ansata, 2. Aufl., 2008
Kretzschmar, Ute: Der Aufstieg der Erde in die 5. Dimension. 2012. Seeon: Ch. Falk, 2002
Landa, Diego de: Bericht aus Yucatán. Hrsg. und mit einem Nachwort von Carlos Rincón. Mit einem Aufsatz von Linda Schele und Mary Ellen Miller, zahlreichen Abbildungen und einer Karte. Stuttgart: Reclam, 1990, 2007
Langbein, Walter-Jörg: 2012 – Endzeit und Neuanfang. Die Botschaft der Mayas. München: Herbig, 2009
Lenssen, Wiek: Der Ruf der Mayas. Von der Magie uralter Prophezeiungen. Eine Schamanenreise. München: Kösel, 2. Auflage 2007
Lovelock, James: Auf dem Sprung in eine heiße Ära. Interview mit James Lovelock zu dessen 90. Geburtstag. General-Anzeiger Bonn, 25./26. Juli 2009
Martin, Simon: Unter einem tödlichen Stern – Krieg bei den klassischen Maya. In: Grube (Hrsg.): Maya – Gottkönige im Regenwald, S. 175–185
Melchizedek, Drunvalo: Schlange des Lichts. Jenseits von 2012. Das Erwecken der Erd-Kundalini und das Erwachen des weiblichen Lichts. Burgrain: Koha, 2008
Pinchbeck, Daniel: 2012. Die Rückkehr der gefiederten Schlange. München: Sphinx, 2007
Popol Vuh. Das Buch des Rates. Mythos und Geschichte der Maya. Aus dem Quiché übertragen und erläutert von Wolfgang Cordan (1962). München: Eugen Diederichs, 1998
Ranke-Graves, Robert von: Griechische Mythologie. Quellen und Deutung. Band 1. Reinbek b. Hamburg: Rowohlt, 1959, 1979
Riese, Berthold: Die Maya. Geschichte. Kultur. Religion. München: C.H. Beck, 5. Aufl., 2004
Rincón, Carlos: Nachwort zu Diego de Landa. Bericht aus Yucatán, S. 267–291
Ruppel, Peter: Maya 2012. Geheimes Wissen und Prophetie. Darmstadt: Schirner, 2008
Schele, Linda: Religion und Weltsicht. In: Eggebrecht u. a. (Hrsg.): Die Welt der Maya, S. 197–214
Schele, Linda/Freidel, David: Die unbekannte Welt der Maya. Das Geheimnis ihrer Kultur entschlüsselt. München: Orbis, 1999
Schele, Linda/Miller, Mary Ellen: Die moderne Erfindung der alten Maya. In: Diego de Landa. Bericht aus Yucatán, S. 234–266
Simek, Rudolf: Lexikon der germanischen Mythologie. Stuttgart: Reclam, 3. Aufl., 2006
Steiner, Margit: 2012 hat gestern begonnen: Selbsteinweihung für den Aufstieg. Woldert: Smaragd, 2009
Thompson, J. Eric S.: Die Maya. Aufstieg und Niedergang einer Indianerkultur. Essen: Magnus, 1975

Van der Worp, Jacco/Masters, Marshall/Mannin, Janice: Das Planet X Survival-Handbuch für 2012 und danach. Immenstadt: Mosquito, 2008
Velikovsky, Immanuel: Erde in Aufruhr (1955). Wöllsdorf: Julia White, 2. Aufl., 2008
Voß, Alexander W.: Astronomie und Mathematik. In: Grube (Hrsg.): Maya – Gottkönige im Regenwald, S. 131–143
Wagner, Elisabeth: Schöpfungsmythen und Kosmographie der Maya. In: Grube (Hrsg.): Maya – Gottkönige im Regenwald, S. 281–293
Wimmer, Magda: Die Maya. Weber der Zeit, Spieler des Universums. München: Goldmann, 3. Aufl., 2000
Zelikovics, Tibor: Zeitenwende 2012. Globale Transformation, das Erwachen der Menschheit und der Beginn des Goldenen Zeitalters. Freiburg: Nietsch, 2008
Zelikovics, Tibor: Zeitenwende 2012. Der Maya-Kalender, Astrologie und Astronomie. In: www.kgsberlin.de/archiv
Zimmermann, Rolf Chr.: Das Weltbild des jungen Goethe. Studien zur hermetischen Tradition des deutschen 18. Jahrhunderts. München: Wilhelm Fink, 1986

Filmgrafie

(Reihenfolge wie im Epilog erwähnt)

The Day after Tomorrow
USA 2004, Regie: Roland Emmerich

Titanic
USA 1997, Regie: James Cameron

Transformers
USA 2007, Regie: Michael Bay

Die letzten Tage von Pompeji
(Gli Ultimi giorni di Pompeii)
Italien 1913, Regie: Mario Caserini

Unternehmen Feuergürtel
(Voyage to the Bottom of the Sea)
USA 1961, Regie: Irwin Allen

Der Untergang Japans
(Nippn chinbotsu)
Japan 1973, Regie: Shiro Moritani

Erdbeben
(Earthquake)
USA 1974, Regie: Mark Robson

Volcano
USA 1997, Regie: Mick Jackson

Die letzte Flut
(The Last Wave)
Australien 1977, Regie: Peter Weir

Der weiße Hai
(Jaws)
USA 1974, Regie: Steven Spielberg

Die Meute
(The Long Dark Night/ The Pack)
USA 1977, Regie: Robert Clouse

Der tödliche Schwarm
(The Swarm)
USA 1978, Regie: Irwin Allen

Grizzly
USA 1975, Regie: William Girdler

Godzilla
(Gojira)
Japan 1954, Regie: Inoshiro Honda

Godzilla
USA 1998, Regie: Roland Emmerich

Cloverfield
USA 2008, Regie: Matt Reeves

Meteor
USA 1979, Regie: Ronald Neame

Deep Impact
USA 1998, Regie: Mimi Leder

Armageddon
USA 1998, Regie: Michael Bay

Airport
USA 1970, Regie: George Seaton

Flammendes Inferno
(The Towering Inferno)
USA 1974, Regie: John Guillermin

Der jüngste Tag
(When Worlds Collide)
USA 1951, Regie: Rudolph Mate

Knowing – Die Zukunft endet jetzt
(Knowing)
USA 2009, Regie: Alex Proyas

Outbreak
USA 1995, Regie: Wolfgang Petersen

Crazies
(The Crazies)
USA 1973, Regie: George Romero

Zombie
(Dawn Of The Dead)
USA/ Italien 1978, Regie: George Romero

Der Anschlag
(The Sum of All Fears)
USA 2002, Regie: Phil Alden Robinson

The Day After – Der Tag danach
(The Day After)
USA 1983, Regie: Nicholas Meyer

Mad Max I/ II/ III
Australien 1979/ 1981/ 1985, Regie: George Miller

Tank Girl
USA 1995, Regie: Rachel Talalay

28 Days Later
USA/ Großbritannien/ Niederlande 2002, Regie: Danny Boyle

Kampf der Welten
(The War of the Worlds)
USA 1953, Regie: Byron Haskin

Die Dämonischen
(Invasion of the Body Snatchers)
USA 1956, Regie Don Siegel

Invasion
(The Invasion)
USA 2007, Regie: Oliver Hirschbiegel

Invasion vom Mars
(Invaders from Mars)
USA 1953, Regie: William Cameron Menzies

Invasion vom Mars
(Invaders from Mars)
USA 1986, Regie: Tobe Hooper

Invasion gegen USA
(Invasion U.S.A.)
USA 1952, Regie: Alfred E. Green

Panik in New York
(The Beast from 20.000 Fathoms)
USA 1953, Regie: Eugene Lourie

It Came from Beneath the Sea
USA 1955, Regie: Robert Gordon

Formicula
(Them)
USA 1954, Regie: Gordon Douglas

Tarantula
USA 1955, Regie: Jack Arnold

Sie sind verdammt
(The Damned)
Großbritannien 1962, Regie: Joseph Losey

Das letzte Ufer
(On the Beach)
USA 1959, Regie: Stanley Kramer

Angriffsziel Moskau
(Fail Safe)
USA 1964, Regie: Sidney Lumet

Dr. Seltsam, oder wie ich lernte die Bombe zu lieben
(Dr. Strangelove or: How I Learned To Stop Worrying and Love the Bomb)
Großbritannien 1964, Regie: Stanley Kubrick

Der Tag, an dem die Erde Feuer fing
(The Day The Earth Caught Fire)
Großbritannien 1961, Regie: Val Guest

Ein Riß in der Welt
(A Crack in the World)
USA 1964, Regie: Andrew Marton

Planet der Affen
(Planet of the Apes)
USA 1968, Regie: Franklin J. Schaffner

Jahr 2022 – die überleben wollen
(Soylent Green)
USA 1973, Regie: Richard Fleischer

Der Omega-Mann
(The Omega Man)
USA 1971, Regie: Boris Sagal

Höllenfahrt der Poseidon
(The Poseidon Adventure)
USA 1972, Regie: Ronald Neame

Stadt in Flammen
(City On Fire)
Kanada 1979, Regie: Alvin Rakoff

Orca – der Killerwal
(Orca)
USA 1977, Regie: Michael Anderson

Der weiße Büffel
(The White Buffalo)

USA 1977, Regie: J. Lee Thompson
Terminator II – Tag der Abrechnung
(Terminator II: Judgment Day)
USA 1991, Regie: James Cameron

Dante's Peak
USA 1997, Regie : Roger Donaldson

Independence Day
USA 1996, Regie: Roland Emmerich

Twister
USA 1996, Regie: Jan De Bont

Mars Attacks!
USA 1996, Regie: Tim Burton

Ausnahmezustand
(The Siege)
USA 1998, Regie: Edward Zwick

World Trade Center
USA 2006, Regie: Oliver Stone

Flug 93
(United 93)
USA 2006, Regie: Paul Greengrass

Krieg der Welten
(War Of The Worlds)
USA 2005, Regie: Steven Spielberg

Batman: The Dark Knight
USA 2008, Regie Christopher Nolan

Bildnachweis

S. 19 / S. 81	INTERFOTO / picturedesk.com
S. 39 / S. 176	nstanev / Fotolia
S. 77 / S. 87	INTERFOTO / picturedesk.com
S. 82/83	Everett Collection / picturedesk.com
S. 84 oben	ddp / ullstein bild / picturedesk.com
S. 84 unten	José Gil / Fotolia
S. 85 / S. 145	Süddeutsche Zeitung Photo / picturedesk.com
S. 86	Tanguy de Saint Cyr / Fotolia
S. 88	Z1004 Peer Grimm /dpa / picturedesk.com
S. 119 / S. 175	Mary Evans / picturedesk.com
S. 169	INTERFOTO / picturedesk.com
S. 170	Jean / Keystone /eyedea / picturedesk.com
S. 171	General / TopFoto / picturedesk.com
S. 172	picturedesk.com
S. 173	Jürgen Ritterbach / vario images / picturedesk.com
S. 174 oben	Klaus Heidemann / Fotolia
S. 174 unten	Rainer_Binder / a1pix / picturedesk.com
S. 195	Florian Bentele